该著作为湖南环境生物职业技术学院优秀教师"支柱工程"重点培养对象项目的阶段性成果

高职辅导员素质能力建设简论

谭小雄　著

吉林大学出版社

·长春·

图书在版编目（CIP）数据

高职辅导员素质能力建设简论／谭小雄著．——长春：
吉林大学出版社，2020.6
ISBN 978-7-5692-6704-4

Ⅰ.①高… Ⅱ.①谭… Ⅲ.①高等职业教育－辅导员－
教师素质－研究 Ⅳ.① G718.5

中国版本图书馆 CIP 数据核字（2020）第 122462 号

书　　名：高职辅导员素质能力建设简论
GAOZHI FUDAOYUAN SUZHI NENGLI JIANSHE JIANLUN

作　　者：谭小雄　著
策划编辑：朱　进
责任编辑：朱　进
责任校对：赵雪君
装帧设计：王　强
出版发行：吉林大学出版社
社　　址：长春市人民大街 4059 号
邮政编码：130021
发行电话：0431-89580028/29/21
网　　址：http://www.jlup.com.cn
电子邮箱：jdcbs@jlu.edu.cn
印　　刷：三河市嵩川印刷有限公司
开　　本：787mm×1092mm　　1/16
印　　张：13.75
字　　数：230 千字
版　　次：2020 年 6 月第 1 版
印　　次：2020 年 6 月第 1 次
书　　号：ISBN 978-7-5692-6704-4
定　　价：55.00 元

前　言

　　高职院校辅导员（以下简称"高职辅导员"）的自身建设问题，是辅导员职业化、专业化发展的关键问题，也是高职院校高质量发展的重要课题，更是一项长期性、复杂性、艰巨性的系统建设工程。

一

　　我国辅导员发展，最早可以追溯到 1933 年我党创建的中国工农红军大学中所配备的"政治指导员"，旨在全面负责基层学员的思想、学习、健康和生活等工作。而高校政治辅导员这一工作岗位则是 1953 年由清华大学蒋南翔校长最早提议并设置的，主要负责对学生的思想政治工作。嗣后，该做法在其他高校被逐步推广。1965 年 8 月，国家相继颁发《中华人民共和国高等教育政治工作条例（草案）》《高等学校学生班级政治辅导员工作条例》，对政治辅导员的设置配备、工作性质、任务、要求和工作方法做出了规定，至此政治辅导员制度得以正式确立，并延续至今。

　　改革开放后，高校辅导员制度得到了进一步的充实和完善。尽管辅导员的职业定位仍是"专兼结合"，但其职责却转向主要承担学生思想政治教育和日常管理。进入 21 世纪以来，党和国家相继颁发《关于进一步加强高等学校学生思想政治工作队伍建设的若干意见》（教党〔2000〕21 号）、《关于进一步加强和改进大学生思想政治教育的意见》（中发〔2004〕16 号）、《关于加强高等学校辅导员班主任队伍建设的意见》（教社政〔2005〕2 号）、《普通高等学校辅导员队伍建设的规定》（2006 年初制为"教育部第 24 号令"，2017 年修订为"教育部令第 43 号"）、《2006—2010 年普通高等学校辅导员培训计划》(教思政厅〔2006〕2号)、《高等学校辅导员职业能力标准(暂行)》(教思政〔2014〕2号)等一系列政策文件,从思想认识、体制机制和人才培养等方面对高校辅导员的身份管理、职业定位、学习培训、晋升发展等问题做出了详细而明确的规定。由是,我国高校辅导员工作开始迈入职业化、专业化建设的新的发展阶段,这也就对高校辅导员自身发展及其工作质量提出了更高要求。

目前,党和国家鉴于高等职业教育作为我国高等教育的一个新类型,对我国整个民族素质的提高和综合国力的发展发挥着越来越重要的作用,已把大力发展高等职业教育作为一项重大的战略决策加以实施。

为此,在党和国家高度重视高等职业教育发展和高校辅导员队伍建设的时代背景下,对高职辅导员来说,既是机遇又是挑战。这机遇就是为高职辅导员成长成才提供了前所未有的"大舞台",使他们具有了大展宏图、大展拳脚、大展身手的无限发展空间。同时,这也为高职辅导员提出了一个富有挑战性的现实问题:自己是否具备了能够适应新时代高职教育发展和辅导员"两化"建设发展所必需的综合素质与能力水平?所以,撰写本书的重要意义在于:

一是帮助高职辅导员厘清自己的职业角色定位,树立辅导员职业意识,明确职业认知,克服职业倦怠感,致力于辅导员工作事业发展,使自己成为辅导员工作某领域的专家。

二是帮助高职辅导员树立使命职责意识,从思想上认识到自己的使命担当。高职辅导员作为推动高职教育持续健康发展不可或缺的重要力量,是高职院校学生日常思想政治教育和管理工作的组织者、实施者、指导者,承担着"为党育人、为国育才"的历史使命和时代重任。这要求高职辅导员必须顺势而为,做好职业生涯规划,积极认真履行辅导员"九大工作职责","努力成为学生成长成才的人生导师和健康生活的知心朋友"。[①]

三是帮助高职辅导员树立能力本位思想,主动适应我国经济社会发展大

---

①中华人民共和国教育部令第43号:《普通高等学校辅导员队伍建设的规定》,2017年9月21日。

势和时代发展潮流,适应国家对辅导员职业化、专业化建设的发展需求,以《高等学校辅导员职业能力标准(暂行)》(教思政〔2014〕2号)为圭臬,围绕辅导员职业工作岗位所要求的知识、技能和能力,自觉自主地加快自身综合素质能力建设,全方位提升自己的职业认知、职业素养和职业能力,努力使自己成为学习型、创新型辅导员。

二

关于高职辅导员素质能力建设问题是一个涉及面广、与时俱进的研究课题,不可能穷其所有地开展论说。本书仅从辅导员"两化"建设、职业生涯规划及教育、职业能力建设、综合素质能力提升策略以及工作实例解说等方面进行了力所能及的简要论述,故曰"简论"。为此,本书坚持理论与实践相结合的原则进行思路谋划、框架设计。从理论探究层面,首先是整体架构遵循"两化"建设→职业生涯规划、职业能力建设→综合素质能力建设这种总—分—总式的写作形式。其次,具体章节则主要是坚持问题导向,按照重要概念厘定→现状/困境剖析→策略/对策建议这个分析、解决问题的思路进行相关问题论述。从实践运用层面,一是以实操例说的方式,着重阐述了高职辅导员最常见也是最重要的六种工作职责范畴中的工作案例或辅导案例;二是以漫论/笔谈的方式,附录了作者平时工作学习中关于思想政治教育相关问题的论述以及学习心得与学生管理工作的点滴体认感悟。对此,本书以章、节为主,辅以附录进行架构,共设置了5个章节,2部分附录,具体研究内容如下。

第一章主要围绕辅导员"两化"建设这一主线,着重论述了高职辅导员制度的形成与发展,高校辅导员"两化"建设的发展进程、科学内涵及意义,高职辅导员"两化"建设的困境及实现路径三个问题。通过本章论述,旨在阐释清楚以下基本认识:一是高职教育作为一种新的高等教育类型,在我国起步较晚,始于20世纪80年代。而与此相适应的高职辅导员制度也就肇始于这一期间,无疑比我国于1953年清华大学初设的高校政治辅导员岗位晚了20余年。二是高职辅导员"两化"建设作为我国高校辅导员"两化"建设的重要范畴之一,因其高等教育的"新类型"特征及高职学生的独特性而在"两化"建设的具体实践中呈现出鲜明的与众不同的困境,也就决定了它需另辟新径地进行建设路径选择。

第二章主要论述了高职辅导员职业生涯规划及教育问题。本章从阐述职业生涯规划的历史起源与概括界定出发,首先论述了辅导员职业生涯规划的主要内涵,进一步回答了高职辅导员进行职业生涯规划的必要性,并从职业角色定位、职业态度、职业素质、新媒介素养、职业规划意识等多角度透视了高职辅导员的职业现状,据此提出了解决策略。其次,对高职辅导员职业生涯规划教育的内涵、培养目标、实现路径与意义作了全面论述。

第三章主要论述了高职辅导员职业能力建设相关问题。本章首先厘清了职业能力及辅导员职业能力,职业核心能力及辅导员职业核心能力的基本概念、主要特点等问题;其次,从优劣两方面对高职辅导员队伍的整体情况进行了辩证分析;再次,通过剖析目前高职辅导员在提升职业能力过程中所遇到的困境,由此提出了对策建议(实现路径);最后,结合我校辅导员素质能力培训实践活动,着重通过诠释如何开展理论宣讲、主题班会、谈心谈话、网文写作等实际问题,探讨了提升高职辅导员理论宣讲能力、管理与辅导员能力、谈心谈话能力、新媒介运用能力4种职业核心能力的策略。

第四章着重从实现策略上论述了高职辅导员综合素质能力建设问题。一是从政治要有高度,情怀要有深度,学问要有宽度,方法要有新度,工作要有温度,研究要有厚度六个维度论证了培育高职辅导员综合素能问题;二是论证了通过构建"四位一体"考核评价机制,以此推动辅导员综合素质提升问题。

第五章主要筛选了高职辅导员所从事的思想引领、心理辅导、危机管理应对、就业创业指导、特殊学生群体辅导五大重点工作,从厘清概念出发,列出了上述每项工作的重点、主要内容,以及开展工作时所需运用的主要政策文件,并结合工作实践,以工作案例或辅导案例进行了实例说明。

三

本书尝试探讨高职辅导员综合素质能力建设问题,尽管是一种"抛砖引玉"式的简单论述,研究视角与成果略显粗泛,但也做了一些力所能及的创新。

1. 尝试将"高职辅导员发展变迁"分为"三阶段"论

目前,在我国辅导员制度的历史考察研究成果中,譬如杨杨、李新的《新中国 70 年高校辅导员制度的回顾与展望》(2019)、叶雪锋的《我国高校辅导员制度的发展历史和演变逻辑探究》(2019)、段其波的《高校辅导员制度的历史变迁与优化发展》(2017)、王道阳、魏玮的《高校辅导员制度演变及其启示》(2016)、王娟的《改革开放 30 年来我国高等学校辅导员制度的变迁》(2009),以及周良书、朱平、俞小和等的《中国高校辅导员工作史论》等,均是以"高校辅导员制度"为研究对象。事实上,我国"高校"概念远早于且包含了"高职院校"概念。因此,"高校辅导员制度"的研究视阈无疑在时间、范畴、内涵上都比"高职辅导员制度"宽泛些。因此,本书基于学界关于"高校辅导员制度"的历史考察研究相关成果,结合我国高等职业教育的发展历史,首次尝试将我国"高职辅导员制度"的历史发展脉络梳理划分为"三阶段论":即肇始探索阶段(1980—1996 年)、正规发展阶段(1996—2004 年)、科学发展阶段(2004 年至今)。

2. 坚持问题导向,着力对策研究,是本书一大特色

为了使本研究成果真正有助于高职辅导员队伍建设,本书立足于辅导员工作岗位实际及学生管理工作实践,自始至终坚持问题导向,按照"是什么""为什么""怎么办"这一总体研究思路,围绕高职辅导员"两化"建设、职业生涯规划及教育、职业能力建设、综合素质能力提升等主题,逐一剖析了目前高职辅导员在这些主题范畴中所存在的主要问题或面临的主要困境,并基于这些问题或困境,研究运用党和国家关于大学生思想政治教育和辅导员队伍建设的系列政策文件要义,思考探究高职辅导员素质能力建设的实现路径或对策。所以,本书的研究成果具有鲜明的对策研究特性,实现了"工学研结合,以研带学,以研促工"的预期目标。

3. 立足工作实践,以资助益实用,又是本书的特点

为了使本研究成果具有可操作性、可复制性,有助于提升高职辅导员工作质量与育人效果,本书专辟第五章以工作案例或辅导案例来说明高职辅导员应如何开展思想引领、心理辅导、危机管理应对、就业创业指导、特殊学生群体辅导等重点工作。同时,附录了近年来本人有关思想政治教育相关问题的研究探讨,以及有关"学生教育管理该怎么办"的工作随笔;"做什么样的'时代师者'"的学思践悟和"他山之石有何收获裨益"的体认感悟。所有这些工作实录或工作实操,具有较强的实践性,抛砖引玉,以资参考!

目 录

第一章　高职辅导员职业化、专业化建设……………………… 1

　第一节　高职辅导员建设的形成与发展……………………… 1

　　一、肇始探索阶段（1980—1996年）……………………… 2

　　二、正规发展阶段（1996—2004年）……………………… 3

　　三、科学发展阶段（2004年至今）………………………… 4

　第二节　高校辅导员"两化"建设相关概述………………… 6

　　一、我国高校辅导员"两化"建设的发展进程…………… 6

　　二、高校辅导员"两化"建设的科学内涵………………… 9

　　三、高校辅导队伍"两化"建设的意义…………………… 15

　第三节　高职辅导员"两化"建设的实现路径…………… 17

　　一、高职辅导员"两化"建设的困境……………………… 17

　　二、高职辅导员"两化"建设的路径选择………………… 21

第二章　高职辅导员职业生涯规划与教育…………………… 26

　第一节　职业生涯规划相关概述…………………………… 26

　　一、职业生涯规划的历史起源……………………………… 27

　　二、职业生涯规划的概念界定……………………………… 29

　　三、辅导员职业生涯规划的主要内涵……………………… 30

　　四、高职辅导员职业生涯规划的必要性…………………… 32

五、高职辅导员职业生涯规划策略 ················· 33

第二节　高职辅导员职业生涯规划教育 ················· 41

一、准确把握辅导员职业生涯规划教育的内涵 ········· 41

二、高职辅导员职业生涯规划教育的培养目标 ········· 42

三、高职院校辅导员职业生涯规划教育的实现路径 ····· 43

四、高职院校辅导员职业生涯规划教育的意义 ········· 45

第三章　高职辅导员职业能力建设 ················· 47

第一节　辅导员职业能力相关概述 ················· 47

一、辅导员职业能力定义及基本内容 ··············· 47

二、辅导员职业核心能力 ······················· 50

第二节　高职辅导员职业能力建设的实现路径 ········· 52

一、高职辅导员整体队伍的辩证认知 ··············· 52

二、高职辅导员职业能力提升的困境 ··············· 54

三、高职辅导员职业能力提升的实现路径 ··········· 57

第三节　高职辅导员四种职业核心能力的提升策略 ····· 60

一、适应形势发展，提升理论宣讲能力 ············· 60

二、开好主题班会，提升管理与辅导能力 ··········· 72

三、注重方法技巧，提升谈心谈话能力 ············· 76

四、掌握网文写作，提升新媒介运用能力 ··········· 81

第四章　高职辅导员综合素质能力建设考量 ········· 90

第一节　以"六度"视角培育高职辅导员综合素能 ····· 90

一、政治要有高度，是辅导员履行岗位职责所应具备的最基
本的素质 ································· 91

二、情怀要有深度，是辅导员从事"铸魂育人"所应持有的
内在品质 ································· 92

三、学问要有宽度，是辅导员实现职业化、专业化发展的前

　　提条件 ……………………………………………………… 93

　四、方法要有新度，是辅导员提升育人实效性与亲和力的最

　　关键要素 ………………………………………………… 94

　五、工作要有温度，是辅导员与高校学生做知心朋友的重要

　　保障 ……………………………………………………… 95

　六、研究要有厚度，是辅导员向职业化、专业化发展的必然

　　要求 ……………………………………………………… 96

第二节　以考核评价机制推动辅导员综合素能提升 ………… 97

　一、高职辅导员考核评价机制现状解析 …………………… 97

　二、辅导员考核评价体系的构建原则 ……………………… 99

　三、高职辅导员"四位一体"考核评价机制的建构 ……… 101

　四、"四位一体"考核评价机制对高职辅导员综合素能提升

　　的激励效果 …………………………………………… 104

第五章　高职院校辅导员工作实例说 ……………………… 107

第一节　思想引领辅导例说 ………………………………… 107

　一、辅导重点内容 ………………………………………… 108

　二、政策法律依据 ………………………………………… 109

　三、典型案例 ……………………………………………… 111

第二节　心理健康辅导例说 ………………………………… 116

　一、辅导重点范围 ………………………………………… 117

　二、政策法律依据 ………………………………………… 117

　三、典型案例 ……………………………………………… 120

第三节　危机事件应对例说 ………………………………… 126

　一、应对的主要形态 ……………………………………… 126

　二、政策法律依据 ………………………………………… 127

　三、典型案例 ……………………………………………… 128

第四节　职业规划与就业创业辅导例说 …………………… 130

一、工作重点 …………………………………………… 130

二、政策法律依据 ……………………………………… 131

三、典型案例 …………………………………………… 133

第五节 "学困生"辅导例说 ………………………… 140

一、辅导重点内容 ……………………………………… 140

二、政策法律依据 ……………………………………… 141

三、典型案例 …………………………………………… 141

第六节 "家困生"帮扶例说 ………………………… 145

一、帮扶的重点工作 …………………………………… 145

二、政策法律依据 ……………………………………… 145

三、典型案例 …………………………………………… 148

附 录：漫论/笔谈 …………………………………… 152

第一部分：思想政治教育漫论 ……………………… 152

一、高职院校思政教育"3+3"工作范式探讨 ………… 152

二、新时代视阈下高校辅导员开展红色文化育人的路
    径创新 ……………………………………………… 157

三、高校辅导员"五步"育人引导大学生"拔节孕穗期"
    健康成长 …………………………………………… 164

四、高职思政课渗透职业人格教育的教学考量 ……… 170

五、高职辅导员提升工作质量的两点思考 …………… 180

第二部分：工作学习体认笔谈 ……………………… 183

一、工作随笔：学生教育管理该怎么办 ……………… 183

二、学思践悟：做什么样的"时代师者" ……………… 190

三、体认感悟：他山之石有何收获裨益 ……………… 195

参考文献 ……………………………………………… 202

后 记 ………………………………………………… 207

第一章　高职辅导员职业化、专业化建设

在我国,"高职"是高等职业教育的简称,它是我国国民教育体系中高等教育的一种类型和层次,是和高等本科教育不同类型、不同层次的高等教育。现阶段,我国高等职业教育的学校包含了短期职业大学、职业技术学院、普通高等专科学校,独立设置的成人高校、本科院校内设立的高等职业教育机构、具有高等学历教育资格的民办高校等。从 2012 年起,为响应教育部构建现代职业教育体系的规划,部分国家示范性高等职业院校开始试办本科层次的专业(与本科院校合办)。

高职辅导员是指高等职业院校从事学生思想政治教育和管理工作的主要承担者,具有教师和管理人员的双重身份。他们担负着学生教育管理工作组织者、指导者和执行者的角色,是学生教育管理工作队伍的关键组成部分,他们工作在学生中间,是学校各级党政领导与学生联系的桥梁和纽带。

第一节　高职辅导员建设的形成与发展

高校辅导员这一职业最早萌芽于 1933 年党在江西瑞金创办的第一所由中共中央直接领导的军事院校——中国工农红军大学的每个中队所配备的"政治指导员",全面负责基层中队学员的思想、学习、健康和生活等工作,成为学校对学员进行教育和教学工作的得力助手。嗣后,高校辅导员这一称谓经历了从政治指导员到学生政治辅导员、思想政治辅导员,再到高等学校辅

导员等一系列的转变过程。伴随着我国高等职业教育的蓬勃发展,高职辅导员队伍建设经历了肇始探索(1980—1996 年)、正规发展(1996—2004 年)和科学发展(2004 年至今)三个主要发展阶段。

一、肇始探索阶段(1980—1996 年)

1980 年,为了缓解我国东部沿海发达地区当时人才紧缺的矛盾,国家教委批准建立了首批 13 所职业大学,这标志着我国高等职业教育的肇始,成为我国高等职业教育发展的雏形。1980 年 4 月,教育部出台《关于加强高等学校学生思想政治工作意见》,要求"各校要根据具体情况建立政治辅导员或班主任制度。政治辅导员和班主任应从政治、业务都好的毕业生中选留或从教师中选任。他们既要做学生思想政治工作,又要坚持业务学习,有的还要担负一部分教学任务。学校领导要从政治上和业务上关心他们的成长,帮助他们落实政治学习和业务进修计划。"①《关于加强高等学校学生思想政治工作意见》作为高职辅导员建设的指导性文件,也标志着高职院校探索辅导员工作的肇始。1986 年至 1987 年,国家又陆续下发了《选配品学兼优的应届毕业生充实高等学校思想政治教育工作队伍的通知》《在高等学校思想政治教育专职人员中聘任教师职务的实施意见》《关于改进和加强高等学校思想政治工作的决定》等相关文件,国家以制度化的形式为高校辅导员制度提供了政策保障。

20 世纪 80 年代末到 90 年代初,党中央在深刻反思国内"十年最大的失误是教育"②、总结"苏联解体、东欧剧变"教训的基础之上,坚持"两手抓,两手都要硬"的方针,开始纠偏、规范和改进高校思想政治教育政策,先后颁发了以《关于新形势下加强和改进高等学校党的建设和思想政治工作的若干意见》《中共中央关于进一步加强和改进学校德育工作的若干意见》《中共中央关于加强和改进思想政治工作的若干意见》等具有代表性的文件 50 余个,③加

---

①教育部、共青团中央:《关于加强高等学校学生思想政治教育工作的意见》,1980 年 4 月 29 日。

②中共中央文献编辑委员会:《邓小平文选(第 3 卷)》,北京:人民出版社,1993 版。

③谭小雄:《改革开放以来高校思想政治教育政策的演变及特征》,《长沙大学学报》,2019 年第 3 期。

强和改进了高校大学生思想政治工作,重振思想政治工作的教育导向地位,侧重从思想上增强对大学生的教育与领导,加深了对辅导员队伍建设的重视程度,从政策和体制方面进一步加强了辅导员队伍的建设。这为高职辅导员建设探索工作明确了发展方向,成为其加强和改进的参照系。

二、正规发展阶段(1996—2004年)

1995年11月23日,国家教育委员会颁发《中国高等学校德育大纲(试行)》,提出"学校应当采取有效措施切实加强这支队伍建设,努力培养和造就一批思想政治教育的专家和教授",并要求"专职政工人员与学生的比例大体掌握在1:120～1:150,规模较小的学校应视情况酌情提高比例"。于是,高职院校在这一政策文件的指导下逐步加强辅导员队伍建设,不断充实其力量。

1996年,全国人大通过并颁布了《中华人民共和国职业教育法》,从法律上确定了高职教育在我国教育体系中的地位,由此也拉开了高职教育发展的序幕。1999年全国教育工作会议召开,中央提出"大力发展高等职业教育"的工作要求,我国高职教育进入了蓬勃发展的历史新阶段。由此,高职辅导员建设工作也步入了快车道。

同年9月,中共中央出台《关于加强和改进思想政治工作的若干意见》,对辅导员队伍建设的重视程度进一步加深,鼓励扶持措施也不断加大,并从国家政策层面对辅导员队伍建设做出了明确规定,要求"按照提高素质、优化结构、相对稳定的要求,建设一支政治强、业务精、作风正的思想政治工作队伍。要选拔一批德才兼备的中青年干部,充实到这支队伍中来。对思想政治工作者要注意关心和培养,帮助他们提高思想政治素质和业务能力,对做出突出成绩的要给予表彰和奖励。"①在此期间,一些高职院校引进、选拔一批教师和品学兼优的本科生充实辅导员队伍,这使高职院校辅导员建设发展逐步走向正轨。但总的来说,这一时期由于在国家层面上辅导员制度没有明显变化,基本上没有超出《高等学校学生思想政治工作暂行规定》的机构框架,因此,辅导员队伍建设无实质性的突破,辅导员角色定位、工作职责呈泛

---

①教育部思想政治工作司组编:《加强和改进大学生思想政治教育重要文献选编(1978—2008)》,北京:中国人民大学出版社,2008年11月。

化趋势。

三、科学发展阶段（2004 年至今）

进入 21 世纪，随着中国特色社会主义经济社会发展对人才资源的需求进一步提升，党和国家更加重视职业教育的发展，并从顶层设计出发，系统构建新时期中国特色、世界水平的现代职业教育体系，我国高职教育在经历了一个滑坡、扩张阶段后又迎来了一个发展春天。与此同时，我国高校辅导员制度也发生了与时俱进的变化，开始推进"职业化、专业化"改革。高职辅导员建设也由此迈入了科学发展的历史进程。

2004 年 8 月，国务院颁发了《关于进一步加强和改进大学生思想政治教育的意见》，即中央 16 号文件，确立了辅导员在高校学生政治思想教育中的主体地位，是大学生思想政治教育的骨干力量，提出"院（系）的每个年级都要按适当比例配备一定数量的专职辅导员"；"要采取有力措施，着力建设一支高水平的辅导员、班主任队伍"；"学校要从政治上、工作上、生活上关心他们，在政策和待遇方面给予适当倾斜"。[①]

2005 年 1 月，胡锦涛在全国加强和改进大学生思想政治教育工作会议上指出，"要采取有力措施，按照政治强、业务精、纪律严、作风正的要求，着力建设一支高水平的辅导员和班主任队伍，使他们在学生思想政治教育中发挥更大作用"。12 月，他针对辅导员队伍建设情况又做出重要批示，要求必须从思想认识、体制机制、明确政策、培养人才等方面采取有力措施，调动广大辅导员的积极性，提高辅导员工作的水平。

随后，教育部把高校辅导员队伍建设作为进一步加强和改进大学生思想政治教育的根本，作为落实大学生思想政治教育各项任务的关键，先后组织制定并印发了《关于加强高等学校辅导员班主任队伍建设的意见》（教社政〔2005〕2 号）、《普通高等学校辅导员队伍建设的规定》（教育部第 24 号令）、《2006—2010 年普通高等学校辅导员培训计划》等政策性文件，从思想认识、体制机制、明确政策和培养人才等方面对高校辅导员工作培训、工作

---

①中共中央、国务院：《关于进一步加强和改进大学生思想政治教育的意见》，2004 年 8 月 26 日。

发展、"双重身份""双重管理"等问题做了明确规定和合理定位。这标志着我国高校辅导员队伍职业化、专业化建设开始步入制度化、正规化轨道。

2006年4月，教育部召开中华人民共和国成立以来的第一次全国高校辅导员队伍建设工作会议，国务委员陈至立从"辅导员是高校教师队伍的重要组成部分，是大学生思想政治教育工作的骨干力量，是大学生健康成长的指导者、引路人和知心朋友，为培养社会主义合格建设者和可靠接班人，为维护高校和社会的稳定做出了重要的贡献，是保证高等教育事业持续健康发展不可或缺的重要力量"出发，强调"要与时俱进，采取措施，着力建设一支高水平的高校辅导员队伍。"教育部部长周济从"加强辅导员队伍建设，是坚持育人为本、德育为先的必然要求，是统筹高校改革、发展和稳定的必然要求，是锻炼造就高素质人才的必然要求"的高度，提出，要健全和完善辅导员队伍建设的领导和管理体制，辅导员队伍要实行学校和院（系）"双重领导"体制，辅导员实行教师和管理干部双重身份管理；要在高进、严管、精育、优出四个关键环节上完善辅导员队伍选聘机制、管理机制、培养机制和发展机制，不断加强辅导员队伍建设。

2007年和2008年10月，教育部分别下发关于开展《普通高等学校辅导员队伍建设规定》贯彻实施情况互查的函，并组织专家在部分省份进行了督查。

2007年，首批21个全国高校辅导员培训和研修基地建设工作全面启动。作为辅导员培训和研修基地的依托学校，针对辅导员多层次培养培训的实际需要，结合学校工作特色和学科优势，制定了基地建设方案，科学合理地设置了每一类培训的相关课程，形成了科学的培训模块，同时加强了辅导员培训的学科体系建设，为基地建设提供了强有力的学科支撑。

党的十八大以来，党和国家更加深入推进高校辅导员队伍建设，从完善顶层设计的高度出发，教育部积极推动各地各高校贯彻落实《普通高等学校辅导员队伍建设规定》，相继制定印发了《教育部高校辅导员培训和研修基地建设与管理办法（试行）》《教育部高校辅导员培训和研修基地建设与管理基本标准（试行）》《普通高等学校辅导员培训规划（2013—2017年）》《高等学校辅导员职业能力标准（暂行）》等政策性文件，提升了辅导员队伍培训的科学性和系统性，保障了辅导员队伍的数量和质量。

2018 年 6 月 25 日,教育部思想政治工作司、人事司在中南大学主办了 2018 年全国高校辅导员工作现场会议,强调要切实加强辅导员队伍建设,形成队伍建设合力、搭建队伍发展平台、强化队伍评估督查,为辅导员队伍专业化、职业化建设构建完善的制度体系。

第二节　高校辅导员"两化"建设相关概述

21 世纪以来,随着人工智能、移动通信、物联网、区块链、大数据等新一代信息技术加速突破应用,经济全球化、社会信息化、文化多元化的进程不断加快,深刻地影响着大学生的思想观念、价值取向和行为习惯,这对高校思想政治教育和辅导员队伍建设提出了更新的要求和更高的挑战。

一、我国高校辅导员"两化"建设的发展进程

1953 年,清华大学蒋南翔校长最早提议并设立"高校政治辅导员"这一岗位,起初是从高年级学生中选拔政治和业务优秀者担任低年级学生辅导员,一边做思想政治工作,一边学习。随后选拔范围逐步扩大到研究生和青年教师。这一做法在其他高校被逐步推广。

1961 年 9 月,教育部颁发《直属高等学校暂行工作条例》规定:"在一、二年级设政治辅导员或班主任,从专职的党政干部、政治理论课教师和其他青年教师中挑选有一定政治工作经验的人担任。同时,要逐步培养和配备一批专职的政治辅导员",从而使辅导员制度化、规范化。

1965 年 8 月,国家相继颁发《中华人民共和国高等教育政治工作条例(草案)》《高等学校学生班级政治辅导员工作条例》,对政治辅导员的设置配备、工作性质、任务、要求和工作方法做出了规定,从而政治辅导员制度得以确立,并延续至今。

然而,中华人民共和国成立初期的高校政治辅导员制度被赋予了其他附加的意义,是作为一条培养和造就符合"四化"要求的"既能从事教学、科研工作,又能兼做思想政治工作"的"双肩挑"干部的重要途径而加以使用

的。因此,自从 1961 年提出设立专职辅导员设想以来,专职辅导员的配置一直被谨慎对待。辅导员工作职责也是"以政治为本",主要是组织学生进行相关的政治学习和思想学习,职责比较单一,工作职能源于"政治"需要。

1980 年 4 月,教育部、共青团中央印发《关于加强高等学校学生思想政治工作的意见》的联合通知,提出"各校要根据具体情况建立政治辅导员制度或班主任制度。政治辅导员和班主任应从政治、业务都好的毕业生中选留或从教师中选任。他们要既做学生思想政治工作,又要坚持业务学习,有的还要担负一部分教学任务。"这表明辅导员工作职责仍是以兼职为主。

1984 年 11 月,中宣部、教育部颁发《关于加强高等学校思想政治工作队伍建设的意见》,强调"高等学校的思想政治工作队伍必须实行专职和兼职相结合",并对从基本要求、来源和发展方向、培训、待遇等方面作了详细规定。尤其是提出了"设置思想政治工作专业,开办本科班、第二学士学位班,在条件具备时还要开办研究生班,招收攻读学位的研究生",要对他们实行"正规化培训"。尽管该文件中未专门论及辅导员,但第一次提出了包括辅导员在内的思想政治工作队伍专业化的思想。

1987 年,国家教育委员会在《关于在高等学校学生思想政治工作专职人员中聘任教师职务的实施意见》(教师管字〔1987〕12 号)文件中第一次明确"思想政治教育是一门科学。学生思想政治工作是学校教育的重要组成部分",并以此作为在思想政治教育专职人员中聘任教师职务的依据,同时,规定"聘任相应教师职务的学生思想政治教育专职人员列入教师编制。"这是政治辅导员第一次被正式认同为高校教师队伍中的组成部分。

1993 年 8 月,中组部、中宣部、国家教委颁发《关于新形势下加强和改进高等学校党的建设和思想政治工作的若干意见》,要求"各高校努力建立一支以精干的专职人员为骨干、专兼职相结合的政工队伍。"虽然,该政策文件没有明确要求一定要设专职辅导员,但事实上大多数高校以此为政策依据配备了一定数量的专职辅导员,以适应日益繁重的学生工作的需要,特别是政治稳定的需要。

1994 年 8 月,中共中央颁发《关于进一步加强和改进学校德育工作的若干意见》(中发〔1994〕9 号)文件仍然提出"建设一支专兼结合、功能互补、信念坚定、业务精湛的德育队伍","积极支持和发展'双肩挑'的制度"。

可见，20 世纪八九十年代，辅导员工作虽然开始转向主要承担为学生全面发展服务的"思想政治教育和日常管理"职责，但是，他们仍然处于"专兼结合"的角色定位。

进入 21 世纪以来，信息技术迅猛发展，互联网作为信息传播新的媒体，越来越成为高校师生获取知识和各种信息的重要渠道，并对大学师生的学习、生活乃至思想观念发生着广泛和深刻的影响。如何运用新媒体开展大学生思想政治教育，传播正能量，已成为高校思想政治工作的非常重要而紧迫的课题。与此同时，2002 年 11 月党的十六大的召开，提出树立科学发展观，强调和谐发展，提出了"坚持教育为社会主义现代化建设服务，为人民服务，与生产劳动和社会实践相结合，培养德智体美全面发展的社会主义建设者和接班人"的教育方针。这标志着实现人的全面发展成为我国教育工作的根本目标。在世界发展大势、党和国家战略需求的双重推动下，我国高校辅导员工作由单一的思想政治教育转变为教育、管理、服务、咨询、研究为一体的专业行为，承担着越来越多的育人的工作职责，这也就意味着辅导员队伍建设必须走专业化、职业化发展道路，才能肩负起世界发展和时代潮流赋予高校思想政治教育工作的新使命与新呼唤。

为了适应新时期高校思想政治教育的严峻形势，2000 年 7 月，中共教育部党组印发《关于进一步加强高等学校学生思想政治工作队伍建设的若干意见》（教党〔2000〕21 号），对专职和兼职思想政治工作人员做出了明确的界定，并第一次提出了"原则上可按 1∶120～1∶150 的比例配备专职学生思想政治工作人员"的明确要求。这为推动高校辅导员"两化"建设从人员配备上提供了政策依据。2004 年 10 月，中共中央、国务院颁发了《关于进一步加强和改进大学生思想政治教育的意见》（中发〔2004〕16 号），简称"中央 16 号文件"，将"思想政治工作"改为"思想政治教育"，"政治辅导员"称为"辅导员"，并确立了辅导员在高校学生政治思想教育中的主体地位，是大学生思想政治教育的骨干力量，提出"院（系）的每个年级都要按适当比例配备一定数量的专职辅导员"；"要采取有力措施，着力建设一支高水平的辅导员、班主任队伍，努力使他们成为思想政治教育方面的专家"；"学校要从政治上、工作上、生活上关心他们，在政策和待遇方面给予适当倾斜"；"实施大学生思想政治教育队伍人才培养工程，建立思想政治教育人才培养基地"

等。这些提法成为包括辅导员在内的思想政治教育队伍专业化、专家化建设的指导思想,为高校辅导员队伍走向专业化、职业化奠定了基础。随后,教育部为贯彻中发〔2004〕16 号文件精神,把高校辅导员队伍建设作为进一步加强和改进大学生思想政治教育的根本,作为落实大学生思想政治教育各项任务的关键,先后组织制定并印发了《关于加强高等学校辅导员班主任队伍建设的意见》(教社政〔2005〕2 号)、《普通高等学校辅导员队伍建设的规定》(教育部第 24 号令)、《2006—2010 年普通高等学校辅导员培训计划》(教思政厅〔2006〕2 号)等政策性文件,由是,辅导员队伍"两化"建设的大幕被全面拉开了。

综上所述,不难发现,我国高校辅导员的角色要求经历了由兼职→以兼职为主,专兼结合→以专职为主,专兼结合的转变过程。而专职化是职业化、专业化的基础和前提,因此,我们可以把这一演进过程看作是高校辅导员向"两化"建设的发展趋向。这也反映了党和国家对辅导员工作性质的认识由"临时岗位"到"专门职业"再到特殊"专业"的发展和深化。

二、高校辅导员"两化"建设的科学内涵

专业化和职业化是社会生产力发展和社会分工细化的结果,是人类文明发展的潮流和趋势。长期以来,辅导员工作被视作是一个"良心活",一代又一代的辅导员为适应党和国家培养人才的需要,在自己平凡的岗位上无私奉献,用爱和责任演绎着这份"良心",得到了党和国家的重视和社会的尊重。

对从业者来说,职业是个人在社会中所从事的作为主要生活来源的工作。职业活动具有社会性(职业是适应社会需要而产生的)、稳定性(其活动对象、内容、方式都是相对稳定的)、专门性(有专门的经验或技能要求,需要专人去做)、长期性(人们可以长期甚至终身从事的)、公认性(被社会和舆论所公认)等特征。因此说,用心、用情、用爱工作,凭良心做事还只是辅导员职业中的一条主线,而不是全部。从辅导员长远的职业发展来讲,光凭良心做事还不够,光凭爱和责任还不足以应对当前大学生思想政治教育中的诸多新情况和新问题。在爱和责任的"良心活"之外,辅导员工作还有一条越来越清晰的"技术主线"。辅导员是"是教师队伍的组成部分",其专业化、职业化要求由此而来。

（一）辅导员职业化

2014年3月，教育部印发的《高等学校辅导员职业能力标准（暂行）》（教思政〔2014〕2号），对高校辅导员队伍的建设具有里程碑意义。该文件首次将高等学校辅导员作为一个"职业"名词，并明确了高校辅导员的职业内涵、任职条件，素质要求、职业等级。

1. 辅导员职业概念

在《高等学校辅导员职业能力标准（暂行）》中，我国对辅导员的职业定义为：辅导员是高等学校教师队伍和管理队伍的重要组成部分，具有教师和干部的双重身份。辅导员是开展大学生思想政治教育的骨干力量，是高校学生日常思想政治教育和管理工作的组织者、实施者和指导者。辅导员应当努力成为学生的人生导师和健康成长的知心朋友。

2. 辅导员职业化

鼓励、支持一部分具备相关知识和能力的专业人才长期从事辅导员工作，使之成为队伍中相对稳定的部分和中坚力量，保证辅导员队伍持续发展，推动辅导员成为一个相对独立、专门的职业。

3. 辅导员职业素质

辅导员职业素质，是指从事辅导员职业所必须具备的身心条件、道德素养和可能发挥的潜在能力，是先天遗传与后天经验的集合体。它包括受教育程度、职业操守、职业道德、职业技能、职业目标等。

作为履行高等学校学生工作职责的专业人员，高校辅导员必须具有良好的职业道德、职业知识和职业技能。这具体主要表现在：

（1）具备政治强、业务精、纪律严、作风正的职业道德。

（2）具备爱国守法、敬业爱生、育人为本、终身学习、为人师表等的职业操守。

（3）具备思想政治教育工作相关学科的宽口径知识储备，具体包括：

①基础知识：了解马克思主义理论、哲学、政治学、教育学、社会学、心理学、管理学、伦理学、法学等学科的基本原理和基础知识。

②专业知识：掌握思想政治教育专业基本理论、基本知识、基本方法（包括思想政治道德观教育，思想政治教育学原理，思想政治教育史、思想政治教育方法论，思想政治教育心理学和心理健康教育相关知识与技能，比较

思想政治教育）；掌握马克思主义中国化相关理论及知识（包括毛泽东思想相关理论,中国特色社会主义理论体系,社会主义核心价值体系,中华人民共和国史,中国共产党党史）；掌握大学生思想政治教育工作实务相关知识（包括党的创新理论教育相关知识,大学生党团、班级建设的相关知识,职业生涯规划与就业指导相关知识,困难资助、奖罚管理等学生日常事务管理内容、知识,校园文化建设、社会实践等学生日常思想政治教育的知识,网络思想政治教育相关知识,危机事件、突发事件应对与管控的相关知识）。

③法律法规知识：掌握《中华人民共和国教育法》《中华人民共和国高等教育法》《中华人民共和国教师法》《中华人民共和国学位条例》《中华人民共和国学位条例暂行实施办法》《中华人民共和国精神卫生法》《中共中央国务院关于进一步加强和改进大学生思想政治教育的意见》《普通高等学校辅导员队伍建设规定》《普通高等学校学生管理规定》《国家教育考试违规处理办法》《学生伤害事故处理办法》等与大学生思想政治教育相关的法律法规条文规定。

（4）具备较强的组织管理能力和语言、文字表达能力,及教育引导能力、调查研究能力等。

（5）具备健康的体魄、旺盛的精力、活跃而严谨的思维、迅速而准确的反应、耐久性等生理素质。

（6）具备正常的智力、良好的个性（如乐观、坚强、冷静、善良、热情、认真等）,较强的心理适应能力（如心理应变、承受挫折、调适情绪等）,积极强烈的内在动力（坚定的信念、执着的理想、不竭的热忱等）,以及健康的心态和规范的行为表现等心理素质。

（7）具备强烈的责任感和使命感,严密的组织性和纪律性,尤其是要具备高度的政治觉悟和突出的意识形态工作能力等社会素质。

4. 辅导员职业要求

职业要求,是以岗位职责与工作目标为导向的职业素质体现。辅导员的职业要求在于：恪守爱国守法、敬业爱生、育人为本、终身学习、为人师表的职业守则；围绕学生、关照学生、服务学生,把握学生成长规律,不断提高学生思想水平、政治觉悟、道德品质、文化素养；引导学生正确认识世界和中国发展大势、正确认识中国特色和国际比较、正确认识时代责任和历史使命、正确认识远大抱负和脚踏实地,成为又红又专、德才兼备、全面发展的中国特色社会主义合格建设者和可靠接班人。①

但是,从目前各高校辅导员个人的日常工作实践看,辅导员的地位不是很高,无论是社会还是辅导员自身都没有把它看作是一项可以长期甚至终身从事的工作。普遍的事实是,专职辅导员大多是刚毕业的年轻人,在工作实践中摸爬滚打,付出了很多代价而获得了一些宝贵经验,可在带完一届或两届学生后往往转岗。工作经验不能积累,专业知识不能传承,使得辅导员队伍整体上长期处于无梯队、无层次、无结构、无积累的"实习"状态。这种工作的临时性势必造成临时观念和短期行为。造成这一窘状的因素很多,有主观的,也有客观的;有社会观念的,也有高校体制机制的,等等。

总之,到目前为止,辅导员仅被认为是一项光荣和重要的工作,还称不上是一种职业。大多数辅导员凭热情和责任忙碌于日常管理和稳定秩序的工作,至于成为"学生的人生导师和健康成长的知心朋友"和"思想政治教育专家"就力不从心了。提出辅导员职业化,也正是为了解决这个制约辅导员教育职能实现的根本问题。

(二)辅导员专业化

在我国,长期以来,高校辅导员被称为"政治辅导员",主要是一种"兼职"角色,从事的是"思想政治工作"。因此,"思想政治工作"和"政治辅导员"两个概念一直被使用。由此可见,辅导员无论从名称还是从实际所从事的工作性质都属于党务工作者;加之高校辅导员的专业背景五花八门、纷繁杂乱;承担的角色和实际工作的大部分时间和精力主要从事的是学生的日常事务管理;普遍"从业"时间短,流动性大,缺乏长期、持续的专业学习和发展等。这充分表明了目前高校辅导员还称不上专业技术人员。

直到 2004 年 10 月《关于进一步加强和改进大学生思想政治教育的意见》(中发〔2004〕16 号)的出台,将"思想政治工作"改为"思想政治教育","政治辅导员"称为"辅导员",辅导员在高校学生政治思想教育中的主体地位得以确立,这为我国高校辅导员专业化创造了条件。2005 年出台的

①何磊磊:《浅析辅导员职业素质的内涵与外延》,高校辅导员联盟,http://www.sohu.com/a/312749371_278563,2019-05-08。

《关于加强高等学校辅导员班主任队伍建设的意见》（教社政〔2005〕2号）更是要求"专职辅导员总体上按1：200的比例配备，保证每个院（系）的每个年级都有一定数量的专职辅导员。"并提出"鼓励和支持一批骨干攻读相关学位和业务进修，长期从事辅导员工作，向职业化、专家化方向发展。"

1."专业化"概念

什么叫专业化？目前，众说纷纭，莫衷一是。

桑德斯认为专业化的标志性特征是服务的专业性。弗雷德逊则基于动态视角，认为"专业化是一个过程，此过程中，被组织起来的职业是由于进行此职业需要深奥的、专门的才能和知识，以确保社会福利和工作的质量，进而得到执行工作的特定权利和排他性权利，另外具有决定和评估工作怎样开展的权利"。根据弗雷德逊的见解，专业化是从以前的普通职业逐步发展为专门职业。

我们认为，所谓"专业化"就是对职业或工作知识性、技术性的要求，是对该职业、工作的复杂性、创造性的肯定。

2.高校辅导员的专业化

高校辅导员的专业化就是指辅导员在较长一段时期内受到专业、系统训练，积极掌握日常事务管理、道德教育、政治教育、思想教育等不同工作的专业技能和专业知识，应用专业伦理，达到相关标准，进而取得专业地位的一种过程。也就是说，辅导员要从事务型、管制型的工作模式中摆脱出来，把主要时间和精力转到对大学生的思想政治教育上来，并通过不断提高教育的科学性、艺术性，增强教育的说服力、感染力，提高思想政治教育的成效。

（1）从专业化主体层面讲，辅导员专业化分为个体专业化和群体专业化等维度。

辅导员个体专业化，是指辅导员个人通过专业组织受到专业知识和技能训练，具备专业伦理和技能，逐步向合格教育工作者发展的过程。

辅导员群体专业化，是指进行辅导员工作的全部成员组成专业组织，制定与实施专业标准，为高校学生提供专业服务，促进辅导员工作从传统的职业化不断发展成为专业化的过程。换言之，辅导员群体专业化就是指由经过专门培养教育、具备相应专业知识和技能的人来从事辅导员工作，推动辅导员职业向相对独立的方向发展，并使辅导员队伍成为高素质、高效率的群体组织。

（2）从专业化的实质层面讲，可从以下两方面来诠释。

第一，辅导员专业化的实质是辅导员工作的科学化、专门化、专家化。

科学化：指承认并尊重辅导员所从事的思想政治教育的内在规律，努力按规律办事。

专门化：指辅导员对大学生的教育有其自身的特殊要求，包括对辅导员从业资格、素质等要求，是需要经过专门的训练才能上岗，需要一定的积累才能胜任的。

专家化：指辅导员需成为精通思想政治教育理论和规律，具有丰富的经验和较高教育艺术的专家。

第二，辅导员群体专业化需具备以下四个条件[①]。

①成员接受过与该专业背景知识有关的专业训练和专业教育；

②成员有能够在本专业领域开展研究的能力；

③成员进行的学生心理健康教育、职业能力培养、日常管理、思政教育等工作得到社会的认可与肯定，具有较高声誉；

④有政策、法规对此专业边界提供较为完善的保护。

（三）辅导员"两化"之间的逻辑关系

辅导员队伍的职业化和专业化是密切相关、相互促进、共同发展的。两者均以提高辅导员思想政治教育的成效为目标，以教育的专业性、科学性为基本要求，以角色的稳定性和长期性为基本特征，使辅导员作为教师队伍的组成部分，逐步走向专门职业和特定专业的发展趋向和过程。其中，职业化是专业化的前提和基础。辅导员首先成为一种稳定的、可长期从事的职业，才谈得上专业化的问题。专业化的过程也有助于辅导员职业的形成，特别是在高职院校，知识性、专业性是获得广泛认同的重要因素，专业和学科的支撑也是辅导员成为公认职业的一个重要条件。

但两者也有一定的区别，专业化相对于整体而言，要求辅导员职业发展的程度以及人员队伍的工作能力要达到一定的标准，职业化相对于个体而

①王爽：《高校辅导员队伍专业化建设的内涵与逻辑》，《山东广播电视大学学报》，2019年第1期。

言,辅导员个人的职业素养、职业道德和职业精神要达到一定标准。

三、高校辅导员队伍"两化"建设的意义

(一)有利于正确定位辅导员与学生的关系

辅导员究竟应该扮演什么样的角色,其工作的性质和最基本的职责是什么,特别是和自己的工作对象究竟应该是什么样的关系,这是在辅导员工作中一直困扰我们的问题。辅导员长期被赋予单一的政治角色归属于管理工作者,和学生处于"管"与"被管"的关系。但传统的管制和说教的思维方式和行为模式又往往陷入被学生敬而远之的尴尬境地。辅导员工作的对象是学生,是与学生联系和接触最多的人员。学生的尊重、信服、接纳程度是辅导员最关心的,也是最敏感的问题。譬如学生普遍关心和面临的学业、交友、恋爱、就业、人生规划以及由此产生的学习、经济、心理压力等,在辅导员这里得不到关心和帮助,学生怎么会尊重、信服和接纳你呢?许多辅导员很困惑,为什么自己为学生付出了很多,而得到学生的尊重信服和接纳却很少?源头就在于要正确处理辅导员与工作对象学生的关系问题。教育部第43号令《普通高等学校辅导员队伍建设规定》明确规定,"辅导员是开展大学生思想政治教育的骨干力量,是大学生日常思想政治教育和管理工作的组织者、实施者和指导者"。辅导员应"成为大学生的人生导师和健康成长的知心朋友"。因此,要真正成为大学生的指导者和领路人,除了热情、责任、奉献精神外,还需走专业化、职业化的发展道路,掌握有效辅导和正确领路的知识、见识和能力等。只有把辅导员作为一种职业和专业,定好位、练好本领,才能切实解决大学生在学习、生活中的实际问题,得到他们的认同与尊重,促进大学生的全面发展,才能消除角色定位不准所带来的困惑和职业倦怠。

(二)有利于提升和完善辅导员队伍的整体素质

目前,高职院校辅导员大多是从品学兼优的佼佼者中选拔出来的,有年轻人的朝气蓬勃,工作热情高、干劲大、责任感强,但整体上说,普遍缺少作为大学生指导者和领路人的经验和阅历,缺少从事大学生思想政治教育的理论、方法和经验,缺乏从事辅导员工作的职业核心能力和正确的角色定位,缺乏对辅导员工作的总体理论研究。为此,辅导员队伍职业化、专业化的建设思路正是为了适应这一需要而提出的。当辅导员把自己的工作看作是可以

长期从事的职业,而不是时时在考虑未来出路的时候;当辅导员愿意把大学生的思想政治教育作为自己的专业不断学习、进修和提高,而不是时时眷恋着原来的专业心有不甘的时候;当辅导员把辅导员工作看作自己的梦想和理想,致力于辅导员工作的理论研究和实践总结,而不是时时想着转岗,跳离辅导员岗位的时候,辅导员队伍的整体素质就会不断得到提升和完善,一批受学生爱戴、受社会尊重和认同的专家型辅导员就会逐步涌现。在他们的示范和引领下,更多的辅导员会受到影响和鼓舞,安心并用心做好自己的工作。只有实现辅导员专业化、职业化发展,才能从根本上得到解决队伍稳定、职业倦怠、职业归属缺失的问题,才能使辅导员更加顺应社会形势的变化和教育的发展,根据大学生在价值取向、思维方式和心理需求等方面的多样化特征,为高职生提供更广博、更专业的辅导。

(三)有利于增强高职院校思想政治教育的实效性和亲和力

由于各种原因,高职院校思想政治教育的成效不太显著。有人把思想政治教育描述为"学校空喊、辅导员蛮干、学生心烦"。辅导员处在思想政治教育的第一线,与学生的联系最紧密,对学生的影响也最直接、最显著,其思想观念、行为作风和道德品行对学生起了示范表率和潜移默化的作用,其整体素质和工作状况对高职院校思想政治教育的成效也起着举足轻重的作用。可是,当前高职院校辅导员队伍不稳定,流动性较大、职业归属和自豪感较淡化、职业倦怠较突出、职业理想不明确、职业角色定位和职责较模糊等现状成为辅导员职业化发育不足,专业化程度不高最根本的原因。只有推动辅导员队伍的专业化、职业化发展,才能从源头上纠正辅导员错误的思想观念、思维方式和行为模式,才能让辅导员立志终身从事辅导员工作,把更多的时间和精力投入到思想政治教育这个本质职责上来,才能主动学习、总结、研究和提炼在实际工作中积累的经验、知识、水平和能力,才能不断与时俱进,根据变化了的社会形势、职业教育发展和学生特点,因事而化、因时而进、因势而新,探索思想政治教育的新方法、新路径,从而提高思想政治教育的实效性和亲和力。

第三节　高职辅导员"两化"建设的实现路径

实现高职辅导员职业化、专业化，既是高职院校辅导员队伍建设的客观要求，又是增强高职院校辅导员工作事业感、自豪感、成就感，构建辅导员职业人生价值的有效途径。"两化"的重点是职业化、难点是专业化。

一、高职辅导员"两化"建设的困境

中发〔2004〕16 号文件《中共中央国务院关于进一步加强和改进大学生思想政治教育的意见》和教育部第 24 号《普通高等学校辅导员队伍建设规定》令发布后，各高职院校依据文件精神，结合自身特点，借鉴上海、北京等地高校经验，进一步积极探索辅导员专业化、职业化建设的方法与途径，取得了一定成效，但也遇到诸多影响"两化"建设的瓶颈问题。这主要表现在：

（一）领导重视不够，是制约辅导员"两化"建设的重要因素

目前，部分高职院校领导尚未真正重视辅导员队伍的专业化、职业化建设，对诸如较高专业素质和能力、稳定的队伍、专门的组织机构和研究机构、完备的选拔、培养、管理、考核等制度体系、较高的专业研究能力等构成辅导员"两化"建设的基础和发展目标要求，从思想深处认识不足，以致实践中不能为辅导员"两化"建设提供制度支撑和资金保障；不能为辅导员"两化"发展相关问题研究提供载体和平台，导致高职院校辅导员队伍专业化、职业化建设只停留在"口号"上、"墙上"，实际上未能落地、落细、落实，没有生根发芽，开花结果。高职院校辅导员队伍"两化"建设仍然任重而道远。

（二）制度不健全，是制约辅导员"两化"建设的前提因素

制度规范、健全是辅导员"两化"建设的保障，也是"两化"得到良性发展的前提。然而，当前高职院校辅导员的选聘、考核、培养制度却不尽人意。

第一，选聘制度缺乏严格的资质审核，对学历和年龄要求也不高，甚至有的院校把辅导员岗位作为解决学校教职工家属和配偶的跳板和途径。据了解，有 70% 左右的高职院校每年还选聘了一定比例的大专及以下学历的临时

人员担任辅导员。

第二,培养制度缺乏系统性、计划性、主动性。高职院校主要还是按照省里文件要求派出少量辅导员外出培训,没有自己的培训计划;同时,培训的内容主要是围绕学生日常事务管理技巧和方法,而对思想政治教育和网络思想政治教育的理论、路径,心理咨询和辅导以及大学生就业创业指导的培训却涉及较少。

第三,考核制度也是残缺不全、有名无实。尽管高职院校建立了自己的考核评价制度,但考核指标不全面,可操作性不强,评价值分配不合理。加上很多高职院校对每年的辅导员考核评价结果运用不充分,甚至有的高职院校从未运用考核结果来评价辅导员素质的高低和辅导员工作的优劣,这就使考核制度流于形式,无任何实效。

(三)自身局限性,是制约辅导员"两化"建设的关键因素

辅导员队伍的稳定性、职业理想与伦理、知识背景、专业技能、研究能力等因素,都会直接制约辅导员"两化"的建设和飞跃发展。这具体表现在以下几个方面。

第一,辅导员队伍流动性大,直接影响到辅导员职业的稳定性和专门化。20世纪80年代以来,辅导员的角色由"政治辅导员"向"生活辅导员"转变,辅导员的思想政治教育功能也由"显性"逐渐转变为"隐性"。这直接影响辅导员自身甚至是学校领导层的思想认识:辅导员的主要职责是做日常事务管理,是学生的"保姆""消防员";而没有把重心目标放在学生的思想政治教育上来,没有突出学生的思想引领。为此,他们认为,做好辅导员工作不需要太多知识和技能,谁都可以做,谁都能做好,甚至有的辅导员存在严重的自卑心理,认为做辅导员工作是丢面子的事,是没办法的事,是自己的无奈之举。同时,有些高职院校在辅导员职务晋升、职称评聘、待遇晋级等渠道上并没有完全畅通,有的辅导员做了10多年,仍然还是科员,专业技术职称还是讲师或助教,待遇也比较低。

鉴于此,相当一部分辅导员对从事学生工作缺乏应有的热情和坚实的思想基础,组织服从的多,心甘情愿的少;借作"跳板"的多,长期安心思想政治工作的少;从而导致辅导员队伍流动性非常大。据了解,高职院校辅导员每隔五年基本上都是新面孔,这就直接影响到辅导员队伍职业的稳定性,影响到辅导员职业化的发展。同时，正因为辅导员队伍流动大，辅导员的工作经验、技能、职业标准得不到很好的积累、继承和创新，从而影响辅导员工作的专门化，影响辅导员队伍专业化发展的进程。

第二，辅导员职业理想的缺失，制约辅导员队伍长期性发展和专家化。辅导员的主要工作职责是通过在学生日常事务管理和服务中渗透思想政治教育，引领学生思想主流，做学生的指导者和领路人，成为学生的导师和健康成长的知心朋友。为此，他们的工作成果不像其他工作显性，而是比较隐性，体现在学生的思想转变和正确"三观"的确立上，效果不能立竿见影，而是"润物细无声""无声胜有声"。但是，很多高职院校仅把"学生的日常管理安全"作为辅导员工作的生命线，作为辅导员工作成果的重要体现，作为衡量辅导员工作高低的主要标尺。学生一旦出了日常管理安全问题，辅导员的功绩就会被彻底否定，且可能要承担直接责任，受到处罚。这直接导致辅导员工作压力很大，成就感和自豪感很少，被迫把关注点放在学生的日常管理安全上，奉行"无过便是功"的工作理念。因此，辅导员无法发自内心地喜爱这个职业，更谈不上立志终身从事这个职业，或者说致力于辅导员工作的研究，树立成为这个行业专家之类的远大职业理想了。这无疑会影响辅导员队伍的长期性发展和专家化。

第三，辅导员队伍的知识结构与理论素养达不到辅导员专业化标准。《普通高等学校辅导员队伍建设规定》（教育部第43号令）明确提出，"辅导员队伍应掌握思想政治教育理论、方法以及相关学科知识。"然而，当前高职院校辅导员队伍大多为刚毕业的本科生和硕士研究生，甚至是本科以下学历的学校教职员工的家属和配偶。他们当中，具有思想政治教育和相关学科知识背景的较少，参加工作后也没有经过系统、有效的辅导员培训，知识素养和理论水平较低，工作时凭的不是思想政治教育理论，而是凭自己的个人经历、工作经验和人生阅历。据我们调查，辅导员认为自己理论水平不够的占85%；20%的辅导员强烈要求参加"思想政治教育理论与方法""马克思主义理论"等培训；35%的辅导员对培训"心理咨询理论与方法"需求强烈，25%的辅导员对培训"创业教育与就业指导理论与方法"需求强烈。由此可见，辅导员现有的知识素养还不能适应变化了的新形势和思想政治教育的新诉求，还达不到辅导员专业化的标准，极大影响了辅导员专业化、职业化发展的进程。

第四,辅导员队伍的能力水平滞后了辅导员专业化发展。2014年3月,教育部《关于印发〈高等学校辅导员职业能力标准(暂行)〉的通知》(教思政〔2014〕2号)明确从初级、中级、高级三个发展梯度,对辅导员所从事的思想政治教育、日常事务管理、党团和班级建设、学业指导、心理健康教育与咨询、网络思想政治教育、职业规划与就业指导、危机事件应对以及理论和实践研究九大职责分别提出相应的能力要求。然而,当前高职院校辅导员队伍的职业能力素养却比较堪忧。

一是思想政治教育能力弱化。辅导员因对自己的工作职责、角色定位尚未完全理清,普遍把工作重心放在繁杂的日常具体事务,偏离了大学生思想政治教育这一中心任务。于是多数辅导员每天常常是"两眼一睁,忙到熄灯",整天陷落于事务性管理工作中,忙于抓学生迟到、早退、旷课、旷操、各种检查、评比、文体比赛以及阶段性工作。只要与学生沾边的事情事无巨细,都去抓、去管,唯独没有静下心来研究当代高职生的思想、心理特点和与职业教育、思想政治工作新形势和新发展对辅导员工作的新价值诉求。这就使辅导员的日常事务管理能力在不断加强,而思想政治教育能力却在不断弱化,也使其不能真正成为高职生思想上的指导者和领路人。据调查,认为"事务性工作太多,没有时间开展深入细致的思想工作"的辅导员占到95%。[1]

二是心理咨询与指导能力不足日益凸显。2005年1月,教育部、卫生部、共青团中央共同印发了《关于进一步加强和改进大学生心理健康教育的意见》(教社政〔2005〕1号)明文规定,"高校所有教职员工都负有教育引导大学生健康成长的责任","要重视大学生思想政治教育工作人员,特别是辅导员和班主任在大学生心理健康教育中的重要作用,加强培训,使他们了解和掌握心理健康教育的基本知识和方法,帮助大学生处理好学习成长、择业交友、健康生活等方面遇到的具体问题"。[2]由此可见,辅导员要成为大学生健康成长的知心朋友,就必须人人都是心理辅导员,能够熟练掌握心理健康

---

①林泰、彭庆红:《清华大学辅导员制度的特色及其发展》,《清华大学学报》,2003第3期。
②教育部思想政治工作司组编:《加强和改进大学生思想政治教育重要文献选编(1978—2008)》,北京:中国人民大学出版社,2008年11月。

教育的理论和技能。然而，高职院校具备心理健康教育知识背景和专业能力的人数却少之又少。辅导员一遇到学生心理咨询与辅导问题，就举手无措，只能求助于学校的心理咨询中心和二级院部的心理辅导员。

三是研究能力不强。由于各种原因，高职辅导员鲜有人专心致志地从事思想政治教育及辅导员理论研究与实践，以致辅导员的工作经验不能上升为职业能力和技巧方面的理论成果，从而得不到较好地继承和发扬；也使得辅导员的工作纪律、道德要求、工作态度不能上升为辅导员职业的行业标准、伦理规范、从业资质。

四是创业教育和指导的能力较弱。在党和国家"强化创新第一动力的地位和作用""把加快建设创新型国家作为现代化建设全局的战略举措"，坚定实施创新驱动发展战略，相继推出"中国制造2025""大众创业、万众创新"行动计划等大背景下，辅导员除了开展职业规划与就业指导外，还应指导学生创新创业，为建设"创新型国家""智造中国"提供更多的技术技能型人才支撑。然而，目前多数高职院校还没有开设创新创业教育课，也没有设立自己的创新创业孵化基地，成立专门的创新创业平台，甚至有的辅导员自己都还不清楚何为创新创业，何为创新创业教育，那么，他们怎么能培育大学生的工匠精神、创新精神、创业勇气和魄力？怎么能指导学生创业、创新活动和比赛，培养学生的创业意识、创业素养和创业能力。

二、高职辅导员"两化"建设的路径选择

高职院校辅导员的专业化培养和职业化发展是未来辅导员队伍建设发展的方向。但针对高职辅导员"两化"建设过程中所存在的问题，我们需要系统思考，从提高思想认识，理清职责，健全完善制度，强化职业生涯规划等方面，加速推进辅导员"两化"建设和发展。

（一）明晰角色职责、提高思想认识，是实现高职院校辅导员"两化"的基础

根据教育部第43令《普通高等学校辅导员队伍建设规定》对辅导员建设所提出的要求，要推进高职辅导员"两化"建设，首要在于明确辅导员的工作职责和角色定位。

第一，辅导员自身要做到角色定位准确化。这表现在：一是做好价值取

向定位,以增强爱国守法、敬业爱生、育人为本的人生价值取向。这是由高校辅导员的工作性质所决定的。他们的工作没有白天和夜晚之分,没有上班和下班之别,他们工作的时间及付出的劳动无法用金钱和物质来衡量,倘无正确的人生价值取向就根本无法做到"一以贯之,善始善终、善作善成"这样的思想境界。二是做好工作根本定位。辅导员的根本工作在于思想价值引领,对大学生开展好"为什么人"的教育、引导和培养工作。这需要辅导员增强对国家、社会、家长、学生高度负责的政治责任意识和社会责任感,重点关注学生的思想政治教育,加强对学生的思想引领。三是做好职业定位。从内心上把辅导员工作作为自己的一份职业,进行谋划、经营,发展自我、完善自我。①

第二,学生、家长、社会对辅导员工作定位要正确。目前,学生、家长、社会普遍认为辅导员是学生的"保姆""消防员"。这是一种错误的思想认识。事实上,辅导员不仅仅是学生的生活、学习导师,更重要的是要引导学生树立社会主义核心价值观,树立马克思主义和共产主义的理想信念,坚定"四个自信""五个认同",增强辨别是非善恶美丑、对错的能力,为学生搭建成人成才成功的平台,引导学生学会学习,适应社会,追求发展,最终达到自主学习,自我约束,自我管理的较高境界。

第三,学校党委行政、教职工对辅导员队伍建设的认识和定位要准确。目前,学校党委行政、教职工都普遍把辅导员当作"万金油",凡是与学生有关的,找辅导员;"管好学生不违纪,不出事就可以了"。实际上,党和国家对辅导员的定位是:"具有教师和管理人员的双重身份";"是大学生思想政治教育的骨干力量";"是学生成长成才的人生导师和健康生活的知心朋友"。这就要求辅导员必须以一整套思想政治教育和相关学科理论以及组织管理能力、人际沟通能力、研究能力等职业核心能力作为支撑,能够掌握娴熟高超的工作艺术与技巧,能够遵循思想政治工作规律、教书育人规律、学生成长规律,不断提高学生思想水平、政治觉悟、道德品质、文化素养,把学生培

①何俊康:《实现高校辅导员队伍"两化"建设的途径和方法研究》,《商情》,2013年第32期。

养成为国家、社会发展所需要的技术技能型人才。

（二）完善选聘、培养、考核与激励机制，是实现高职院校辅导员"两化"的关键

要实现高校辅导员"两化"建设，必须建立行之有效的准入、培养、考核和激励机制。

第一，完善辅导员队伍的选聘机制。按照政治强、业务精、纪律严、作风正的选聘标准，坚持以研究生为主，兼顾学科建设需要的原则，尽可能地从研究思想政治教育、心理学、教育学等专业中选拔，把德才兼备、热爱大学生思想政治教育事业、有一定的学科专业背景，乐于奉献、协调沟通能力和组织管理能力强的人员选聘到辅导员岗位上来。兼职学生辅导员可以从新聘任的青年专业教师中遴选，原则上要从事过一定时间的辅导员、班主任工作。在选聘方法上，辅导员的选聘应采取组织推荐和公开招聘相结合的方式择优选聘学生，对专职学生辅导员候选人实行"公示"制，专职辅导员基本任职条件应当是中共党员、优秀学生干部。

第二，完善辅导员队伍的培养机制，构建辅导员培训体系，加大辅导员培训力度。按照岗前培训、日常培训、专题培训相结合、学历教育与在职培训相结合、国内访问与国外研修相结合的方式，构建融教学、科研、实践交流等多形式、多层次、多渠道的校内外两级培训体系；积极借鉴国内外优秀的教育研究成果，不断丰富和创新辅导员教育培训的内容与模式，建立培训过程记录和培训质量评估制度；培训内容力求全面系统，应包含理论素养、职业核心能力、媒介素养、工作技巧与方法等内容；可以采用专题讲座、角色扮演、案例讨论会、经验交流会、故事叙说、现场指导等方式组织培训。

第三，完善辅导员考核和激励制度。遵循公开、公平、公正的原则，结合学校实际情况和辅导员工作的特点，制定切实可行的、操作性强的辅导员绩效考核实施办法：①对辅导员从师德、知识结构和理论素养、工作能力、履职情况、工作实绩、业务学习、工作成果和理论研究能力等方面进行全方位、全程、动态的考核；②构建完备的辅导员绩效考核指标体系，将定性的考核指标分解为可操作、可定量的具体项目，并根据辅导员工作性质、角色职责、要求等，合理分配各项目权重分，并将考核考评与监督管理紧密结合起来，将考核结果直接与职务聘任、奖惩、晋级相挂钩、与职称评聘相结合，奖优罚劣,真正形成高效、务实、可信的辅导员绩效评价体系;③对辅导员的考核应由组织人事部门、学生工作部门、院(系)和学生共同参与,其中学生是主要的评价主体;④将考核结果及时反馈给辅导员本人,以便辅导员发现并改进不足之处,不断提升自我;⑤将优秀辅导员表彰奖励纳入教师、教育工作者表彰奖励体系中,按一定比例评选,进行表彰宣传,使考核结果对辅导员发挥激励作用,让辅导员产生职业成就感。

(三)贯彻落实国家政策标准,是实现辅导员"两化"建设的保障

《中共中央国务院关于进一步加强和改进大学生思想政治教育的意见》《教育部关于加强高等学校辅导员班主任队伍建设的意见》《普通高等学校辅导员队伍建设规定》等文件,为各高校推进辅导员"两化"建设提供政策保障。因此,我们需依政策执行:

第一,完备辅导员人员配置。高职院校应根据各校实际工作需要,严格按一定比例,科学合理配备专职和兼职辅导员,并按照不低于1:200的比例设置一线专职辅导员岗位,在一定程度上消除辅导员的职业倦怠心理,让辅导员产生强烈的职业认同感和幸福感,并将辅导员的配备情况纳入各高职院校思想政治工作评估和高职院校办学成果的指标体系之中。

第二,理顺辅导员组织架构。这表现在:一是建立辅导员队伍的学校和院(系)双重领导体制,组织人事处是辅导员选聘配备、考核的职能部门,学生工作部是辅导员队伍管理、培养、考核的职能部门,院(系)是对辅导员进行直接领导和管理的二级机构;二是学生工作部应根据辅导员的九大功能和高校的实际需要,考虑设立思想政治教育室、传统文化传承研究室、红色文化研究室、党团和班级建设研究室、心理辅导室、职业规划和发展指导中心、创业孵化基地等专业化组织和机构,为辅导员确立自身的职业发展目标提供专业化的多样性选择。

第三,完善辅导员职称评聘体系和职务晋升体系,畅通辅导员职业发展通道,实现辅导员职业发展目标的多元化。一是应根据辅导员岗位基本职责、任职条件等要求,结合各地方和各高职院校的实际情况,突出辅导员师德、业绩和工作成果,完善辅导员职称评聘办法,实现单列计划、单设标准、单独评审;二是应根据辅导员工作年限、工作业绩、工作素质等要求,完善辅导员晋升体系,保障辅导员职务发展渠道通畅。

第四，明确责任要求。国家、各省教育行政管理部门应把辅导员队伍"两化"建设作为高职院校领导班子考核和高职院校办学水平评价的基本要求，列入高职院校文明单位创建的评价指标体系，并要求为辅导员的工作和生活创造较好条件，根据辅导员的工作特点，设立辅导员专项岗位津贴、通讯经费，切实为辅导员队伍"两化"建设和发展提供了政策保障机制。

（四）强化职业生涯规划设计，拓宽辅导员的职业发展渠道，是实现辅导员"两化"建设的动力

强化辅导员职业生涯规划设计，帮助辅导员开展职业生涯规划，是帮助辅导员立志终身从事辅导员工作，成为专家型、专业化辅导员的职业理想的前提和动力。为此，高职院校和辅导员自身应不断强化职业生涯设计，拓宽辅导员的职业发展渠道。

第一，高职院校应将辅导员个人职业目标的实现与辅导员队伍专业化发展统一起来，将职业生涯规划与职业理想的树立结合起来，不断强化职业生涯规划设计、教育和管理。譬如：建立符合辅导员岗位要求的职级制，解决辅导员待遇与工作不相称的实际问题；依据辅导员是实行教师和管理人员"双重身份"管理，落实辅导员专业技术职务评聘和行政职级"双线晋升"政策；设立大学生思想道德素质提升工程专项项目、建立辅导员名师工作室，为辅导员队伍"两化"建设提供研究平台和经费保障；推动辅导员职务和职称双向发展道路，为既有专业背景又有学术造诣的辅导员成为专家型辅导员创造条件，鼓励其术业有专攻，实现其专业技术职称发展道路；把既有政策水平又有管理能力的优秀辅导员列为党政后备干部培养对象，并逐级提拔，实现其职务发展道路。

第二，辅导员自身要通过四个"W"归零思考模式，不断认识自我，明确自身职业发展定位和目标，明确自身职业发展道路，从而走出专业倦怠的怪圈和职业发展的困惑迷茫，规划好自己灿烂美好的职业人生。

第二章　高职辅导员职业生涯规划与教育

　　高职院校辅导员作为高职院校思想政治教育工作者,是大学生思想政治教育工作的核心力量,也是学生管理工作的一线管理者。辅导员做好职业生涯规划不仅是思想政治教育的深层内涵,也是职业化与专业化的要求。辅导员的职业生涯规划的成功与否直接关系到辅导员队伍建设的稳定、学生的全面发展、高校的稳定甚至是社会的和谐。

第一节　职业生涯规划相关概述

　　常言道:"凡事预则立,不预则废。"古人亦云:"志不立,天下无可成之事"。辅导员要实现"两化"建设,成为学生思想政治教育工作某一领域的专家,必须首先做好自己的职业生涯规划。它是辅导员青春创业奋斗的"灯塔"和"定星盘"。诚如英国著名的数学家、逻辑学家、哲学家伯兰特·罗素(1872年—1970年)所说的那样,"选择职业是人生大事,因为职业决定了一个人的未来。铁匠锤打铁砧,铁砧也锤打铁匠;海蛤的壳在棕黑深邃的海洋里变成,人的心灵也受到生命历程的染色,只是所受的影响奥妙复杂,不易为人觉察而已。所以说,选择职业,就是选择将来的自己。"

一、职业生涯规划的历史起源

职业生涯规划最早起源于 1908 年的美国。最初，它只是作为解决失业和就业问题的一项社会工作，而随着人本主义思潮兴起，职业指导也慢慢地由最初的简单协助人择业，演变成了一项协助个人发展、接受适当、完整的自我形象，同时发展并接受完整而适当的职业角色形象的工作，它的名称也由最初的"职业指导"变成了"职业生涯规划"。

西方工业革命后，传统大学教育培养的大学生在就业方面出现了一系列的问题，西方高校开始对大学生进行职业辅导。1908 年，美国波士顿大学教授弗兰克·帕森斯（Frank Parsons）针对大量年轻人失业的情况，成立了世界上第一个职业咨询机构——波士顿地方就业局，提出了"选择一项职业"要比"找一份工作"更重要的理念，首次提出了职业咨询的概念，制定出了职业辅导的步骤。1909 年，弗兰克·帕森斯提出特质—因素论，认为每一个人都有其独特性，反映在人格特质上，而每一种职业也有其独特性。因此，个人的职业满意程度、职业稳定性与职业成就取决于个人的人格与工作环境之间的适配性。由于当时的社会由于职业的形态比较稳定，工作机会与选择范围比较狭窄，个人对职业的观念大多倾向于谋生的手段。职业生活主要以工作为核心，因此，职业指导工作的重点是人职匹配，即协助个人做职业的选择。因此，弗兰克·帕森斯也被后世称为"职业指导之父"。

其后，这种理论被美国职业指导专家霍兰德（John Holland）发扬光大，形成了职业兴趣理论，并根据自己大量的职业咨询经验及其职业类型理论编制了霍兰德职业兴趣自测（Self-Directed Search）的测评工具。从此，职业指导开始系统化。

1951 年，美国另一位有代表性的职业管理学家萨柏（Donald E. Super）根据自我心理学的观点，赋予职业指导以新的含义：协助个人发展并接受完整而适当的自我形象，同时也发展并接受完整而适当的职业角色形象，从而在现实世界中加以检验并转化为实际的职业行为，以满足个人的需要，同时也造福社会。这一思想把职业指导上升到更高的层面，以个人的发展为着眼点，从个体发展和整体生活的高度来考察个人与职业、个人与社会的关系，把树立个人自我形象与职业角色形象作为职业指导的目标，为现代职业指导指出了新方向。

1953 年,唐纳德·E·舒伯(Donald E. Super)整合差异心理学、发展心理学、社会心理学以及现象学的长期研究成果,在《美国心理学家》发表《职业发展理论》,提出"生涯"的概念。于是,"生涯规划"不再局限于职业指导的层面。1957 年,他出版经典著作《职业生活的心理学》,连同 1942 年出版的《职业适应动力学》,奠定了他在该领域的权威地位。他把生涯的发展看成是一个持续渐进的过程。他认为,生涯发展即自我实现的过程,可以划分为五个阶段:成长阶段、探索阶段、确立阶段、维持阶段和下降阶段。每个阶段都有其独特的职责和角色,以及不同的发展任务。

随后,舒伯的学术思想和理论被世界各地普遍采用,尤其在美国、日本和中国得到最为系统的传承。

在美国,20 世纪 70 年代,在舒伯理论思想的指引下,美国开始了轰轰烈烈的现代职业生涯教育运动。初期,美国总统尼克松宣布,生涯教育成为"由政府创办的一种最有前途的教育事业"。中期,美国国会通过了《生涯教育法案》,成为美国各级学校开展职业生涯教育的法律依据。职业生涯教育在美国得到大力推广,并传播到很多国家。

1979 年,克朗伯兹出版《社会学习理论和生涯决定》,提出社会认知职业理论(SCCT),强调自我效能、结果预期与个人目标三个核心变量,注重将社会、心理、经济等影响因素加以整合,动态地揭示人们如何形成职业兴趣,如何做出职业选择,如何取得不同的绩效并保持职业的稳定性。

1991 年,盖瑞·彼得森(Gary Peterson),詹姆斯·桑普森(James Sampson),罗伯特·里尔登(Robert Reardon)合著了《生涯发展和服务:一种认知的方法》一书,认为生涯发展就是关于一个人是如何做出生涯决策以及在生涯问题解决和生涯问题决策过程中是如何使用信息的,从而构建了认知信息加工金字塔模型,强调职业生涯咨询是一个持续的学习过程,它区别于其他理论的最主要方面是着重强调了认知信息加工(CIP)的重要性。除了以上理论之外,还有后现代主义等很多职业生涯规划理论。各种理论从不同角度进行分析和阐述.但其核心均围绕着对自我的认识、对职业的认识以及决策执行的方法。

在日本,由舒伯最得意门生之一的日本专家藤本喜八的大力推动下,舒伯的思想及其一整套技法在日本文部省得到系统的落地。从小学到大学直到产业领域，日本社会深入而系统地推动着职业指导和职业生涯教育运动。日本职业指导协会于 1960 年翻译介绍了舒伯的《职业生活的心理学》，此后，一大批职业规划与生涯教育类著作相继出版，如日本文部省《中学、高中进路指导指南》（1984），藤本喜八、中西信男、竹内登规夫著作《学习进路指导》（1988），竹内登规夫《进路指导读本》（1989），藤本喜八《进路指导论》（1991），竹内登规夫与吉田辰雄等人著作《Career 咨询的基础与实际技法》（1994）等。

在中国，20 世纪 80 年代，王一敏教授（向阳生涯高级专家、日本生涯教育学会会员）留学日本跟随竹内登规夫教授系统学习了舒伯的体系。20 世纪 90 年代前期，她受国内邀请经常回国讲学，并在高校系统地授课，介绍日本的职业指导与咨询经验，并在一些学校实践推广。末期，王一敏陆续出版了《当代青年的职业选择与指导》（1997）、《当代社会成人的职业再开发与指导》（2000）、《职业倦怠综合征》（2006）、《中学生生涯教育理论与实务》（2016）等多部著作，系统介绍了舒伯的理论体系及其在日本、中国的实践成果，为舒伯体系在我国的传承和落地应用做了重大贡献。

当今世界职业规划与生涯教育领域最具影响力的大师萨维克斯也是师承于舒伯，萨维克斯在继承了舒伯的生涯发展理论的基础上发展了生涯建构论。

二、职业生涯规划的概念界定

职业生涯规划（career planning）也叫职业规划。目前，关于职业生涯规划还没有一个统一的概念。仅从名称上看，在学术界有称之生涯规划的；也有称其为人生规划的，还有称其为职业生涯设计等。从概念界定上看，也是众说纷纭、莫衷一是。

有人认为，职业生涯规划，又称职业生涯设计，是指个人与组织相结合，在对某一职业的主客观条件进行测定、分析、权衡、总结的基础上，确定最佳

---

①何俊康：《实现高校辅导员队伍"两化"建设的途径和方法研究》，《商情》，2013 年第 32 期。

的人—职匹配关系,达成个人与组织的共同目标,并且为实现目标双方都采取行之有效的行动的过程。[①]

有人认为,职业生涯规划是指导个人结合自身情况及职业环境制约因素,为自己确立职业目标,选择职业道路,确定教育、培训和发展计划等,并为自己实现职业生涯目标而确定行动方向、行动时间和行动方案的过程。[②]

也有人认为,职业生涯规划是指个人在组织中的发展计划以及为实现目标进行的阶段性行动。

还有人认为职业生涯规划就是对职业生涯乃至人生进行持续的系统的计划的过程,是指个人与组织相结合,对一个人职业生涯的主客观条件进行测定、分析、总结进行基础的设定规划等。

综上所述,我们认为职业生涯规划就是指个体结合组织目标,客观分析职业环境制约因素,确定自己职业发展目标的过程,即对其一生职业发展道路的设想与规划,包括选什么职业,在什么地区与单位从事职业,承担什么样的职业角色职务等等。

三、辅导员职业生涯规划的主要内涵

辅导员职业生活规划是指辅导员根据自己的实际情况,结合个人职业生涯发展的制约因素和机遇,为自己确定职业目标,选择职业道路,确定教育、培训和发展计划等,并为自己实现职业目标对行动的时间、行动的顺序、行动的方向等做出合理的规划。[③]

以此可知,高职辅导员职业生涯规划由职业定位、目标设定和通道设计三个要素构成。

1. 职业定位

2017 年 9 月,教育部令第 43 号《普通高等学校辅导员队伍建设规定》明文规定"辅导员是开展大学生思想政治教育的骨干力量,是高等学校学生日

---

①王倩桃:《浅谈高校辅导员职业生涯规划》,《教育界·下旬》,2014 年第 7 期。
②陈晚云:《职业生涯规划的理论基础》,《成人教育》,2014 年第 4 期。
③张志成、吴节军:《浅谈高职院校辅导员的职业生涯规划》,《教育与职业》,2011 年第 29 期。

常思想政治教育和管理工作的组织者、实施者、指导者。辅导员应当努力成为学生成长成才的人生导师和健康生活的知心朋友"。这就明确清晰地决定了高职辅导员的职业定位。

（1）思想的引领者：牢固树立学生的独立自主、自力更生的意识，要学会引导学生成长。帮助大学生树立正确的世界观，人生观和价值观，进行正确的价值引领和理论教育，将社会主义核心价值观内化于心、外化于行。[①]

（2）学习生活的指导者：在学习生活、职业生涯规划、就业指导等方面对学生进行指导，引导学生养成良好的学习习惯，掌握正确的学习方法；帮助学生树立正确的就业观念，引导学生到基层、到西部、到祖国最需要的地方建功立业。

（3）心理健康的辅导者：对学生心理问题进行初步排查和疏导，组织开展心理健康知识普及宣传活动，培育学生理性平和、乐观向上的健康心态。

2. 目标设定

辅导员可以综合运用 SWOT 和 SMART 分析法进行目标设定。

（1）运用 SWOT 分析法进行自我剖析，一是测定、分析、总结自己职业生涯的主客观条件；二是综合分析与权衡自己的兴趣、爱好、能力、特点，在此基础上结合自己的职业倾向，确定最佳的职业奋斗目标。

（2）运用 SMART 分析法，从具体性（Specific）、可衡量性（Measurable）、可实现性（Attainable）、相关性（Relevant）、时限性（Time-based）五个方面对所确定的职业奋斗目标做出行之有效的安排。

3. 通道设计

辅导员的职业生涯发展通道（career path），是指辅导员的职业发展计划，即辅导员在高校中从一个初级目标成长发展到另一个更高目标的管理方案。从工作岗位性质看，辅导员既可以考虑基层职位→中层职位→高层职位的管理性职业通道设计；也可以考虑初级研究员／助教→助理研究员／讲师→副研究员／副教授→研究员／教授的专业技术性职业通道设计。

---

①颜文、高耀远、李慧：《新时代背景下辅导员的职业定位及角色转换》，《高教学刊》，2019 年第 13 期。

四、高职辅导员职业生涯规划的必要性

高职辅导员开展职业生涯规划,重新定位和思考自己的辅导员职业角色,具有重要的意义。

(一)辅导员进行职业生涯规划是深入开展思想政治教育工作的必然要求

辅导员队伍是学生思想政治教育管理工作中的主力军,肩负起为社会主义事业培养合格的建设者和接班人的重任。抓好这支队伍的建设是保证学生工作实效的关键,高校必须不断提升辅导员的职业化水平,为开展高校大学生思想政治教育工作奠定良好的物质基础。首先,目前在实际的辅导员工作中,辅导员承担了许多超出其职责的工作任务,凡是涉及学生的事情,都成为辅导员的工作,由是常陷入繁忙的事务处理中,教育和服务功能弱化,严重影响了思想政治教育工作成效。同时,辅导员对职业生涯感到困惑,甚至对自我认知不清,对职业发展失去信心,也会最终导致学生思想政治教育工作成效不理想。所以,针对辅导员队伍存在的问题,运用科学系统的职业生涯规划方法,对辅导员进行职业生涯规划,可以帮助辅导员突破自身障碍,分析内在障碍和外在障碍存在的问题,通过自我剖析,改变辅导员自身认知,树立职业信心,从杂乱的工作中找到明确清晰的工作目标,将工作由被动变主动,从而深入推进思想政治教育工作。其次,学高为师、身正为范。辅导员要想做好当代大学生的指导者和引路人,必须要学习掌握职业生涯规划的方法和步骤,做好职业生涯规划,才能在学生中起到现实的教益与示范,才能让学生信服,自觉地配合好辅导员的指导和引导,科学合理地规划在校的学习、生活和今后的职业生涯。

(二)辅导员进行职业生涯规划是辅导员职业化的必然要求

辅导员个体发展直接影响着学生思想政治教育的效果和人才培养的质量。随着高等职业教育的发展,必然要求高职院校辅导员职业化发展。然而现实中,青年辅导员普遍关注的焦点是谋求个人的发展、提升职称、增加收入、解决编制等问题;而部分年纪大的辅导员虽然积累了丰富的工作经验,但他们的探索和创新意识会慢慢消退,逐渐满足于规定事务的完成,达不到理想的工作效果。如果这些问题长此以往,辅导员会对工作失去热情,对事业缺乏归属感和荣誉感,不利于辅导员队伍的稳定和工作积极性的发挥。

因此,运用职业生涯发展理论分析辅导员职业发展,有利于摸清辅导员个体发展规律,在青年辅导员职业发展出现困惑时及时给予疏导,在年龄大的辅导员工作懈怠时通过运用职业发展理论给予辅正。对于新入职的辅导员,从入职初期就要明确职业发展方向,制定清晰的个人发展目标,并运用SMART方法制定工作目标,有利于提高他们的工作积极性和主动性,增强责任意识。对于维持阶段的辅导员,可以运用系统的职业生涯规划法进行自我探索、反思,寻找突破现状的措施。所以,辅导员对自己的职业生涯进行规划和设计,是辅导员职业可持续发展并实现自身价值的重要选择。[1]

(三)辅导员进行职业生涯规划是辅导员专业化建设的有效途径

辅导员队伍的专业化发展要求辅导员不光要有宽泛的知识面、高涨的热情和十足的干劲,更要有对学生思想政治教育重点工作的精深知识和专业表现。从高职院校学生工作的特点来看,辅导员工作的重点和难点在于让学生身心健康地成长,并且能够成为一名高技能的职业人。这就需要辅导员既要是解决学生在学习、生活中出现思想问题时的政工师,又是解决学生心理纠结的心理咨询师,还是学生学习生活发展的职业生涯规划师。另外,高职辅导员要系统地引入职业生涯规划理念以及实际的操作,对学生实施职业生涯规划教育,需非常广博的知识面,辅导员要不断完善知识结构。因此,高职辅导员的专业化建设与发展,必然要求辅导员必须学会职业生涯规划,根据自身的情况以及工作的要求和教育对象的变化来有计划地调整、完善自己的知识结构和知识面,掌握更多新的知识与工作方法或理念,以适应工作发展的需要。同时,辅导员要在这么多身份或工作要求下达到平衡,也必须要学会职业生涯规划。

五、高职辅导员职业生涯规划策略

当前,尽管高等职业教育得到了快速发展,但是高职辅导员的职业生涯现状却不容乐观。构建辅导员职业生涯规划平台,加强辅导员职业生涯管理和教育,是高职院校强化辅导员队伍建设的重要任务。

---

[1]邓丽萍、韩婷、党洁:《高校辅导员职业生涯规划的必要性探析》,《江苏科技信息》,2016年第20期。

（一）高职辅导员职业现状的多角度透视

受自身和外部机制的双重影响，高职辅导员的职业现状表现出如下特征。

1. 职业角色定位模糊

2014 年 3 月，教育部《关于印发〈高等学校辅导员职业能力标准（暂行）〉的通知》（教思政〔2014〕2 号）明文规定："辅导员是高等学校教师队伍和管理队伍的重要组成部分，具有教师和干部的双重身份。辅导员是开展大学生思想政治教育的骨干力量，是高校学生日常思想政治教育和管理工作的组织者、实施者和指导者。辅导员应当努力成为学生的人生导师和健康成长的知心朋友。"[1] 由此可见，高校辅导员是一个以大学生为服务对象的集教育者、管理者、服务者于一身的工作角色。然而现实中，高职辅导员职业角色定位相当模糊，具体表现为：一是什么事情都可以干的"万金油"。学生日常管理工作中，人们常常习惯性地把凡是与学生有关的事务均看作是辅导员的工作职责，致使辅导员除了要认真履行九大工作职责[2]外，更多地还要承担催缴学费、教务管理、职业技能资格报考、行政性事务等诸多行政管理工作任务。正是工作角色的多样性，高职辅导员在实际工作中更多地充当了办事员、通讯员、高级保姆、消防员等"万金油"角色。二是哪儿有问题，哪儿出现的"救火队""消防员"角色。按国家政策规定，辅导员应既是管理者又是教育者，承担着管人与育人的双重职责，其中育人是辅导员的根本任务、最高目标，管人也是为了育人。然而目前，由于高职院校行政管理机制不健全和辅导员工作理念和观念的陈旧，辅导员管人与育人职责不是深度融合，而是严重脱离。许多辅导员更多的是把大量的时间和精力花在日益繁重的日常管理工作上，而不是深入思考如何在日常管理工作中有效地融入思想政治教育，或者集中精力开展思想引领和价值引领工作。正是辅导员工作职责偏重于管人，以致自己也就成了学生哪里出现问题，就去解决什么问题的"救火队"和"消防员"的角色。三是谁都可以做的"随意性"角色。由于高职院

---

① 周良书、朱平、俞小和等著：《中国高校辅导员工作史论》，人民出版社，2016 年版。
② 中华人民共和国教育部令第 43 号：《普通高等学校辅导员队伍建设规定》，2017 年 9 月 21 日。

校的大规模扩招,辅导员队伍建设出现严重缺员现象。为了确保学校管理、教学秩序的稳定发展,缓解学生规模扩大与辅导员队伍数量严重不足之间的矛盾,大部分高职院校采取是的降低门槛,快速补员的策略。这就使得辅导员成为"谁都可以做"的角色,无所谓角色定位之说了。

2. 职业态度消极倦怠

这主要表现在:一是由不确定性的职业角色定位所带来的消极倦怠。由于高职辅导员在实际工作中充当多种工作角色,承担繁杂的工作任务,缺乏一种真正的职业心理归属感,致使他们极易滋生疲惫厌倦心理,出现工作热情降低,工作态度消极等现象。二是辅导员发展通道的不畅通而形成的职业倦怠。2005 年,教育部《关于加强高等学校辅导员班主任队伍建设的意见》(教社政〔2005〕2 号)明确提出:"高等学校应根据辅导员岗位基本职责、任职条件等要求,结合各校实际情况,制定辅导员评聘教师职务的具体条件,突出其从事学生工作的特点","高等学校可根据辅导员的任职年限及实际工作表现,确定相应级别的行政待遇,给予相应的倾斜政策","辅导员的培养应纳入高等学校师资培训规划和人才培养计划,享受专任教师培养同等待遇"。[①]这从政策层面要求高职院校应从设立专项职称评聘机制、行政级别待遇机制和培训学习方面,打通辅导员专业建设和职务提升的发展通道。然而事实上,很多高职院校并未打通辅导员专业技术和行政职务晋升发展通道,使辅导员在专业化道路上找不到出口,在管理职务晋升上失去了优势,经济待遇上失去了希望,而平时工作又处于繁重、压力增大等状态,这使得很多辅导员不热衷于本职工作,而是想方设法转岗。即使在辅导员岗位也是工作热情缺乏,存在较重的职业倦怠感,更遑论要求他们主动加强业务学习,提高自身素养,研究创新学生思想政治教育的方法和路径。三是辅导员自身个体原因产生的懈怠思想。这又分为三种情形。第一种情形是期望过高而产生的失落心理。这主要体现在一部分研究生辅导员身上,他们原以为可借自己所学和辛勤劳动在这一领域有所作为,但事与愿违。这种心理落差,大大地挫伤了他们的积极性、主动性。第二种情形是自视清高的消极怠工。有些辅导员

---

① 教育部思想政治工作司组编:《加强和改进大学生思想政治教育重要文献选编(1978-2008)》,中国人民大学出版社,2008 年版。

自视自己的知识经验丰富、能力强,认为自己所从事的辅导员工作及所获报酬、身份地位与自己所受的教育程度和工作时间、精力投入不相匹配,长期低于或远远低于自己的个人期望值,从而不安于本职工作,缺失工作动力和工作热情。第三种情形是能力低下的身心疲惫。一些辅导员由于自身学识、能力有限,加上缺乏长期系统有效的职业培训学习,他们不能从容化解或解决学生管理过程中来自各方面的压力与问题,从而对辅导员工作缺乏信心和激情。

3. 职业素质有所欠缺

目前,高职院校辅导员的职业素质令人担忧,主要体现在以下几个方面。

第一,专业知识素养较薄弱。习近平强调,"好老师要有扎实学识。扎实的知识功底、过硬的教学能力、勤勉的教学态度、科学的教学方法是老师的基本素质,其中知识是根本基础"①。国家也要求辅导员应具有思想政治教育、管理学、教育学、社会学和心理学等相关学科专业背景。然而目前,一些高职院校受办学层次、地缘区位以及辅导员选拔要求等因素的影响,辅导员专业知识背景严重背离职业所需。以我校(湖南环境生物职业技术学院)为例,约 20% 的辅导员的专业背景与辅导员职业所需学科背景相关,而约 80% 的辅导员所学专业与辅导员专业要求毫无关联。并且大部分辅导员在上岗前并没有接受这方面专业知识的辅导与培训。因此,辅导员队伍整体知识素养状况普遍偏低。

第二,政治理论素养有所欠缺。2004 年 10 月,中共中央、国务院《关于进一步加强和改进大学生思想政治教育的意见》(中发〔2004〕16 号)明确要求"所有从事大学生思想政治教育的人员,都要坚持正确的政治方向,加强思想道德修养,增强社会责任感,成为大学生健康成长的指导者和引路人。在事关政治原则、政治立场和政治方向问题上不能与党中央保持一致的,不得从事大学生思想政治教育工作。"可见,辅导员必须具备较强的政治素养,要有坚定的政治立场和过硬的政治理论基础。然而不可否认的是,当前部分高职辅导员由于缺乏必要的专业知识储备,在政治理论修养上明显不足;甚

---

①习近平:《在北京师范大学师生座谈会上的讲话》,http://politics.people.com.cn,2014 年 9 月 10 日。

至少数辅导员连诸如"四个意识""四个自信""五个认同"等基本的马克思主义常识都不懂。

第三,职业能力素养参差不齐。长期以来,党和国家始终注重辅导员职业能力建设,先后出台了《中共教育部党组关于进一步加强高等学校学生思想政治工作队伍建设的若干意见》(教党〔2000〕21 号)、《教育部关于加强高等学校辅导员班主任队伍建设的意见》(教社政〔2005〕2 号)、《普通高等学校辅导员队伍建设规定》(2006 年制定为"教育部令 24 号";2017 年修订为"教育部令 43 号")等文件①,强调辅导员队伍不仅要政治强、业务精、纪律严、作风正,而且还要具备较强的组织管理、群众工作、语言文字表达、科研、媒介运用和宣传、思想政治教育、学习和创新等各种综合能力。但是,由于部分辅导员不具备马克思主义理论、哲学、政治学、教育学、社会学、心理学、管理学、伦理学、法学等相关学科背景,对思想政治教育专业基本理论、基本知识、基本方法更是知之甚少,在处理学生学习、生活中所遇到的难点问题,存在的思想疑惑,难以从理论高度和源头上分析、引导、指导和帮助学生。同时,从学历层次上看,高职院校辅导员仍存在一定数量的自考、函授或远程教育的本科生,甚至是专科生。他们大部分只是为了工作而工作,为了生活而生活,缺乏开展与辅导员工作相关的科研知识和能力,更不用说把辅导员工作作为一门学问,有意识地将自己的工作经验、笔记和方法总结升华为工作理念,以此提升自己的专业素质和工作能力。

第四,职业道德素养良莠不齐。习近平认为,"做好老师,要有道德情操""要有仁爱之心",是"仁师"。②《普通高等学校辅导员队伍建设规定》也要求:加强辅导员队伍建设,"应当坚持育人为本,德育为先""辅导员应努力成为学生的人生导师和道德楷模"。然而,毋庸讳言,当前高职院校辅导员队伍中确实存在道德品质良莠不齐的问题,表现出诸如理想信念不坚定;集体主义、爱国主义"弱化";个人主义、拜金主义、享乐主义、精致利己主

---

①教育部思想政治工作司组编:《加强和改进大学生思想政治教育重要文献选编(1978—2008)》,中国人民大学出版社, 2008 年版。
②习近平在北京师范大学师生座谈会上的讲话,人民网, http://politics.people.com.cn, 2014 年 9 月 10 日。

义；自私、虚伪、市侩、失信等道德滑坡、价值迷茫之类的现象。这些都会在一定程度上弱化辅导员队伍在学生管理、教育和服务中的示范和榜样作用，也会影响到学生思想政治教育的亲和力和实效性。

第五，新媒介素养偏低。习近平强调："要运用新媒体技术使工作活起来，推动思想政治工作传统优势同信息技术高度融合，增强时代感和吸引力"。[①]这就要求校辅导员应具有开展学生工作的媒介素养，能够善于运用新媒体技术开展学生管理、教育和服务工作。目前，高职院校辅导员们尽管能够使用 QQ、微博、微信等新媒体工具，但是他们更多的是仅使用这些媒介载体工具的聊天、交友、购物等功能，而对创新运用新媒体技术开展网络思想政治教育，提高学生管理效率和服务质量却显得生疏与稚嫩，甚至有些辅导员完全不会运用新媒体技术开展学生工作，缺乏信息时代所需的新媒介素养。

第六，职业规划意识相当缺乏。《普通高等学校辅导员队伍建设规定》明确要求，辅导员队伍建设应朝职业化、专业化、专家化和专门化方向发展。但是目前，受自我认识及职业角色定位的不确定性，职称评聘、考核等机制的不健全性，工资待遇、政治地位的偏低性等诸多因素的影响，大多数高职院校辅导员并未将辅导员工作视为一种职业进行长远规划管理，搭建明确的职业前景平台，致力于辅导员工作的专门性研究。相反，他们只是把从事辅导员工作作为"转岗"或职务晋升的短期跳板或平台。以我校（湖南环境生物职业技术学院）为例，许多辅导员一般在 3～5 年后或转为专任教师，或转到行政岗位。

（二）高职辅导员职业生涯规划策略

结合职业生涯规划与管理理论以及我国高职院校辅导员职业现状，我们认为，高职辅导员职业生涯规划需要从个体的自我规划和规划平台的构建两个方面加以探索。

第一，关于高职辅导员个体的自我规划。美国潜能大师曾说过："有什么样的目标，就有什么样的人生"。辅导员要想拥有灿烂的人生和美好的前程，

---

① 习近平：《在全国高校思想政治工作会议上的讲话》，http://politics.people.com.cn，2016 年 12 月 8 日。

就必须规划自己的职业生涯,确立自己的职业理想和职业发展目标。辅导员职业生涯的自我规划可以用四个"W"归零思考模式。

（1）what are you？辅导员应进行充分和深刻的自我认知：首先辅导员应对自己的知识、智商、能力等智力因素和情感、兴趣、价值观、性格、品质、意志等非智力因素有一个全面、客观地认识；其次,对自己适合什么样的职业,需要怎样的职业生涯有一个明确的认知。

（2）what about it？要对自己从事的职业有一个准确的认知：首先要弄清辅导员的职业素质要求和职业特性；其次要准确把握辅导的角色定位。即辅导员应充当管理者、教育者、服务者、学习者四大角色。最后要了解掌握辅导员职业未来的发展趋势。教育部《2006—2010年普通高等学校辅导员培训计划》和《关于加强高等学校辅导员、班主任队伍建设的意见》明确提出："鼓励和支持一批骨干辅导员攻读相关学位和业务进修,长期从事辅导员工作,向专业化、职业化、专家化方向发展"。对辅导员职业这一发展目标和趋势应有一个清醒的认识与把握,并为之努力。

（3）what can support you？要对影响自己职业发展的主客观因素、周围环境、资源、背景有一个全面、综合的分析。首先要全面剖析自己要胜任辅导员工作所应具备的知识和能力情况；其次要全面调查和分析影响自己职业生涯规划的内外因素等。

（4）what you can be in the end？根据对自我和辅导员职业的认知,对影响辅导员职业发展因素进行分析,最终确立职业目标,制定出客观、可行的实施步骤,并依据实践发展变化的情况不断修正和完善自己的职业生涯规划。

第二,高职院校需为辅导员搭建良好的职业生涯规划平台。

（1）更新理念,推动辅导员做好职业生涯规划。作为学校的决策者,政策的制定者和影响者,高职院校各级领导要不断更新理念,提高对辅导员职业前景的认识,不仅要从立足解决辅导员队伍职业生涯中存在的问题,提高辅导员向心力和凝聚力,保证其稳定性的角度去认识辅导员职业生涯规划问题,而且要从学校改革和发展以及学生成人成才成功育人目标实现的高度去看待辅导员职业生涯规划问题。唯有如此,才能推动辅导员的职业生涯规划和职业发展。

（2）完善机制，保障辅导员做好职业生涯规划。

①完善选聘机制，严把"入口"，做到"高进"。选聘辅导员，既要突出辅导员的科学素质，明确辅导员应接受专业教育的最低学历，应具备的专业知识和专业技能；又要强调辅导员的道德素质，选拔一批政治强、纪律严、作风正，热衷于大学生思想政治教育和日常管理工作，愿为教育事业奋斗一生的人才充实辅导员队伍。同时，完善用人机制，按照能岗匹配原则，根据辅导员各自的特点，扬长避短，把辅导员安排到合适的位置，充分发挥辅导员的主观能动性，使人尽其才，事得其人，人事相宜，以实现学校的组织目标。

②完善管理机制，做到严管。建立科学合理的考核评价体系并有效运用。即在考核指标设计上，坚持以信度、效度为基础，以全面、科学、动态性、定性与定量相结合为原则，开发和实施一套考核标准和认证制度；在考核内容上，按照教育、学习和创造三个维度，将辅导员的工作能力、学习能力和科研能力纳入考核内容体系；在考核结果运用上，坚持考核结果与职务聘任、晋级、职称评定等紧密挂钩，并遵照"优胜劣汰"原则，考核优秀者应给予相应的奖励，考核不合格者应调离岗位或作为学校待聘人员另行工作安排。建立科学的职称评聘制度。有调研结果显示：目前高校学生工作人员中"初级职称比较大，合计占91.7%，高级职称职务者比例较小，只占8.3%。这说明，一方面，许多年轻的辅导员还没有达到晋升中级专业职务的年限，另一方面，一些已经达到或晋升高一级专业职务年限的辅导员却遭遇晋升难的门槛"。因此，应不断完善职称评聘制度，在聘任专业技术职务时与专任教师有所区别，应侧重其工作业绩，在学术水平的要求上应低于专任教师。

③完善培训机制，做到"精育"。坚持学习与创新的原则，实行严格的培训上岗制度，凡是辅导员必须经过专门的培训且取得合格证书方能上岗；坚持"走出去"与"引进来"相结合的原则，一方面选拔一批优秀辅导员"走出去"，参加相关的培训、研修、挂职锻炼，接受专门的理论教育，在学习、考察中不断地更新他们的知识结构，以提高自己的工作方法和工作水平；另一方面邀请学生工作的专家学者来校进行有关学生工作理论、经验等学术报告交流，提高辅导员的理论水平。

④完善发展机制，做到"优出"。高职院校要为辅导员的职业发展提供多重职业路径，譬如通过进修、培训、读研博等路径，为实现辅导员"专家

化""专场化"目标提供可持续发展的空间；通过制定相应的政策，为走从政方向的辅导员开辟职务升迁甚至走向社会继续从政的道路。这就给辅导员创造更多的职业路径，提供更多的发展机会。

（3）按照"四化"，引导辅导员做好职业生涯规划。为了充分发挥辅导员在大学生思想政治教育中的骨干作用，要按照职能化、职业化、专家化、专业化的标准，鼓励、引导辅导员做好职业生涯规划。在实际工作中，一是要通过奖勤罚懒的各种方式帮助辅导员改变无过便是功的观念，相反，让他们树立起促进大学生成人成才成功是辅导员的最高使命的理念。并鼓励他们做学生工作不要墨守成规，而要随实践发展变化而不断创新。二是应鼓励辅导员在烦琐的工作中不断学习、不断总结，在学习和总结中发展自己，提高自己的工作能力和工作水平，以更好地促进大学生成人成才成功。三是要按照年龄结构、知识结构、性别结构等因素合理有效地配置辅导员队伍，并制定传、帮、带的长效机制，为辅导员提高更多的发展路径，最终实现辅导员的职业发展目标。

第二节　高职辅导员职业生涯规划教育

高职辅导员作为高职院校思想政治教育工作者，对其进行职业生涯规划教育，不仅是思想政治教育工作的深层内涵，更是实现高职院校思想政治教育工作目标、立德树人育人目标和辅导员职业化、专业化发展目标的客观要求。

一、准确把握辅导员职业生涯规划教育的内涵

辅导员职业生涯规划教育就是有目的、有计划、有组织地对高校辅导员开展职业理想、职业目标、职业道德、职业能力等方面的教育，以培养辅导员规划自我职业生涯的意识与技能，发展辅导员个体综合职业能力，促进辅导员个体职业生涯发展，提高其综合素质的活动。它是以引导辅导员个体进行并落实职业生涯规划为主线的综合性教育活动。

我们需从以下几个方面对其理解与把握。

（1）辅导员职业生涯规划教育是有目的、有计划、有组织的教育活动，其最终目的是促进辅导员个体职业生涯的发展。高职院校辅导员职业生涯规划教育的实施主体是校内学生工作部或者人事处，或者具有专门从事职业生涯规划教育认证资质的社会服务教育机构。为了确保校内能够顺利组织实施开展辅导员职业生涯规划教育，需做到：①要有一批经过培训教育而获得职业生涯规划师资质的专业化师资力量；②要制订详细的活动方案或计划；③要有相应的设施设备、专门的活动或教育场地等。

（2）辅导员职业生涯教育是具有系统性、持续性、动态发展的教育活动。从辅导员自身发展角度看，接受职业生涯规划教育应伴随自己职业生涯的始终。从教育者的角度看，职业生涯教育应着眼于受教育者的终身发展，教育活动的规划与实施应连续不断地贯穿于受教育者职业生涯的全过程。而且随着社会、经济、就业环境的变化以及受教育者自身知识、能力、期望水平等的提升，职业生涯教育需要不断地调整教育目标、途径、方法等。

（3）辅导员职业生涯教育是综合性的教育活动。它是引导辅导员规划自我的职业生涯并将其规划转化为现实的综合性教育活动。具体包括：自我职业潜能分析能力培养；规划自我职业生涯的意识与技能培养；职业生涯规划相关核心素质的培养等。

二、高职辅导员职业生涯规划教育的培养目标

（一）近期着手，引导辅导员职业定位

针对高职院校辅导员职业定位缺失的现状，在辅导员职业生涯规划教育中要从近期着手，引导辅导员明确职业定位。职业定位是建立在对自我和环境正确认知的基础之上的，为此，辅导员就必须清楚我追求什么、热爱什么；我能做什么、我擅长做什么以及社会需要什么、学生需要什么。这三方面因素缺一不可。因此，高职院校辅导员职业生涯规划教育的首要任务就是培养辅导员自我认知、职业认知和社会认知的能力。自我认知培养要求辅导员要全面剖析自己所具备的知识和能力、对自己热爱什么样的职业，需要怎样的职业生涯有一个全面、客观的认识；职业认知培养要求辅导员必须要清楚辅导员的职业素质要求和职业特性、准确把握辅导员的角色定位、把握辅导员职

业的发展趋势；社会认知培养要求辅导员要能够全面分析影响辅导员职业生涯规划的各种内外因素，准确把握社会、国家对辅导员的职业定位、清楚社会和学生对辅导员职业素质的期望值。

（二）立足发展，培养辅导员职业技能

面对立德树人根本任务对高职院校大学生思想政治教育提出的新挑战，95后、00后大学生在思想观念、价值取向和人生态度上鲜明的思想特质，辅导员职业素质相对低下的现状，高职院校辅导员职业生涯规划教育应立足职业发展，培养辅导员职业技能。为此，一要培养辅导员对学生教育管理的相关政策、法规和制度的掌握能力；二要通过微博、QQ群等方式培养辅导员的日常管理能力，做到班情熟知；三要通过主题班会、校园文化活动开展等方式培养辅导员的组织策划能力；四要通过谈心谈话、工作日志等方式培养辅导员日常思想政治教育能力；五要通过个案分析、主题演讲、年终述职等形式培养辅导员分析解决问题的能力、应变能力和表达能力等基本技能。

（三）人生着眼，实现辅导员职业发展

由于高职95后、00后学生文化底子弱、人生目标模糊、学习自主性差等特点，辅导员需要付出更多的细心、耐心、真心和时间，需要具备更高的素质和能力，来给予学生更多的情感支持、价值引导、素质养成和行为示范，以致辅导员本身产生了比较严重的情感枯竭和职业倦怠，尤其是年轻辅导员容易在"走"和"留"之间举棋不定。为此，高职院校在辅导员职业生涯规划教育中应从人生着眼，重视辅导员的职业理想教育、构建和完善辅导员职业发展体系、设计和保障合理的职业发展路径，促使辅导员朝职业化、专业化和专家化的方向发展，做到事业留人、政策留人、待遇留人。

三、高职院校辅导员职业生涯规划教育的实现路径

（一）科学构建教育体系

高职院校应科学构建制训结合、知行并重、循序渐进的辅导员职业生涯规划教育体系，来实现辅导员的职业发展，最终实现人才培养和教育的目标。一要注重制度建设与培训开展相结合的原则。高职院校应不断制定和完善辅导员职业生涯规划教育制度，为辅导员技能、学历和职称等提升培训提高制度支撑和保障；二要注重辅导员基本素质养成与技能提高相并重的原则。高职院校在辅导员职业生涯规划教育中,不仅要加强辅导员基本素质的养成,还要注重对辅导员各种技能的培训;三要注重知行并重原则,高职院校不仅要通过各种教育形式提升辅导员的素质和技能,更重要的是要给辅导员提供实践土壤,让辅导员在学生管理具体实践和技能竞赛中亮出风采,提升自我;四要坚持循序渐进的原则,开展辅导员职业生涯规划教育不是一个一蹴而就的过程,而是一个长期的过程,为此要根据循序渐进的原则,合理有序、点面结合地开展各种教育,提升辅导员队伍整体管理素质和能力,实现辅导员职业化、专业化和专家化的职业发展目标。

(二)有效搭建教育平台

高职院校要实现辅导员职业生涯规划教育的目标,就必须要搭建多样化、有效的教育平台。一要搭建实践技能竞技平台,高职院校要定期组织开展辅导员职业生涯规划设计大赛、辅导员技能大赛、辅导员个案分析大赛等活动,并组织辅导员老师参加省级以上的辅导员职业技能大赛,以赛促学,以赛促工作,通过比赛调动辅导员的工作积极性;二要完善能力提升培训平台。高职院校应每年组织辅导员参加省级和国家所开展的上岗培训、骨干培训、心理教育培训等各种能力提升培训,同时也应在学校里每年定期开展辅导员经验交流讲座和核心能力提升培训;三要构建学术交流平台。高职院校应广泛开展学习心得交流会和工作经验交流会,让辅导员在交流中反思并应用于工作实践,提升自己的工作素质和能力;同时还可以组织开展辅导员学术论坛,鼓励辅导员以科研促工作,并对辅导员优秀的工作学术论文结集出版,实现辅导员工作经验的文字沉淀和积累;四要搭建学历提升和职称晋升平台,高职院校应制定各种制度来鼓励辅导员提升自己的学历和职称。

(三)合理设计教育内容

高职院校要促使辅导员朝职业化、专业化和专家化的方向发展,就必须开展辅导员职业生涯规划教育,合理设计辅导员职业生涯规划教育的内容。一是日常管理技能提升,譬如如何开导学生心理,纠正其心理缺失,引导其健康成长、如何开展学生思想政治教育,帮助学生树立正确的世界观、价值观和人生观等;二是基本管理素质提升,譬如如何科学应用QQ、微信等现代通信手段来了解学生动态,掌握学生的心理和行为、如何应用学生管理相关的政策和文件来加强学生管理,提高管理效率等;三是应变能力及分析和解决问题能力的提升,譬如个案分析和处理、学生纠纷处理以及面对突发情况应对等能力；四是组织策划和沟通协调能力提升,譬如如何有效与学生谈话,全面了解学生情况,纠正其行为偏差；如何组织校园文化活动,丰富学生生活；如何与院校其他部门协调沟通,帮助学生解决生活实际问题等。

四、高职院校辅导员职业生涯规划教育的意义

高职院校辅导员职业生涯规划教育,对于当前辅导员队伍建设和学生思想政治教育有着重要意义。

（一）有助于明晰辅导员角色,有效地实现高职院校思想政治教育工作的目标

从 1953 年设立大学生政治辅导员岗位以来,我国先后颁发了《中共中央国务院关于进一步加强和改进大学生思想政治教育的意见》（中发〔2004〕16 号）、《普通高等学校辅导员队伍建设规定》（2006 年制定"教育部令第 24 号",2017 年修订为"教育部令第 43 号"）等政策文件,对辅导员的角色进行了明确定位。但是,但在实际工作中仍然存在职责模糊不清,角色不明等现象。通过职业生涯规划教育,就可以让高职院校辅导员明确自己要承担起思想理论教育和价值引领、党团和班级建设、学风建设、学生日常事务管理、心理健康教育与咨询工作、网络思想政治教育、校园危机事件应对、职业规划与就业创业指导、理论和实践研究九大主要工作职责[1],肩负思想政治理论宣讲者、学习引导者、心理疏导者、社团指导者、学生纠纷调解员、就业指导者等多重角色,更好地帮助大学生树立正确的世界观、人生观、价值观,养成良好的道德品质和道德行为。

（二）有助于提高辅导员职业能力和职业道德,更好地实现"立德树人"根本任务

目前,由于种种原因,各高职院校辅导员无论是专业背景、专业能力,还是在道德修养上,都在某种程度上存在偏弱现象。通过职业生涯规划教育,一

---

[1]中华人民共和国教育部令第 43 号：《普通高等学校辅导员队伍建设规定》,2017 年 9 月 21 日。

是可以帮助高职院校辅导员队伍树立"要树人先立德,正人先正己"的教育理念,不断修身,提高自身道德修养;二是可以通过辅导员技能培训、信息化教育和学历提升等途径,帮助辅导员不断提高自身职业能力和素质,更好地贯彻落实立德树人根本任务,进行铸魂育人,开展科研育人、实践育人、文化育人、网络育人、心理育人、管理育人、服务育人、资助育人、组织育人等活动[①],培养更多、更好的优秀人才。

(三)有助于消除辅导员职业倦怠,更好地实现辅导员职业化、专业化发展

当前,高职辅导员普遍存在工作内容多、工作强度大、岗位地位低、生活待遇低,以及"放电多"与"充电少"、职业生涯规划与"出口"狭窄、工作亢奋与心理紧张等矛盾,从而滋生疲惫厌倦心理,工作热情降低,工作态度消极,出现职业倦怠现象。通过职业生涯规划教育,可以更好地帮助辅导员队伍消除职业倦怠,树立正确的职业理想,明确自己的职业目标,更好地实现辅导员职业化、专业化发展,使辅导员真正成为大学生的人生导师和学生成长成才成功的知心朋友。

---

①中共教育部党组:《关于印发〈高校思想政治工作质量提升工程实施纲要〉的通知》,2017年12月4日。

第三章 高职辅导员职业能力建设

职业能力建设是辅导员队伍职业化、专业化建设的最重要内容之一。辅导员职业能力水平的高低直接影响着辅导员工作开展的质量和实效。2014年,教育部颁发《高等学校辅导员职业能力标准(暂行)》(教思政〔2014〕2号),对辅导员队伍职业能力建设进行了顶层设计和统一规范,为辅导员队伍职业化发展提供了有力保障。客观分析高职院校辅导员职业能力现状,并基于此设法提升辅导员职业能力,便成为高职院校辅导员队伍建设的重要任务。

第一节 辅导员职业能力相关概述

随着辅导员职业化、专业化建设的深入推进,辅导员职业能力建设,日益成为影响高校辅导员"两化"建设发展的关键要素。

一、辅导员职业能力定义及基本内容

(一)职业能力(Occupational Ability)

所谓"职业能力",是指个体在从事特定的职业活动中所应具备的完成本职活动的能力,是对个体所拥有的基本知识、个人智慧、职业知识、职业技能、职业精神在履行职责时综合运用的能力,是个体从事职业活动的基本要

求。[①]它主要包含三方面的基本要素：

①为了胜任某种具体职业而必须所要具备的一般能力，表现为任职资格，包括学习能力、语言文字表达与运用能力、人际交往能力、团队协作能力、社会适应能力、抗挫能力、心理承受能力等；

②指入职后所表现出来的职业综合能力，包括专业能力、方法能力及个人职业素质等；

③从事某一职业后所具备的职业生涯管理能力，包括自我认知、职业定位、目标设定、职业通道设计等。

（二）辅导员职业能力

1. 基本概念

辅导员职业能力，是指高校辅导员在从事大学生的教育管理工作中应具备的工作能力，是个体运用自己的专业知识、专业技能、职业态度和个人智慧来教育引导大学生健康成才发展的能力。这是高校辅导员在学生教育管理工作中所产生的与自己密切相关的各种能力的综合体现。

2. 主要特点

《普通高等学校辅导员职业能力标准（暂行）》将辅导员职业能力特征规定为"政治强、业务精、纪律严、作风正。具备思想政治教育工作相关学科的宽口径知识储备。具备较强的组织管理能力和语言、文字表达能力，及教育引导能力、调查研究能力等"。由此可知，辅导员职业能力具有以下主要特点。

①基本性。这是辅导员职业能力最一般、最基本的特征，是每一名辅导员都必须具有的最基本的职业能力。辅导员之间在职业能力上的差异，不是"有"或"无"的差异，而是水平"高"或"低"的差异，"完整"或"不完整"的差异，以及功能发挥程度上的差异。

②稳定性。辅导员职业能力是辅导员个体先天遗传和后天社会环境交互作用的结晶和沉淀，是经过"内化—外化—内化"反复多次相互转化而形成的内在的、相对稳定的职业特性及其结构。辅导员职业能力一旦形成就具有

---

①转引施树成：《高等学校辅导员职业能力培育研究》，《吉林农业大学》，2016年。

一定的稳定性,既不会因一时一事的变化而改变或消失,也不会因一时一事的出现而发展。①

③现实性。它是一种既可以直接作用于现实活动,也可以直接作用于人的成才发展的现实力量,是人的实际工作表现及其所达到的实际成效或水平。

④综合性。是一种综合能力,是辅导员的知识结构、能力结构、工作态度以及聪明智慧在大学生教育管理活动中的综合表现和综合运用。

⑤可测性。通过经验判断或科学方法可以直接观察到或测量出辅导员职业能力的高低或强弱。②

3. 基本内容

根据《普通高等学校辅导员职业能力标准(暂行)》的规定,我国高校辅导员职业能力由外在能力和内在能力的两个层面八种类型组成③。

(1)内在能力

①教育能力——是指辅导员有目的、有计划、有组织地对大学生产生影响,教育、引导、提高他们的知识和技能的一种能力。如,理想信念教育、爱校荣校教育、廉政教育、感恩教育、校纪校规教育、安全教育、文明行为教育、诚信教育、职业道德教育、网络思想政治教育、组织校园文化活动等。

②管理能力——是指辅导员以学生为中心在学生事务管理与协调中展现的一种能力,包括对日常事务管理、引领学生成长、稳定工作、学生干部管理、困难资助、奖罚管理等日常事务管理、党团组织管理、班级建设管理、危机(突发)事件应对、领导、组织协调等。着眼于全面育人,统筹学生的学习与生活、思想素质与专业素质、优秀学生与问题学生等多项工作。

③指导能力——是指辅导员能够了解学生的学业状况,指导学生顺利完成学业的一种能力,比如学业或学习规划、职业或就业规划等。

④服务能力——是指辅导员能及时了解学生的需求,帮助学生解决实际

---

①杨宪华:《新形势下我国高校辅导员职业能力类型有哪些》,https://www.sohu.com/a/196830536_278563,2017年10月8日。
②施树成:《高等学校辅导员职业能力培育研究》,《吉林农业大学》,2016年。
③同上②。

困难并使学生从中受益的一种能力。比如对学生进行人生规划、对学生进行心理辅导、服务学生成长成才学业指导与服务心理健康咨询与服务职业规划与服务就业指导与服务创业指导与服务等。

⑤沟通能力——指辅导员在学生工作中所具备的能胜任沟通工作的优良主观条件,即辅导员与师生有效地进行沟通信息的能力。

(2)外在能力

①学习能力——是指高校辅导员学习相关知识的方法与技巧。从类型上主要包括学习专注力、学习成就感、自信心、思维灵活度、独立性和反思力。从内容层面可以分为政策学习、理论学习、专业学习、信息化学习等。其中,信息化学习,要树立信息化和大数据工作思维,学习并运用信息化技术和平台,加强网络思想教育和网络文化学习。

②科研能力——是指辅导员在学生工作中以科学的思维和适当的方法对未知领域进行科学探索的能力,它是辅导员知识深度和广度的综合体现,可反映其发现问题、认识问题和解决问题的能力。

③创新能力——是指辅导员运用科学方法在各种学生工作实践领域中不断提供具有科学价值和实践价值的新思想、新理论、新方法甚至新发明的能力,是新形势下辅导员核心职业能力之一。

二、辅导员职业核心能力

(一)职业核心能力

职业核心能力是人们职业生涯中除岗位专业能力之外的基本能力,它适用于各种职业,是伴随终身的可持续发展的能力。德国、澳大利亚称其为关键能力;美国称其为基础能力、工作岗位备就技能(美国劳工部)或软技能(美国全美测评协会);新加坡称其为基本技能;英国称其为核心技能(Key Skills);我国教育部门过去多称其为关键能力。1998年,我国原劳动和社会保障部在《国家技能振兴战略》中把职业核心能力分为8项,称为8项核心技能,包括:与人交流、数字应用、信息处理、与人合作、解决问题、自我学习、创新革新、外语应用等。

(二)辅导员职业核心能力

高职院校辅导员工作的核心能力是指高职院校辅导员担负职业角色、履行工作职责、完成目标任务、胜任岗位要求所必须具备的最基本,也是最重要的工作能力,它是辅导员职业胜任力的核心内容。与一般能力相比,高职院校辅导员工作的核心能力是辅导员胜任岗位职责和职业成功的关键要素,是国家和社会对合格辅导员专业素质的最基本要求,它体现着辅导员工作的本质内涵,反映着辅导员工作独特的职业特性。

①从职业身份看,《普通高等学校辅导员队伍建设规定》(教育部令第43号,以下简称"教育部43号令")明文规定"高校辅导员具有教师和管理人员的双重身份"。[①]这要求辅导员所应具备的核心能力为教育教学能力和科研能力;组织管理能力;执行力;领导力。

②从职业角色看,教育部43号令明确要求:"辅导员应当努力成为学生成长成才的人生导师和健康生活的知心朋友。"这要求辅导员所应具备的核心能力为: 思想引领能力;成人指导能力;生活辅导能力;心理辅导能力;学业辅导能力。

③从工作职责看,教育部43号令明确规定辅导员应履行思想理论教育和价值引领、党团和班级建设、学风建设、学生日常事务管理、心理健康教育与咨询工作、网络思想政治教育、校园危机事件应对、职业规划与就业创业指导、理论和实践研究"九大主要工作职责,这就要求辅导员所应具备的核心能力为:开发研究能力;解决问题和化解冲突的能力;思想辅导能力;学业指导及学生干部队伍指导的能力;校园文化活动的设计和开展能力。

④从当前时代特点看,辅导员所应具备的核心能力为:信息研判能力;预警能力;网络舆情监测能力;网络思想政治教育能力;涵养媒介素养。

综上所述,高校辅导员工作的核心能力源于辅导员职业身份、工作职责的基本要求,职业角色的社会认同以及时代特点的现实诉求。概括起来,可以归纳为以下九个方面:育人能力;理论宣讲能力;谈心谈话能力;案例分析能力;新媒介运用能力;心理疏导能力;管理与辅导能力;研究与创新能力;危机应对能力。

---

①教育部思想政治工作司组编:《加强和改进大学生思想政治教育重要文献选编(1978—2008)》,北京:中国人民大学出版社,2008年11月。

第二节 高职辅导员职业能力建设的实现路径

高职院校辅导员队伍是高职院校学生教育管理队伍的重要组成部分，是开展大学生思想政治教育工作的骨干力量。辅导员服务意识的强弱、工作能力的高低、教育效果的好坏直接影响高职院校学生教育管理工作铸魂育人的效果，影响高职院校人才培养目标的实现程度。因此，高职院校日益重视辅导员的队伍建设及其职业能力的提升。

一、高职辅导员整体队伍的辩证认知

（一）高职辅导员队伍的"优势面"

1. 政治素质较高

当前，高职院校辅导员整体政治素质水平较高，他们具有坚定的政治立场和方向，较高的政治觉悟和政治敏锐性，正确的社会主义核心价值观，远大的理想信念，宏伟的人生目标。这些有助于引导大学生的思想动态，把握其正确的政治方向，指导大学生树立正确的人生目标，促进大学生的身心健康发展，在传播社会主义核心价值观，倡导大学生塑造正确的世界观、人生观、价值观方面发挥着不可忽视的作用。

2. 年龄结构日趋年轻化

当前，高职院校辅导员的中坚力量为 80 后，主体力量为 90 后，其年龄一般在 22～35 岁之间。据调查统计，以湖南省衡阳市高职院校辅导员为调查样本，高职院校 90 后辅导员占比为 51%，80 后辅导员占比为 40%，1980 年以前出生的辅导员只占 9%。正因为他们年轻，与大学生年龄不相上下，与学生之间存在较多的共性，思维活跃、善于接受新鲜事物，能够较好地和学生打成一片，代沟小，极大地减少了师生之间的差距，有精力、有能力走近学生，更容易贴近学生心理，了解学生的心理特征与变化，学生也更容易受到年轻辅导员的影响，起到寓学于乐，促进管理升级，便于开展工作。

3. 知识结构日趋高学历化

较高的学历是辅导员职业准入的条件之一。《普通高等学校辅导员队伍建设规定》中明确指出：辅导员选聘必须具备本科以上学历。据 2009 年调查显示，全国高校辅导员中，大学专科及以下学历占 9%，本科学历占 62%，硕士学历占 27%，博士学历占 2%。[①]据调查，高职院校选聘高学历辅导员的人数每年都在递增。正因为高学历辅导员的增加，他们在管理、教育学生中起着亦师亦友的重要角色，能够以身施教，传播知识，激发学生的求知欲望，促进学生知识的积累。

综上所述，辅导员整体素质有了明显的提升，积极充当了学生思想政治教育的主力军、学生成人成才成功的领路人、学生事务管理的服务人，在当前新时期高职院校辅导员工作创新和发展中起着重要的推动作用。

（二）高职辅导员队伍的"劣势面"

当然，高校辅导员队伍也存在一定的劣势，这制约着整体辅导员工作的创新和发展，主要体现在以下几方面。

1. 专业知识素养偏低

《普通高等学校辅导员职业能力标准》中明确规定：辅导员应具有思想政治教育专业基本理论、基本知识和基本方法，同时，还应具有马克思主义理论、哲学、社会学、心理学、伦理学、教育学等相关学科知识背景。然而，目前大多数高职院校在选聘辅导员时一般不设专业限制，以至于思想政治教育专业和相关学科知识背景的辅导员在全体辅导员中占比较小，辅导员整体专业知识素养较薄弱。以湖南省衡阳市高职院校辅导员调查结果为例，具有哲学社会科学（含思想政治教育）学科专业的占被调查人数的 4.6%，具有教育学、心理学、社会学学科专业的占 2.7%。这两类学科专业与辅导员相关专业要求贴近，但两者相加只有 7.3%。正是这种偏低的专业知识素养，使得高职院校辅导员工作的开展、创新和发展举步维艰。

2. 专业技能薄弱

由于时代的发展、辅导员整体专业知识素养偏低和辅导员自身的思想认

---

①周良书、朱平、俞小和等著：《中国高校辅导员工作史论》，北京：人民出版社，2016年6月。

识等原因,辅导员的专业技能相对薄弱,尤其是思想政治教育、谈心谈话、新媒介运用、心理疏导、学业辅导、危机事件应对等专业技能的不足更加明显和突出。因此,在实际工作中,很多辅导员的工作就停留在表层和表象,热衷于解决高职生的表象问题,而不能运用娴熟的专业技能和技巧,深入了解高职生的思想动态,挖掘高职生思想、心理和学习等问题的深层次原因和实质,以致很难开展思想价值引领工作,帮助大学生树立正确的世界观、人生观和价值观,弘扬和践行社会主义核心价值观,助益高职生成人成才成功。

3. 思想认识模糊

20 世纪 80 年代以来,人们的政治观念逐渐淡化。目前,越来越多的辅导员认为思想政治教育可有可无,更多地把精力放在了繁杂的日常事务管理中;甚至有的辅导员受功利主义的影响,认为思想政治教育没什么用,那是柏拉图,是海市蜃楼,帮学生解决实际生活问题才是正道,从根本上忽视了辅导员思想政治教育的主要职责。其次,尽管国家把辅导员的职业身份定位为教师和管理人员双重身份,然而现实生活中,辅导员陷入了两难,成为了两不管人员。为此,好多人认为辅导员谁都可以做,无关学历和能力,以致于做辅导员成了职业选择的无奈之举和暂时解决就业困难的"驿站",一旦有机会就会立即转行转岗。这种思想状况直接导致辅导员工作缺乏热情和激情,工作态度消极,过着"做一天和尚撞一天钟","三天打鱼,两天晒网"的浑浑噩噩的日子,这在思想上严重制约了辅导员职业能力建设与提升发展。

二、高职辅导员职业能力提升的困境

随着《中共中央国务院关于进一步加强和改进大学生思想政治教育的意见》(中发〔2004〕16 号)、《普通高等学校辅导员队伍建设规定》(2006 年制定"教育部令第 24 号",2017 年修订为"教育部令第 43 号")、《高等学校辅导员职业能力标准(暂行)》(教思政〔2014〕2 号)等政策文件的相继出台,为高校辅导员队伍建设提供了良好的环境,为辅导员职业能力的提升提供了广阔的发展空间。然而,随着学生群体和时代形势的变化,辅导员职业能力提升也面临着一定困境。

(一)辅导员管理、考核机制不完善

影响高校辅导员职业能力较低的首要原因是辅导员管理、考核机制还

不健全、不完善。从管理方面，《普通高等学校辅导员队伍建设》明确规定"高校辅导员具有教师和管理人员双重身份，是教师队伍和管理队伍的重要组成部分"。但事实上，文件的规定并不能奠定高校辅导员引以自豪的身份，身兼数岗便丧失了独有岗位的专业性，以至于从教师身份上，辅导员比不上专业的教学岗人员；从管理者身份上比不上专门的管理岗人员。因此，辅导员在高校体制中处于"两难"的尴尬境地，需要接受包括学院、学工部（处）等多个职能部门的领导，其职能边界模糊、工作权限不定，最终陷入了"两不管"境地。

从考核方面，国家对辅导员职务晋升和职称评聘等方面有待进一步健全和考量。由于辅导员的工作内容多零碎、分散，工作成果具有不易显现和滞后性等特点，无法做到全面而有效地衡量辅导员的工作业绩。多数高职院校对辅导员的考核界定多是着眼于所负责学生有没有出现影响学校声誉的安全性事件，如避免出现学生的非正常伤亡等，而不是从工作实绩、工作成果、工作态度等多方面综合考核。

正是这种"两难"的尴尬境地和不健全的考核评价机制，在一定程度上沉重打击了辅导员工作的热情和激情，导致辅导员被动接受来自学生和领导的工作义务和工作责任，降低了其主动学习专业知识技能和创新管理的动力。

（二）辅导员选聘、培养制度有待完善

影响高职院校辅导员职业能力较低的主要原因是对辅导员的选聘、培养制度不够完善和成熟。就选聘方面来看，尽管目前高职院校对辅导员的准入有了比以前更高的学历要求，但在专业性、职业性方面仍然欠缺。据了解，目前高职院校辅导员仍然有一部分是大专及其以下学历，而且具有思想政治教育专业的却不多，甚至部分高职院校还招录了比例较高的理工科背景的毕业生从事辅导员工作，这在一定程度上降低了辅导员的专业性要求。同时，部分选择辅导员职业的毕业生，也缺乏真正愿意为学生服务的职业精神，多数作为"曲线转行"或暂时解决就业困难的"跳板"才选择从事辅导员工作，选留随意性太大，为此，部分辅导员刚开始进入这个岗位，就在思考怎么离开辅导员岗位，根本无心于本职工作，缺乏职业性。正是这种不严格、不健全的辅导员选聘制度，致使无法真正招录专业对口、业务精良、责任心强的优秀人才从事辅导员工作,也就从整体上增加了辅导员职业能力提升的难度。

另一方面,高职院校在辅导员的培养建设上力度不够,投入资金不足,缺乏系统、全面的辅导员培养机制。据了解,国家对辅导员的培训、教育上往往更倾斜于本科院校,能参加教育部思政司每年组织的辅导员骨干班培训、访问学者,高职院校的辅导员基本上微乎其微,同时,高职院校本身对辅导员的培养教育力度也严重低于专任教师,更没有对辅导员职业能力提升进行过系统、全面、综合的培养和教育。正因为如此,许多辅导员,尤其是新进辅导员角色定位模糊,工作职责和界限模糊,许多工作流于形式,更谈不上对辅导员职业核心能力的深层次认识和提升。

(三)辅导员自我管理和创新力有待深化

高职院校辅导员职业能力较低的关键原因是辅导员自我管理和创新动力不足,还有待深化。辅导员自我管理能力的下降是其职业能力提升困境的一大内因,由于公众对辅导员的职业认同感不高,再加上职称评聘和职务晋升渠道不通畅,辅导员"两化"发展路径受阻等诸多原因,辅导员缺乏自身的职业自豪感和归属感,以致少数辅导员并不把这份教育事业看作是一项宏伟的工作,而是充当一种生存的手段。这就在工作中呈现出辅导员工作能力的参差不齐,工作热情和工作效果的不断下降,内在地桎梏了高职院校辅导员职业能力的提升。

辅导员职业能力提升的另一内在原因是自身创新动力不足。辅导员的职业能力是一个不断发展,不断适应新时期教育环境、教育特点、学生特点和时代趋势潮流的动态范畴,必须通过自身主动、不断地学习、巩固、强化、修正和创新才能适应不断变化的教育氛围和学生群体。然而,目前一部分辅导员的自身专业知识素养偏低,专业技能薄弱,又缺乏终身学习的激情、创新的理念和动力,多习惯于用静止、片面的经验去处理不断变化的学生日常事务管理和思想政治教育工作,而没有坚持终身学习和创新的理念,以至于在时代趋势和学生群体不断变化的情况下,其思想政治教育能力、人际沟通能力、创新能力、运用新媒介能力等辅导员职业核心能力不断下降,在处理学生日常事务管理和思想政治教育中捉襟见肘。

三、高职辅导员职业能力提升的实现路径

(一)把好学习关,树立终身学习理念

要提高辅导员的职业素养和职业核心能力,最首要的是辅导员自身要善于学习,树立活到老、学到老的终身学习理念。《高等学校辅导员职业能力标准(暂行)》中明确规定:辅导员应"坚持终身学习,勇于开拓创新,主动学习思想政治教育理论、方法及相关学科知识,积极开展理论研究和实践探索,参与社会实践和挂职锻炼,不断拓展工作视野,努力提高职业素养和职业能力"[1],并把终身学习作为辅导员应遵守的五大职业守则之一。由此可见,学习是辅导员职业能力提升的关键密钥。

1. 要善于学习运用政策文件

重点学习和领会教育部《关于在高等学校有重点的试行政治工作制度的指示》(1952年10月28日)、《高等学校学生班级政治辅导员工作条例(草案)》(1965年8月20日)、教育部、共青团中央《关于加强高等学校学生思想政治工作的意见》(1980年4月29日)、中宣部、教育部《关于加强高等学校思想政治工作队伍建设的意见》(1984年11月13日)、中共中央《关于改进和加强高等学校思想政治工作的决定》(1987年5月29日)、中共教育部党组《关于进一步加强高等学校学生思想政治工作队伍建设的若干意见》(2000年7月3日)、中共中央国务院《关于进一步加强和改进大学生思想政治教育的意见》(2004年8月26日)、教育部《关于加强高等学校辅导员班主任队伍建设的意见》(2005年1月13日)、《普通高等学校辅导员队伍建设规定》(2017年10月1日)、《高等学校辅导员职业能力标准》(2014年3月25日)和中共中央宣传部、中共教育部党组《关于加强和改进高校宣传思想工作队伍建设的意见》(2015年9月9日)、中共中央、国务院《关于加强和改进新形势下高校思想政治工作的意见》(2017年2月)等重要文件,深刻体悟高校辅导员工作史、辅导员角色定位、角色工作要求和职责、角色守则、队伍建设、职业能力要求等内容。

---

[1]周良书、朱平、俞小和等著:《中国高校辅导员工作史论》,北京:人民出版社,2016年6月。

2. 要善于向书本、身边的同事和学生学习

自觉学习《思想政治教育理论》《辅导员工作 100 个怎么办》《中国高校辅导员工作史论》《传统文化精神与大学生思想政治教育》《大学生与社会主义核心价值观》等思想政治教育理论和辅导员工作技巧书籍和文献资料,从书籍和文献资料吸取养分,提升职业能力;要拜老辅导员为师,向老辅导员学习经验、方法和技巧,要善于吸取同事好的管理办法、好的思想;要能够吸取和运用学生干部自我管理的有益经验和教训,不断提升自身职业能力。

(二)把好研究关、树立创新理念

要实现辅导员工作经验的共享,从而提升辅导员职业能力,就必须把好"研究"关、树立创新理念,让辅导员工作理论和实践研究成为常态。一是高职院校要设立专门的学生工作科研项目,给辅导员开展研究提供有力的政策支持和资金保障;二要组建辅导员名师工作室,从思想政治教育、日常事务管理、党团和班级建设、学业指导、心理健康教育与咨询、网络思想政治教育、职业规划与就业指导、危机事件应对这 8 个方面分模块开展理论和实践研究,保障辅导员工作研究的系统性和全面性;三要善于研究学生群体和时代趋势,通过研究,根据变化后的学生特点和时代潮流及时调整辅导员工作内容的重点、方法和路径;四要重点总结、反思和提炼辅导员思想引领和服务学生成长的工作案例、方法和技巧以及路径选择,从总结、反思和提炼的过程中共享经验,吸取教训,不断创新思想政治教育内容、方法和路径、服务学生成长的思路和举措,从而提高辅导员职业能力提升的针对性和实效性。

(三)把好考评关,完善辅导员考评机制

完善考评机制,关心辅导员的晋升发展渠道是提高辅导员工作激情、提高辅导员职业能力、保证辅导员队伍稳定性和主动性的关键。在国家和教育主管部门明确出台的辅导员职业资格认定的规范性文件中反复强调,应淡化行政级别概念,畅通对辅导员职称评聘、职务晋升、人事聘用、考核认定等职业发展道路,建立有效的绩效考核和晋升体系,为辅导员职业能力的提升及辅导员队伍"两化"建设铺平道路。

鉴于此,一要构建突出学生工作特点的翔实的辅导员绩效考核体系。在考核体系中,统筹定性和定量分析,通过学期观察和年终述职等多渠道、多方面评测,在德、能、勤、政、廉五个方面充分考核辅导员的专业知识技能、管

理能力、服务能力、创新能力、职业道德等综合业绩实效、工作实际成果以及工作态度；并辅以学生满意度测评和科研成果进行综合评定,杜绝"一刀切"或人为评定,保证辅导员绩效考核的全面性和系统性；二要完善辅导员考核机制,要根据辅导员工作的特殊性,着眼于辅导员岗位特点和岗位内容的复杂性,重点突出考核的辅导员能力和业绩因素,唤醒辅导员的学习激情和主动性,强化其职业归属感和认同感,从制度上构建辅导员职业能力提升的长效机制；三要完善辅导员职务晋升和职称评聘机制,在职务晋升和职称评聘中要重点考察辅导员的工作实绩、工作能力以及工作成果,从而带动辅导员提升职业能力的动力和热情。

（四）把好选培关,构建辅导员职业能力培养体系

严格选培制度,构建辅导员职业能力培养体系,走职业化、专业化发展道路是提升辅导员专业技能,促进其工作能力、管理能力、心理素质全面均衡发展的强有力保障。

鉴于此,高职院校一要按照政治强、业务精、纪律严、作风正的标准严格辅导员准入制度,在选拔上要严格辅导员的学历和专业知识背景,学历上要求必须是硕士及以上学历,且其专业要求必须是具有以思想政治教育为主、兼顾心理学、管理学背景等与其岗位性质相近的专业；要注重师德和专业技能,并通过心理测试、笔试和面试,考核其语言表达能力、人际沟通能力、团队协作能力、组织管理能力、主动学习能力、危机应对能力和心理素质强弱等多方面表现,综合考察辅导员的思想道德素质、心理素质和专业技能素质,从源头上提升辅导员队伍的专业知识技能,促进其综合素质和能力的提升。二要注重和完善辅导员培养机制。一是通过建立辅导员专项计划,提高现有大专及以下学历水平辅导员的学历层次和专业知识技能,提高辅导员整体队伍学历层次和综合素质；二是各高职院校要建立自己的培训基地,不断优化培训内容,多方面、多层次地开展教育学、管理学、心理学、社会学等多学科相协调的培训内容,注重对辅导员进行思想政治教育能力、组织领导能力、社会实践能力、学生事务管理能力、心理咨询和就业指导等能力的培养和发展,提高辅导员培训和研修质量,把基地建设成为培养专业化、职业化辅导员的人才摇篮；三是要设立自己的辅导员研究协会、报刊、微博和微信公众号,进一步发挥辅导员在大学生思想政治教育中的骨干作用,加强辅导员之间的经验和知识共享,促进辅导员工作专业化水平的提高,逐步推进辅导员工作的职业化进程;四是要不断拓展培训形式,坚持校内培训和校外学习相结合、"走出去"和"请进来"相结合的原则,采用理论传授、观摩和角色扮演相结合的培训方法,不断提升培训实效,以高瞻性、发展性、创新性的思维不断促进辅导员职业化、专业化道路的发展,提升辅导员的职业核心能力。

第三节　高职辅导员四种职业核心能力的提升策略

近年来,为了提升辅导员的职业能力,尤其是理论宣讲能力、管理与辅导员能力、谈心谈话能力、新媒介运用能力,我校(湖南环境生物职业技术学院)对辅导员开展了一系列的素质能力培训活动,取得了较好效果。

一、适应形势发展,提升理论宣讲能力

理论宣讲始于 2018 年,是作为全国辅导员素质能力大赛的一个重要考察内容。考察各省辅导员素质能力大赛对理论宣讲题目设置情况,发现对理论宣讲环节的理解各不相同,有的更加注重对理论本身的理解,有的则注重对理论的运用,还有的则结合社会发展热点而展开。譬如:

◆河南省——请以如何理解建设教育强国是中华民族伟大复兴的基础工程?如何理解中国特色社会主义进入了新时代,但我国仍然处于并将长期处于社会主义初级阶段的基本国情没有变?为什么说社会主义核心价值观是当代中国精神的集中体现为题,请辅导员就此展开理论宣讲。

◆安徽省——请以"文化自信:挺起中国人的精神脊梁""青年兴则国家兴,青年强则国家强""做坚定的马克思主义者"为主题展开宣传。

◆陕西省——请以"维护宪法权威　彰显四个自信"为题,就本次宪法修改的依据和意义对学生进行宣讲。

◆浙江省——请以党的建设永远在路上、构筑人类命运共同体等内容为主题展开宣讲。

这也表明,"理论宣讲"作为一种考察辅导员素质能力的创新方式,需

要我们在今后的工作实践中不断挖掘、探索、完善。

（一）演讲与宣讲的词义辨析

1. 演讲的释义及其显著特点

说文解字中，演，即为根据事理推广发挥，是一种推理方法，由一般原理推出关于特殊情况下的结论。因此，它又称讲演、演说，是指在公众场所，以有声语言为主要手段，以体态语言为辅助手段，针对某个具体问题，鲜明、完整地发表自己的见解和主张，阐明事理或抒发情感，进行宣传鼓动的一种语言交际活动。

一般说，演讲具有几个显著的特性。

（1）综合性。讲，是讲明道理，诉说对某一问题的看法。演，是借助声音、表情、动作来加强演讲的生动性。演讲以讲为主，以演为辅，运用有声语言，加上无声的动作、体态、表情，两者相辅相成，巧妙结合，融为一体。要"讲"得好，必须有逻辑、修辞、音韵、朗读等方面的知识和修养。成功的演讲首要标准就是字正腔圆、抑扬顿挫、悦耳动听。

（2）独白性。演讲者是演讲活动的主体，在整个演讲过程中，听众始终处于接收地位。因此真正意义上的演讲，是高度个性化的产物，是一个人的性格、气质、形态、口才的综合反映。只有客观地叙述，而没有自己的喜怒哀乐，缺乏自己独特的观点与感受，没有鲜明的个性，这样的演讲缺少感染力和号召力。

（3）时间性。演讲直接诉诸听众的听觉、视觉、感官，有很强的时间性。首先，在内容上，古今中外的著名演讲，都切中时代脉搏，属于那个时代的声音。其次，一次演讲的时间，受听众可接受性的制约。虽然有些演讲长达几小时甚至几十小时。但大众化的演讲，主要以短居多，以短为贵，长了又缺乏新鲜的内容和观点，就没有人愿意听。

（4）宣传鼓动性。演讲不宜于表现那种悲观压抑、沉闷的感情，更不宜表现那种自己之得失的渺小、狭隘、猥琐的个人私情，而应着力表现对祖国、对人民的深切热爱，对真善美的执着追求。总之，真正的演讲，要着力表现阳刚之气，使人振奋，使人鼓舞。

2. 宣讲释义及其主要特点

说文解字中的"宣"，其基本字义为公开说出，扩散疏导。即是说，诵读讲解,对众宣传讲述。目前,一般地说,"宣讲"就是利用广播、影视、报刊、书籍和网络等大众传播媒介,把特定内容传递给受众,以达到影响他们的态度、信仰和行为目的的效果。

而高校辅导员素质能力大赛的宣讲,则主要是指利用特定的场所,主讲人通过与听众面对面的语言交流,对党的基本理论、基本路线、基本方略进行通俗易懂的阐述,同时也包括对广大思想政治教育工作者所关心的社会热点、难点问题进行解疑释惑,从而为当代大学生开展思想启迪和价值引领,帮助他们树立正确的世界观、价值观和人生观。"宣讲"的显著特征,主要在于以下几个方面。

(1)政治性。宣讲通常服务于特定政治活动的需要,以影响人的政治态度、政治选择,争取受众对政策方针的支持、拥护和参与为目的,从而区别于一些学术文化演讲以及企业的公关宣传活动。

(2)思想性。宣讲不满足于告诉人们发生了什么,重在阐述为什么会发生,怎样看待这一现象,背后的演进逻辑在哪里,从思想的层面进行抽丝剥茧的分析,引导人们正确看待社会现象、社会思潮,用理性的力量影响受众,使受众信服。

(3)组织性。宣讲活动作为理论宣传工作的重要内容,需要组织发动。这种组织化的宣讲活动,在特定时间段内,围绕特定主题,发动各个层次的专家和领导,从上至下、层层发动,有统筹安排、有经费保障、有效果评估,确保宣讲活动取得预期效果。

(4)纪律性。宣讲者在宣讲活动中,传播的不仅是个人观点,也是党和政府的态度和主张,必须自觉维护党中央的权威和团结统一,维护政府决策的严肃性、权威性,不能人云亦云,不能信口开河,更不能传播反对党的领导、攻击社会主义制度或对党和国家大政方针说三道四的内容。因此,在宣讲活动中,我们必须树立法纪意识和规矩意识,在遵守法律法规底线的基础上,还必须遵循各项政治纪律,特别是宣传工作纪律。

3. 演讲与宣讲的联系与区别

从上述对演讲与宣讲的释义及其特点分析可以看出,两者具有不同的特性,但是在本质上却具有相同的共性。即宣讲源于演讲,也就是说宣讲本质上就是一种演讲,是有目的地扩散某种思想、观点、主张,旨在改造接受对象的心理,并使之产生符合宣讲者意愿信念的行为。但它又不同于演讲,这种差异集中体现在宣讲具有更强烈的组织色彩和意识形态属性,是一种服务于特殊目的的演讲活动。

(二)正确把握从主题演讲到理论宣讲的变化

从演讲到宣讲,看似一字之差,却有丰富的变化内涵。

1. 考察辅导员能力的尺度发生了改变

主题演讲,分为命题演讲(比赛前一天晚上抽题)和即兴演讲(比赛前15分钟现场抽题)两种方式,由选手自主选择。主要考察辅导员逻辑思维及讲授能力。而理论宣讲主要考察辅导员对马克思主义理论、习近平新时代中国特色社会主义思想、党的十九大精神等的学习宣传阐释能力,以及对大学生开展理想信念教育、中国特色社会主义和中国梦宣传教育、社会主义核心价值观教育过程中的理论宣传阐释能力。注重考察理论宣讲的政治性、思想性、理论性、政策性、导向性。

从这个意义来上来,理论宣讲不同于以往的主题演讲,更加突出辅导员对党和国家政策理论的认知、理解和运用,更加突出辅导员对学生群体的思想引领和价值引导,更加突出辅导员对日常思想政治教育工作中疑难杂症根本性问题的解决。

2. 讲述内容的侧重点或关注点发生了改变

主题演讲是就某一问题阐述自己的观点,发表自己的看法。其要求是:言之有理、言之有据,言之有物、语言通俗易懂、思维逻辑层次分明、脉络清晰。

理论宣讲注重的是对马克思主义理论、习近平新时代中国特色社会主义思想、党的十九大精神等的学习宣传阐述,以及对大学生开展理想信念教育、中国特色社会主义和中国梦宣传教育、社会主义核心价值观教育过程中的理论宣传阐释。其要求是:政治性、思想性、理论性、政策性、导向性。

从主题立意上来说,尽管理论宣讲相对于主题演讲似乎在更明确、更专注,针对性强,不容易跑题,破题也很容易。但是如果你对政策或理论没有系统地学习,深入地了解,深刻地解读。对政策或理论的核心把握不准,那么即使不跑题,恐怕也是失之毫厘谬以千里。从内容上讲,更注重严肃性,即整体的讲述一定要紧扣政策或理论,不能有一时一字之偏差。

3. 讲述方式和风格上发生了改变

宣讲的主要精髓在于传达,这就要求很多地方必须做到原汁原味,不能加入过多的自我理解。这不同于主题演讲,可以将很多关于学生工作实际的点滴小事作为事例论据融入自己的讲述中去。也就是说,在讲述风格上,从主观地讲述自己转变到客观地弘扬政策或理论。

4. 从对辅导员的素质能力要求上看变得更高了

从主题演讲改为理论宣讲,更加突出了辅导员思想引领和价值引导的积极作用,对辅导员政策理论水平提出了更高的要求,不仅要求辅导员准确理解党和国家的方针政策,还得及时把握社会动态和发展趋势,并能用学生喜闻乐见的方式传播给学生。这就要求辅导员对政策理论要无比的熟悉,核心内容和与学生相关度高的地方要做到一字不差的背诵。面临竞赛性、临场性,如果自己对政策理论尚且模模糊糊,那最后呈现出来的效果可想而知。

(三)深刻领悟理论宣讲的核心要义

理论宣讲不是研究理论而是解释理论,不是发现思想而是传播思想。这就要求我们必须充分考虑宣讲主体、对象客体、价值目标与宣讲方式等具体情况。

(1)从宣讲主体来看,我们要做好政策理论宣传阐释工作,首要的问题是,我们必须熟练掌握理论本身,具备厚重的理论功底。正所谓"传道者要先明道信道,教育者要先受教育"。为此,必须做到"五要":

①要认真研读党的十九大报告和党章;

②要认真研读《习近平谈治国理政》第一、二卷;

③要认真学习全国高校思想政治工作会议精神;

④要研读习近平总书记系列重要讲话,尤其是与青年大学生息息相关的讲话;

⑤要研究创新理论对世界和人类的重大意义。

当然,我们不是政策讲解员,也不是理论宣讲师,我们是思想政治辅导员。这就决定了我们在学习政策理论,宣讲政策理论的时候,一定要以一个辅导员的角度来取重点,而不是盲目地脱离工作实际去讲政治、经济、国内外形势等。在《普通高等学校辅导员队伍建设规定》(教育部令第43号)中规定了辅导员这个岗位包括思想理论教育和价值引领、党团和班级建设、学风建设、学生日常事务管理、心理健康教育与咨询工作、网络思想政治教育、校园危机事件应对、职业规划与就业创业指导、理论和实践研究等9个方面的工作内容体系。

（2）从宣讲客体对象来说，辅导员服务的对象是当代大学生，从事的是大学生思想政治教育工作。因此，辅导员要从围绕学生、关照学生、服务学生这一宗旨出发，从辅导员的核心工作入手，在政策理论的解读中，一定要敏感地发现哪些跟辅导员的服务对象息息相关，哪些是教育他们的，哪些是服务他们的，哪些又是他们关心的。把握住这些，才会让辅导员的政策宣讲既不空洞，又不脱离工作实际。

（3）从终极价值目标来讲，辅导员的核心任务是引领、助力、陪伴大学生成为社会主义建设的可靠接班人。因此，辅导员学习政策理论，并进行深度解读，其根本目的是在于解决学生思想根源上的疑惑，进行价值观输出。即要把更多的精力放到政策理论的宣传和思想意识的引导上，全方位地传达给学生们。增强学生们的"四个自信"，让他们知道"奋斗的人生最美丽"。这是作为一名思想政治辅导员该做也必须做好的事情。

换言之，设置理论宣讲的根本目的就在于要求我们必须"跳出单纯事务性的藩篱，聚焦心与心的工作，回归思想引导"这个核心！

（4）从宣讲方式上讲，理论宣讲不仅要考验辅导员对政策理论的了解熟悉程度，而且要考验辅导员的语言组织能力和表达技巧。

因为宣讲从传播学意义上讲就是如何运用群众通俗易懂的语言，让理论宣传阐释入耳更入心，使习近平新时代中国特色社会主义思想从书斋走进实践、走进生活、走进大众。这是展示辅导员理论素养与业务技能的重要手段。

因此，辅导员不能一味地克隆书本上的理论，机械地照本宣科地解读专著，而是要当好"翻译官"。即要改变念报纸、学原文的复读模式，注意结合大学生实际，尤其要能熟练掌握95后甚至是00后大学生的话语体系，把思政语境与学生语境有机结合为一体，运用身边事例、翔实数据，用学生喜欢的"草根语言"，来进行理论宣讲，使得思想政治教育在轻松愉快的氛围中进行，以增加理论宣传阐释的生动性、针对性。

（四）开展好理论宣讲的方法建议

1. 前提：功在平时的学习积累，夯实理论功底

俗话说："你要先有一桶水，才能给别人一杯水。"同理，一个辅导员的理论宣讲能力是以其学习和掌握理论的能力为基石的。你要做到言之有理、言之有物，就必须做到心中有书。也就是说，要解决好"入口"问题，才能畅通"出口"。

这就要求我们必须注重理论知识的学习积累。只有通过认真学习研究，真正吃透理论政策，并联系实际全面准确地把握其科学含义和精神实质，才能达到融会贯通、触类旁通。相反，如果对理论政策吃不透、把握不准，那只能像老和尚念经那样干巴巴地照本宣科，还可能把好经念歪，人们听了自然就会感到烦。我们要夯实理论功底，需解决学什么、怎样学两个基本问题。

（1）学什么？指导一个伟大的革命运动的政党，如果没有革命理论，没有历史知识，没有对于实际运动的深刻的了解，要取得胜利是不可能的。也就是说，理论、历史以及与工作紧密相关的知识是永恒的学习主题。

学习历史是必修课。历史知识是政治智慧的前提，人们可以从历史的宝藏中获取人生智慧和精神动力。中国革命史对共产党人来说是最好的营养剂。

应坚持干什么学什么，缺什么补什么。认真学习党的最新理论成果、思想政治教育理论、哲学、政治、相关政策文件、法律法规、规章制度等方面知识，努力用一切科学的新思想、新知识、新经验丰富自己，从而不断地提高理论素养。

（2）怎样学？这要在学深、学透、学广、学新四个方面下功夫。

学深，就是指系统学习，防止知识碎片化。在注重从互联网渠道获取知识的同时，更要加强对原著的研读，要以读原著、学原文、悟原理为基本，形成对理论政策原汁原味的理解，防止以偏概全、曲解原意。

学透，就是指要有良好的政治素养和思辨能力，善于用马克思主义的唯物辩证法看问题，准确理解问题的根源，防止认识肤浅化。

学广，就是指要围绕学生思想政治教育工作所需主动拓宽学习领域，广泛涉猎经济、政治、文化、社会、科技、军事等方面的知识，避免蜻蜓点水式阅读或标题式阅读，防止阅读快餐化。要把深读、精读与浏览相结合，既通过浏览式学习胸怀全局，又通过解剖麻雀追根溯源，增强思想深度。

学新就是指要坚持与时俱进,防止知识僵化。要及时了解大局大势与大事,保证常学常新、常讲常新,始终把最新理论成果、最新鲜的资讯呈现出来,以发挥理论的引领作用。也就是说,在开展理论宣讲时,要对创新理论产生的时代背景阐述要新、对支撑创新理论的基础理论解析要新、对创新理论素材选择要新等。同时,要讲好理论新与旧的继承关系问题:即新理论新在哪里? 与旧理论相比较,有哪些继承和发展? 这就需要我们掌握史学知识。宣讲经济创新理论需要掌握经济史;宣讲政治创新理论需要掌握政治史;宣讲党的建设创新理论需要掌握党史;宣讲中国特色社会主义理论,需要掌握科学社会主义基本原则;宣讲马克思主义中国化,需要掌握马克思主义基本原理、基本观点和基本方法。

这就要求我们克服两种错误的学风:一种是教条主义,即照抄照搬马克思主义的书本,照抄照搬别国模式;另一种是经验主义,即忽视理论学习和理论指导,往往陷入事务主义,迷失前进方向。

2. 关键:练在日常的思想教育,锤炼基本技能

这里的练,主要是指在以下两方面下功夫:一是写的功夫;二是讲的功夫。

所谓写的功夫,就是指根据学生思想政治教育工作的实践,我们要多思、多想,并善于将所思所想,所见所闻的东西,付诸笔端。其实,网文写作与理论宣讲在很大程度上有相通之处,两者的前提均是以理论知识的储备度为基础的。网文写作就是运用理论知识解决实际问题,通过网文的思想观点、政治观点和道德规范引导大学生培育和践行社会主义核心价值观。而理论宣讲也是要从学生实际,利用其事例、数据与语言来阐释宣传理论。所以说,写好网文也是提高理论宣讲能力的重要途径。

所谓讲的功夫,就是指我们要充分利用各种场所、平台,不失时机地有针对性地开展理论宣讲。这需要我们掌握宣讲的一个最基本的方法——理论问题生活化,生活问题理论化。即讲理论问题要跟生活融为一体,讲生活实际问题要上升到理论高度。

---

①胡承槐:《国家一要勤,二要简,不要懒,不要豪华》,《检察日报》,2013 年 12 月 24 日。

（1）理论问题生活化

第一，阐释理论，要用现实生活中的事例来论证或比喻。譬如毛泽东讲思想建设时，就用打扫房子、洗脸的生活事例加以阐释的。他曾说："房子是应该经常打扫的，不打扫就会积满了灰尘；脸是应该经常洗的，不洗也就会灰尘满面。我们同志的思想，我们党的工作，也会沾染灰尘的，也应该打扫和洗涤。"①

第二，用科学理论观点解释现实生活中的问题。比方说，我们在讲述"倡导简约适度、绿色低碳的生活方式，反对奢侈浪费和不合理消费"这一习近平新时代中国特色社会主义思想的重要内容时，完全可以对现实生活中学生存在的盲目攀比、盲目跟风，非理性消费、无效益消费、过度消费等现象做出解释。

第三，表达方式要通俗朴实。理论宣讲要通过语言的运用，做到生动形象，机智幽默，具有高度的表现力；论理要简洁明了，条理清楚，具有逻辑说服力；语速适当，表述清楚，抑扬顿挫，充满激情，具有艺术感染力，并且能够激发听众的想象力。这就要求我们在进行理论宣讲时不能简单地用机关语言、文件语言、会议语言去传播、去沟通，要借鉴我国传统文化中借物说理、借情说理、借事说理的方式，推进话语体系转变。即用学生熟悉的现实生活中的语言和事例来解释理论、道理，让人听了感到亲近、易懂、易记。生活化就得通俗化，就要用生活的语言来讲理论、讲道理。没有通俗化谈不上生活化，用语要朴实。

比如爱因斯坦讲相对论时就用了一个通俗的比喻。他幽默地说："你在一个漂亮姑娘旁边坐了两个小时，却觉得只过了五分钟；你紧挨着一个赤焰熊熊的火炉只坐了五分钟，却觉得过了一个小时。这就是相对论。"

又如习近平总书记经常用生活中的通俗语言来讲理论。他在莫斯科批驳西方敌对势力否定中国社会主义发展道路时说，"鞋子合不合脚，自己穿着才知道。一个国家的发展道路合不合适，只有这个国家的人民才最有发言权。"

（2）生活问题理论化

这就是要把学生关心的现实生活中的问题上升到理论层面来分析讲解，要为学生从感性直观上升到理论思维搭一个由此及彼的桥梁，要帮助学生把现实生活问题上升到理论高度来思考。

怎样搭一个桥梁呢？就是要讲清楚现实生活问题的实质、成因、解决思路。现实生活中的这个问题实质是什么，怎么形成的，我怎么解决它，把这些具体问题讲清楚的同时，还要从中解释出有普遍意义和长远意义的基本道理，使学生学到观察、处理问题的科学立场、观点和方法。这一条非常重要，既有利于解决现实问题，又悟出道理，对今后的思想行为都有长期的指导作用，具有积极意义。现实生活中的任何问题都要上升到理论分析，都要既讲现实的是非利害，该怎么办、不该怎么办，又要解释出普遍意义和长远意义的基本道理，教给人们立场、观点和方法。

3. 展示：巧在比赛的合理构思，彰显个人风采

根据《第七届全国高校辅导员素质能力大赛工作方案》要求，理论宣讲的比赛限时仅为 5 分钟，且是现场提前 20 分钟抽题。所以说，做好理论宣讲功在平时，比赛时，你只能对宣讲内容快速地列提纲，回忆与题目相关的理论依据，快速寻思理论宣讲所用的日常事例、比喻、数据等核心信息。

（1）时限篇幅

大家想一想：用时 5 分钟的宣讲稿大约是多少字？

◆我国播音员正常语速为 240 字／分钟；

◆一般人的正常语速为 80 ～ 160 字左右／分钟；

◆演讲时，一般语速度控制在 100 ～ 180 字／分钟。

考虑到个人语速因人而异，所以，5 分钟宣讲控制在 800 ～ 1000 字之间为宜。那么，1000 字的宣讲稿开头大约占多少字？结尾多少字？事例及翔实数据论证多少字？摘录原文多少字？这必须是我们所考虑的。

（2）基本思路

根据上述字数的推算，如何在有限的篇幅中展示出自己理论宣讲的个人风采呢？根据理论宣讲的五性（政治性、思想性、理论性、政策性和导向性）原则，我们可以采取"三步曲"法开展理论宣讲。

第一步：谈问题的理解。也就是说首先要体现政治高度、理论高度，能够准确把握和运用马克思主义理论、习近平新时代中国特色社会主义思想、党的十九大精神等思想精髓、丰富内涵、精神实质、核心要义，以准确阐释题目的概念与内涵，把是什么讲清楚，为什么讲透彻，怎么做讲明白。比如"绿水

青山就是金山银山",这句话的背景是什么,意思是什么,在党的十九大报告里特指的又是什么?(加快生态文明体制改革,建设美丽中国)。又如怎样站在理论的高度来阐释、指导学生理解中国共产党人的初心:马克思主义理论构建的是全人类共同解放的共产主义社会,追求的是实现每个人自由而全面的发展。作为马克思主义政党,中国共产党以实现共产主义为最高理想,为每个人自由而全面的发展,努力建立一个自由、平等、公正、法治的自由人联合体。这理应体现在其群众观上。因此,不难理解为何我们党始终坚定走群众路线,把人民群众作为历史的主体和创造者,始终把人民群众的利益放在第一位,永葆为人民谋幸福的初心。

第二步,讲时代责任与历史使命。宣讲要落向学生,正确认识时代责任和历时使命,正确认识远大抱负和脚踏实地。关键是要与大学生建立联结,紧紧抓住大学生关心的热点话题和共同主题,讲清楚当代青年大学生与这个伟大国家实现民族复兴的历史时代是同向同行的,要让青春踩上新时代的鼓点。即一定要扣住大学生的关切点和兴奋点,联系当代学生的实际状况,比如学风状态等,讲清楚大学生应如何把握宝贵的青春年华,如何把青春梦融入中国梦,如何放飞青春梦想,如何绽放青春力量等。

第三步,讲对青年大学生未来的期望。这就是要学以致用,即善于学习运用习近平总书记寄语青年大学生的讲话精神,比如:历史和现实都告诉我们,青年一代有理想、有担当,国家就有前途,民族就有希望,实现我们的发展目标就有源源不断的强大力量,等等。

(3)技巧要诀

①要善于运用历史和现实、国际和国内的对比,紧扣青年学生的心理特点、成长规律、知识结构,有效运用表达方式和传播艺术,用数据和实例讲述宣传理论,增强实效。譬如如何正确理解"这砥砺奋进的五年,历史性成就是全方位的、开创性的,变革是深层次的、根本全方位的、深层次的。"这就要求辅导员讲清楚我们党是如何从一件事情接着一件事情办,一年接着一年干的接力奋斗,要把成绩亮出来,把成果说清楚,把成效讲透彻。可以列举我国高铁发展的情况——过去五年,我国基本建成世界最大的"四纵四横"高铁网,现在正在建设一张全面覆盖中西部地区的"八纵八横"高铁网,中国高铁不断提速升级,成就举世瞩目。也可以枚举学生日常生活的深刻变化:电

商网购、微信支付等。在宣讲成绩的同时也要充分讲清楚党在全面建成小康社会过程中的艰辛努力和不懈奋斗，讲明白党在全面建成小康社会过程中的实际行动和具体举措，让大学生在实践中体会到中国共产党的历史担当。

②要有逻辑深度，展现清晰的逻辑主线。要用讲逻辑的形式讲理论，让理论更有立体感、历史感和画面感，在理论逻辑、历史逻辑、发展逻辑、实践逻辑中全面把握宣讲题目的核心内涵，深刻理解宣讲题目的理论要义。例如，在指导学生理解新时代中国特色社会主义总体布局"五位一体"时，要从历史逻辑入手，向学生讲清楚从 2002 年党十六大报告首提"三位一体"，到 2007 年十七大报告增加为"四位一体"，再到 2012 年十八大报告完善至"五位一体"，全面展现一个大政方针逐步形成发展的历史过程；要从实践逻辑入手，引导学生看到"五位一体"是党针对中国特色社会主义发展实践中存在的问题，在强烈的问题意识和实践导向下，敢于面对发展的矛盾、聚焦发展的难点、应对发展的挑战，不回避矛盾、不逃避责任、不掩饰问题，不断满足人民对美好生活的需要，积极探索中国特色社会主义事业发展道路的一种担当。

③形态得体，感染力十足。就是在理论宣讲过程中，要做到举止大方自然，口齿清晰，表达流畅，语言生动形象，感悟真挚，感染力较强。尤其是语言表达方面要克服从理论到理论，通篇高大上的结论性、说明性的语言，而应将政策性、理论性、文件性的语言与大学生的思维、思想、心理等方面特征相结合，并进行适当的语言、语义、语音、语调的调整转化。

可以通过时间序列或者事件的因果发展等方式，将说理性语言与描述性语言结合起来，将讲道理与润情感链接起来，将理论文件与实际问题有效对应起来。宣讲时要以专业性的教育语言、理论文件用语为载体，进行循序渐进的推理演绎式的层层深入，将声音、姿态、情感、理论融会贯通，做到理论文件解读深入准确，政治立场坚定不渝，价值引领积极向上，情绪感情饱满真挚。

例如，毛泽东在讲《矛盾论》时，为了说明"外因是变化的条件，内因是变化的根据，外因通过内因而起作用"这个论点，他举了鸡蛋因得适当的温度而变化为鸡子，而温度不能使石头变为鸡蛋的例子。同时，辅导员还可以用引发思考的提问、留白式的结尾，引发听者回味思考，实现言有尽而意无穷的效果。

又如,习总书记用"国家好,民族好,大家才会好"来说明个人的发展与国家和民族的前途命运紧密相连;用"缺钙""软骨病"来比喻理想信念的缺失;十九大报告中,他用"行百里者半九十。中华民族伟大复兴,绝不是轻轻松松、敲锣打鼓就能实现的。全党必须准备付出更为艰巨、更为艰苦的努力。"来讲新时代实现"四个伟大"的艰巨性。

二、开好主题班会,提升管理与辅导能力

主题班会是辅导员和班主任贯彻落实立德树人根本任务,依据现阶段育人目标和学生的思想动态现状,定期或不定期确定某一主题而开展的一种班会活动。它是辅导员、班主任对大学生开展日常管理与思想政治教育、学习生活及心理辅导的一种有效形式和重要途径。主题班会的开展能否取得预期效果,关键要处理好以下几个问题。

(一)主题的确定

要开好一堂主题班会,首要的就是要确定一个好主题。主题班会能不能开好,首先要看主题选择得好不好,能不能引起学生的兴趣和共鸣。为此,确定班会主题,应遵循三个原则,把握三个选题角度。

1. 遵循三个原则

(1)要富有教育性。主题班会必须有明确的教育目的,自始至终贯穿、渗透着极强的教育性。主题的确定与设计,必须具有鲜明的目的性,绝不能搞形式、走过场。为此,在确立和策划主题班会时,必须思想明确,知道主要是解决什么思想问题,应该怎样贯穿教育性,达到什么教育目的,以提高学生的认识。只有这样,主题班会才有实效,才不会流于形式,譬如要对大学生进行人生观教育,可以组织"人生路怎样走""生命的意义""让世界因我的存在而美好"等主题班会;要对大学生开展价值观教育,可以开展"让诚信绽放""让友谊之花盛开""辉煌中国"等主题班会等。

(2)要具有针对性。主题班会必须结合大学生的实际,主题的确定必须寻找大学生中普遍存在的典型的思想问题。具体来说,就是根据大学生的年级阶段及身心特点,思想发展的脉络,结合学校、家庭、社会生活实际,针对大学生在思想、学习、生活方面出现的问题,广泛选取题材,进行筛选、提炼、策划、组织、及时对学生进行思想教育和引领。并且要做到有针对性,辅

导员和班主任必须善于搞好调查研究,做到对于本班学生的精神状态、学习风气、健康状态、舆论、班风和当前存在的主要问题等都做到心中有数,了如指掌。只有这样,才能摸清大学生思想状况,抓住当前需要解决的主要问题,并寻找解决问题的方法和对策,促使大学生的思想朝健康、积极的方向发展。譬如,针对大学生信仰缺失现象,我们可以开展"中国梦,我的梦""马克思离我们有多远"等主题班会;针对大学生崇尚洋节,抵制传统节日的现象,我们可以开展"礼敬传统文化""点燃传统美德"等主题班会。

(3)要有计划性,要有严密的序列步骤,不能随意而发。首先,要根据大学生不同年级阶段的思想和身心特点,有计划、有步骤地设计出一个总体方案。其次,对所在学期的班会活动有一个总的计划。最后,对组织每一次班会要有一个具体的计划,如选择什么样的主题,采用哪些内容和形式,达到什么教育目的等。有了计划,主题班会就会目标明确,进行顺利,才能够较好地达到预期目的。

2. 把握三个选题角度

(1)要根据学生的学习生活、思想动态来确定班会主题。辅导员和班主任一定要十分熟悉了解学生在学习生活和思想状态中普遍存在的问题和现象,并针对问题开展思想教育,做到有的放矢。只有这样,才能够贴近学生,才能够吸引学生参与班会。譬如,针对学生中"低头族"现象,我们可以召开"让手机飞"的主题班会,引导学生如何利用新媒体开展学习;针对学生以考试舞弊为荣的现象,我们可以召开"让诚信绽放"的主题班会,对学生开展诚信教育,引导学生树立正确荣辱观;针对学生上课睡觉的现象,我们可以召开"我的理想"的主题班会,对学生开展理想教育,引导学生树立共产主义崇高理想、中国特色社会主义共同理想以及个人奋斗目标;针对新生入学时迷茫、无所适从的现象,我们可以召开"我的未来不是梦"的主题班会,对学生开展职业生涯规划教育,引导学生从现在开始规划自己的职业人生,完善自己的职业人格等。

(2)要利用节日、纪念日来确定班会主题。辅导员和班主任一定要充分挖掘各种节令、纪念日中蕴含的思想政治教育元素,在节日和纪念日来临之际开展主题班会,进行即时教育。只有这样,才能更好地给大学生营造教育情景和氛围,让他们更加感同身受,自觉认同"四个自信",自觉培育和践行正确"三观"。譬如,我们可以在母亲节前后,召开"妈妈,我能为你做什么"的主题班,对大学生开展感恩教育,引导他们感恩陪他们一起长大的父母,感恩那些传授他们知识、智慧和道理的长辈和师者,感恩助推他们成长成才的母校;我们可以利用长征胜利纪念日,召开"走好长征路"的主题班会,对大学生开展理想信念和艰苦奋斗教育,引导他们立志高远,艰苦奋斗,走好自己的人生长征路,助益走好中国新时代长征路;我们可以借助五四青年节,召开"绽放的青春,燃烧的激情"的主题班会,对他们开展社会责任感教育,引导他们铭记历史使命,勇担社会责任,做一名有理想、有品位、有担当的有为青年等。

(3)要依据突发事件、时事热点确定班会主题。辅导员和班主任在确定班会主题时要把握时效性原则,抓住突发事件和时事热点这个时间点开展相关内容的思想教育。譬如我们可以抓住十九大召开的契机,召开"厉害了,我的国"的主题班会,对大学生开展爱国教育,引导学生学习十九大报告,观看《辉煌中国》《大国外交》《强军》《将改革进行到底》等系列纪录片,引领他们树立强烈的民族自豪感,培育爱国情操;我们可以借助打群架事件,召开"让友谊之花盛开"的主题班会,对大学生开展友善教育,引导他们做一个有爱心、有耐心、有责任心的友善之人等。

(二)形式的选择和内容的实施

班会主题确立和策划好之后,第二步就是形式的选择和内容的实施问题。班会的形式要有针对性,要适合当代大学生的特点;要不拘一格、形式多样、交叉融合;要充分做好准备工作,充分发挥学生的主体作用和主人翁精神,把班会的思想性、知识性、教育性、趣味性统一起来,融为一体。

(1)主题班会形式的选择要有针对性,要适合 95 后和 00 后大学生的特点。95 后和 00 后大学生生活在 21 世纪经济全球化、信息化和大数据时代,他们思想活跃,多元;个性自我,张扬;接受知识快,创新能力强;求知欲望和好奇心较强烈,因此,他们对传统的说教式班会不怎么感兴趣,我们应选择适合当代大学生特点的班会形式,把思想教育渗透在生动活泼的形式之中。譬如,我们要开展"走好长征路"的主题班会时,我们可以以让同学们齐声高唱悲壮的《十送红军》开始,让这首歌迅速把同学们的思绪拉入长征开始时井冈山人民与红军的惜别场景。会上,引导学生讲述自己认为刻骨铭心的长征故事,在讲故事的同时,用多媒体展示故事发生的背景图片和播放故事音乐,把同学们的思绪和情感拉进了长征途中那一幕幕的惊心动魄。并进一步引导学生思考,是什么支撑着红军克服长征途中的一个个艰难险阻?是什么让他们能牺牲自我?如今,我国已进入中国特色社会主义新时代这个新的长征路,我们大学生应该怎么做呢?

（2）要不拘一格、形式多样,交叉融合。开好主题班会,除了要有好的主题之外,还必须注意形式的多样和生动。高校开展主题班会可以有如下一些形式:故事式、情景式、朗诵式、辩论式、问题讨论式、启发式、座谈式、经验交流式、网络式、社会实践式等。班会的形式应丰富多彩、形式多样、交叉融合,不能搞一种死板的模式。只有多样化,才能适应当代大学生的思想和行为特点,为他们所喜闻乐见,满足他们求知、增长才干、抒发思想感情、关心时事政治和走向社会等多方面的需要,从而调动其积极性和主动性,使他们受到教育和锻炼。并且,还应该根据内容的需要,选择发挥最佳效果和最富教育意义的形式,以对大学生信仰的养成、"三观"的塑造、智慧的启迪,人生道路的抉择发生深远而重大的影响。

（3）要充分发挥学生的主体作用和主人翁精神。主题班会的策划与实施,离不开教师的指导,但更重要的是发动学生。班会的主角是大学生,教师只是充当配角,起指导作用。因此,在准备、组织召开的过程中,辅导员和班主任要充分相信学生、依靠学生、指导学生,让学生既当主人又当参谋,任何情况下都不要由老师包办代替,要充分发动学生做好班会召开的前期准备工作。因为只有充分的准备才能使班会收到预期效果,同时,准备的过程也是不断教育学生的过程。

（三）成果的巩固

辅导员和班主任除确定主题、形式选择和内容实施外,还要认真思考主题如何深化和成果如何巩固,怎样达到对大学生的教育目标。这就需要做好主题班会的总结和提炼,并在总结和反思中善于以点带面,点到要害,举一反三,以教育多数大学生。同时还要搞好信息反馈,以深化主题和巩固成果。

（1）要善于总结、提炼。做好总结是辅导员和班主任的一项重要任务。在主题班会中,学生的思想认识有时并不是一致的,有积极的,也有消极的,有时还有分歧和争议,甚至有些发言还存在一定的片面性和局限性。这是由于大学生的年龄、知识和认知水平的局限,他们往往只能看到事物的表面现象,而不能透过现象看到本质,不能用科学的马克思主义理论来看待问题;有些仅凭个人好恶来判别事物的善恶、美丑,尚缺乏客观的标准;有些发言带有明显的个人感情色彩,而且缺乏理性的分析和判断。在这种情况下,辅导员和班主任就要利用总结来启发、诱导和点拨,使同学们能认识到事物的本质,认识到召开班会的教育目标、认识到自己今后努力的方向。在总结中,要针对学生的思想认识和行为表现给以提炼和升华,使学生的思想境界有提升,行动有准绳,前进有航向。

(2)要善于以点带面。以点带面是辅导员和班主任必须掌握和经常运用的手段。在班级管理过程中,辅导员和班主任应当适时地抓住各种契机对学生开展思想教育,提升他们的思想水准和境界。有一次,作为班主任的我对两个学生的宿舍做了调整,事后有不少同学提出了换宿舍的要求,而且多数是遵规守纪的同学。由此,我布置了"由换宿舍说开去"的主题班会,并列出一系列与此相关的问题,要求人人都要写发言提纲。我提出的问题有:我的利益和集体的利益哪个更重要?歧视违纪生产生的后果会不会对你的人际交往带来影响?你知道怎样珍惜同学之间的缘分吗?如果你来编排宿舍,你将怎样满足人人都渴望理想宿舍和理想的舍友的需要等。班会以后,学生们统一了思想认识,明白了宿舍这个小家的安宁、温馨、文明靠大家共建的道理。事后不仅再没有同学要求换宿舍,还有些学生积极要求和纪律观念较差的同学同宿舍,以帮助他们共同进步。以点带面还指在班会总结中,班主任要善于由此及彼、由表及里、由现象到本质,使主题班会发挥出多重教育作用。

(3)要做好信息反馈。要使主题班会真正起到思想引领的教育目标,决不能忽略最后一个环节,就是深化主题和巩固成果。也就是在班会后要进行信息反馈,开展追踪教育。在主题班会活动之后,要及时掌握来自学生中的信息反馈,抓住学生思想情感方面的变化,继续加以引导,促其升华,力争在每次活动之后,让学生们产生思想共鸣和心灵震撼,并促使他们在行动上有所践行;只有这样,主题班会的成果才能发挥出它应有的效用。

三、注重方法技巧,提升谈心谈话能力

谈心谈话是指辅导员运用思想政治教育及相关学科原理、方法、策略

等,与学生进行沟通交流,解决大学生在日常生活中所遇到的思想困惑或成长难题的一种思想引领和价值强化的传统教育方法,是每个辅导员提升育人能力,实现育人目标所必须掌握的基本方法。辅导员在这个过程中可以充分展现辅导员的个人魅力、职业能力与开展学生思想政治工作的艺术方法。做学生工作,如果缺乏一定的谈心谈话技巧和策略而导致出现不想谈、不敢谈、不真谈、不深谈、谈不拢等状况,其直接结果就会引发老办法不管用,新办法不会用,硬办法不敢用,软办法不顶用的尴尬局面,致使谈心谈话目标夭折。相反,辅导员如果掌握了一套科学有效、可以长期持久的谈心谈话的原则、策略和技巧,就可以得到事半功倍的育人效果。

(一)谈心谈话所遵循的基本原则

(1)鼓励原则。这是辅导员谈心谈话工作中应遵循的一条总的原则,应贯穿于谈心谈话的全过程。在这一总原则的指导下,辅导员的谈心谈话应致力于达到调动谈心谈话对象的积极性和主动性,发挥谈心谈话对象的创造精神和潜能,使其行为符合组织所期望的目标而展开。

(2)循序渐进原则。这是辅导员与学生在谈心谈话过程中所应持有的态度。首先,辅导员在这一过程中,应该坚持做到耐心、热心、真心这"三心"。耐心有助于更多地了解学生的真实想法和内心世界,热心有助于取得学生的信赖和支持,真心有助于帮助学生敞开心扉,畅所欲言。只有坚持耐心、热心、真心,才能为谈心谈话创造一个轻松和谐愉悦的氛围和场景。其次,在这个过程中,应该把握说教与爱心的尺度。一般来说,说教式的讲道理应该只占10%,而爱心要占90%。因为,只有当辅导员给予学生更多真诚的爱,给予学生亲近感、信赖感、获得感、期望感,学生才会对老师产生依恋仰慕的心理,才会向教师敞开自己的内心世界和思想空间,我们才能"对症下药",收到应有的效果,达到育人目标。

(3)平等原则。平等是赢得尊重的前提,尊重能够带来信任,消除心与心之间的隔阂。因为每个人都有自己的人格尊严,并期望在各种场合下得到尊重。95后和00后大学生都是在温馨的和平年代、父母千般万般,精心呵护下长大的,自尊心都比较强,如果辅导员与其谈心谈话的过程中总是居高临下、盛气凌人,甚至以长者师者的教训、说教口吻方式,他们很快就会产生抵触、怨愤和敌对情绪,致使谈心谈话陷于尴尬地步,甚至举步维艰。因此,在与大学生的谈心谈话过程中,辅导员应平等对待谈心谈话对象,尊重他们,用自己的耐心、热心、真心、爱心这"四心",主动关心他们的学习、生活、思想以及身心健康,用心倾听他们的心声,及时为他们排忧解难,释疑解惑,从而真正赢得他们的尊重与信赖,做他们的良师益友。

(4)启发原则。辅导员在与学生谈心谈话时,可以把故事、时事热点、突发事件,或者自己的见闻以及经历过的经验,教训等与学生分享,使学生从教师的谈心谈话内容中得到启发和领悟,并引出他们自己对问题的理解和看法,从而达到师生沟通、学生受教的目标。

(5)适度保密原则。辅导员在与学生的谈心谈话过程中,要注意保护谈心谈话对象的隐私,给他们以充分的安全感,赢得他们的信任与尊重,这样便能鼓励学生敞开心扉,大胆地把思想、学习、生活、工作以及情感等方面的困惑与辅导员进行沟通交流。

(二)谈心谈话的策略技巧

谈心谈话存在两种情景:一种是辅导员约谈学生,另一种是学生约谈辅导员。不管哪种情景,辅导员能否引导学生愿意谈,主动谈,这对实现谈心谈话的终极目标至关重要。因此,辅导员就需要学会破冰,灵活掌握谈心谈话策略和技巧,拉近与谈话者的距离,消除其紧张、戒备和抵触情绪,打开被谈者的"话匣子",从而使整个谈心谈话工作得以顺利进行,反之,谈心谈话就会成为形式主义的空谈。

1. 营造温馨、安全的谈心谈话情景和氛围

谈心谈话工作能否顺利开展,第一步就要营造一个温馨、安全的情景和氛围,给予学生足够的安全感和谈话欲望。一是谈话场合要温馨、安静。辅导员在进行谈心谈话前,一定要确保谈话地点能够给予学生温馨和安全感。譬如,你开展心理辅导式的谈心谈话,就一定要选择室内温馨、面对面的安静环境,而不是露天、人来人往的喧闹场地,只有这样,学生才能有足够的安全感,才能真正放下心防,敞开心扉,诉说心声;二是开场要温馨。谈心谈话之始,辅导员切记不要单刀直入,直入话题,而应与学生聊一些他们感兴趣的、最关注的、最熟悉的话题切入,引导他们能够愿意谈、主动谈。因为,一般来说,学生到办公室如果是来求助,一定是带着迫切希望解决问题的心态,心情甚为焦虑;如果是辅导员主动约谈学生,学生又难免会有一些忐忑、甚至紧张,这时,

辅导员如果能够选取学生感兴趣的、最关注的、最熟悉的内容切入话题,就能够消除学生的心理包袱,敞开心扉,让学生有谈心谈话的渴求和主动性,从而赢得学生的信任,也促使整个谈心谈话在与学生轻松的聊天互动中顺利完成,这比生硬的任务式的陈述要有效的多。譬如,你与考试舞弊的同学们谈心谈话时,你可以与学生聊聊近期网上热议的事件来切入话题,与学生交流沟通,引领学生思想主流,引导他们抨击社会不诚信事件,做一个言出必行的诚信之人。

2. 注重调查,做足功课

谈心谈话工作是一项精细活,是一场掌控话语权的博弈。辅导员能否在谈心谈话中掌握主动,把控话语权,关键在于辅导员在谈心谈话之前,要注重事前调查,做足功课,全面了解事件和学生的情况。为此,辅导员要通过与学生密切相关的直接当事人进行提前沟通,并查阅学生的相关档案、资料、成绩,熟悉谈心谈话对象的年龄、家庭、学业、特长、兴趣爱好、奖惩、性格等情况,全面掌握谈心谈话对象的优缺点,结合学生身上存在的个性和共性问题,与学生换位思考,以心换心,这样才会使得开展谈心谈话不是漫无目的、泛泛而谈,从而直击学生身上存在或者可能发生的关键问题,突出重点,精准发力,从而赢得掌控谈心谈话话语权的先机,达到谈心谈话的最终目标。

3. 贴近学生语言风格,避免说教

面对00后的大学生,他们在这个年龄阶段,最讨厌的就是说教式的评判,即使道理全对,也难免心生厌意。辅导员谈心谈话,聚焦的是学生的思想和行为,立足的是学生的生活和学习实际,解决的是学生实实在在的问题。否则,任凭你口沫横飞、滔滔不绝讲得再精彩,到头来也是一纸空文。尤其是有一些辅导员老师可能有一个错误的窍门,喜欢套用"万能模板"。我们学英语都知道,凡是用万能模板写作文的,分数一定不会高,凡是用万能模板谈心谈话的,也就只能勉强应付一次。学生的思想政治教育工作是一次谈话能去解决的吗?他是一个持续性的、系统性的过程,千万不能唱高调、翻空话、讲套话、说大话,这种"万金油"式的谈心谈话稿,会让学生感觉辅导员老师翻来覆去就这些东西,直接对你的个人能力和水平产生了否定,降低了辅导员老师的威信,产生了思想上的厌恶感和抵触情绪,从而也不会真心配合谈心谈话工作。

4. 注重差异,精准谈话

谈心谈话工作作为辅导员的一项必备职业能力,虽然是一件严肃的事情,但是在形式上不能过于严肃,要针对不同人、不同事、不同时,合理选择谈心谈话的地点、方式。

(1)因人制宜。谈心谈话的地点和场合要根据不同的情况来选择,面对的对象也要根据实际情况来分析,针对不同的人要有不同的方法。教育部规定的辅导员与学生的师生比值为 1:200,但是在实际工作中,大于这个比值的大有人在。可以想象,如果一个辅导员带领 300 多学生,就是他每天约谈一个学生,也要几乎一年才能谈遍。那么,要想让自己的谈话真正发挥作用,就必须针对不同情况,采取不同方式。对于特殊困难和情况的学生,辅导员肯定是要采取一对一的重点、单独深谈,才会有所作用,这是点,但是,如果辅导员想要准确掌握舆情,加强对于开展工作效果的了解的话,就可以通过召开座谈会等一对多的方式进行集体谈话,了解学生需求。对于涉及同一问题的不同学生,还要学会分别谈话,梳理异同。这样,每周重点深度谈上 10 个学生,召开 1 次座谈会,下 2 次学生宿舍,就基本可以有效达成自己的工作效果了,对于学生情况,也就可以基本掌控了。

(2)因事制宜。粗略统计,辅导员的谈心谈话可以分为以下几类:关爱式的谈心谈话(家庭经济困难学生、家庭和个人遭遇重大挫折和变故的学生)、警示性的谈心谈话(对于学生出现的"苗头性"的问题,比如学业、违反纪律进行警示)、指导式的谈心谈话(学业指导、心理辅导、人际关系调节、工作能力培养)、诫勉式的谈心谈话(对学生的错误进行批评教育)。针对不同的问题,要注重不同的技巧,让学生听进去;要给学生提供适当可行的建议,让学生靠自己解决问题;还要有互动性要与学生眼神交流、语言交流。但是要注意,对于关爱式的谈心谈话,一定要配套切实的关爱举措;对于警示式的谈心谈话,一定要指出有可能出现的后果;对于指导式的谈心谈话,要建议而不决议;对于诫勉式的谈心谈话,要给予挽回的方法和改进的方向。

(3)因时制宜。学期始末要抓紧、成功之时要鼓励、委屈时送温暖、困难关头助把力、迷茫之时指明路、情绪变化助调整。辅导员谈心谈话从来不可能一劳永逸,一定要学会将把握关键节点和突出日常了解结合起来,把有针对性的不定期谈话与定期谈话结合起来。比如,到了抗日战争的纪念日期间,对于爱国的理解较为极端的学生,要进行理性爱国的合理引导;少数民族节日来临之前,要加强对少数民族同学的关爱和帮扶;考试、奖助学金评比、学生党员发展、学生干部换届之前要进行疏导式谈话,主要是进行纪律教育,听取谈话对象的想法,了解其思想动态,对牢骚或不满情绪进行疏导,对不合理的要求进行纠偏;考试成绩公布之后要及时查阅成绩,进行勉励或帮助;学生毕业前夕要逐一对就业困难学生详细了解问题,给予鼓励、帮助和希望。

四、掌握网文写作，提升新媒介运用能力

（一）学习掌握网文写作的必要性

根据 2015 年中共中央办公厅、国务院办公厅发布《关于进一步加强和改进新形势下高校宣传思想工作的意见》和《关于进一步加强和改进大学生思想政治教育的意见》等文件精神,针对大学生生活网络化的特点,均对辅导员开展网络思想政治教育提出了新要求。而网文作为网络思想政治教育的重要内容,是传递正能量的有效载体。

为此,辅导员应遵循学生在哪里,辅导员就在哪里,学生工作就在哪里的原则,通过撰写一系列有思想、有温度、有品质的好网文形式,向学生传递积极健康、向上向善的思想观念,以社会主义核心价值观引导大学生树立正确的"三观",使其拥有健康的心灵和健全的人格,得以健康成长成才。

同时,辅导员通过持之以恒地撰写网文不仅能提升自己的语言表达能力、分析能力、观察思维能力等,还能通过对工作、生活的深入思考推动自身的成长,更能以练就的真才实学把握住未来的发展机遇。

（二）网文写作的考察目的

根据《全国高校辅导员职业能力大赛工作方案》的要求,网文写作主要考察辅导员运用新媒体技术与学生进行网络互动交流的能力,着力考察参赛选手的理论素养、文字表达能力以及网络素养。

（三）网文的要义及其遵循的主要原则

顾名思义,网文就是指"网络文章",即发表于网络平台的单独成篇的文字作品。

（1）从网文功效来看,网文是以学生为本,融知识性、趣味性、广博性、时效性于一体,要符合接近性、关联性和时效性的原则,与学生的思想政治教

育和日常事务管理相融合,贴近学生的实际和需求,帮助学生解决实际问题。

(2)从网文性质与育人目标来看,网文更注重评论性,需要通过文章就社会中的热点问题或学生生活的现实问题进行正面引导或评论,通过网文的思想观点、政治观点和道德规范引导大学生培育和践行社会主义核心价值观。

综上所述,网文写作需遵循的主要原则是:坚持问题导向和三贴近(贴近实际、贴近生活、贴近学生)原则;坚持思想性、现实性和教育性相统一的原则。

(四)网文写作的锤炼与提升

俗话说:"冰冻三尺非一日之寒"。要撰写一篇有思想、有温度、有品质的好网文,则需要一个由量到质的逐步积累蜕变的过程。

1. 从宏观层面来看,高校辅导员网文写作能力主要由职业知识、分析能力、学习能力和实践能力四个方面组成。这就需要我们做到"四多"。

(1)多学。博闻多识是写作能力的基础。辅导员只有具备扎实而丰富的职业知识才能撰写出有理有据、导向正确、思想深刻、内涵丰富的好网文。2014年教育部发布的《高等学校辅导员职业能力标准(暂行)》中提出辅导员应具备的职业知识主要包括基础知识、专业知识和法律法规知识三个方面的内容。

①学习马克思主义理论、哲学、政治学、教育学、社会学、心理学、管理学、伦理学、法学、文学、历史学等学科的基本原理和基础知识;

②学习思想政治教育基本理论、基本知识、基本方法,马克思主义中国化相关理论及知识,大学生思想政治教育工作实务相关知识;

③学习与大学生思想政治教育相关的法律法规条文规定;

④学习国家、省关于大学生思想政治教育相关的政策文件等。

"我们学习的广度与深度决定了我们未来发展的高度与方位"。

(2)多看。它山之石、可以攻玉。

①经常浏览、多阅读,学习、思考、总结优秀博文等网络文章。譬如,在中国大学生在线上开通博客,加一些历年博客获奖选手或在技能大赛中得分高的博主为好友,学习好的博文应该怎么写?

推荐博主:华秀梅、金大团、王栋梁、祝鑫、鲍金勇、曹威威、丁丹、朱以财、饶先发、唐红波、郭洪涛、柳丰林、李丽、曾鑫、范鹏飞、陈启胜、黄晖等,这些都是反复在辅导员博客博文大赛中获奖的博主。

②多阅读人民网、新华网中的评论文章,善于敏锐地捕捉社会热点问题;学习领悟其评论文章的写作技巧。

(3)多思。我们要善于通过工作、学习、生活中的一件事物、一种现象、一个新观点等简单问题与现象,找出它们的本质属性和彼此之间的联系进行观察、剖析,以小见大,反映出做人做事的道理,引导大学生行思想正道。

例如:《炒一盘土豆丝——关于学生工作的意义和价值》(南开大学 刘振)就是透过日常生活中的"炒土豆丝"现象,与学生探讨了一个"为何做学生工作和如何度过大学生活"的问题。

(4)多写。俗话说:"拳不离手、曲不离口"。万事熟能生巧。

事实上,网文写作的实践过程就是我们将所见所闻、所思所想撰写成精炼、简洁、深刻、优美文字内容的过程。

我们应该敢想敢写,充分利用自己在日常工作和生活中的心得和感触等素材,通过大量的实践撰写来锤炼和提升自己的网文写作能力。

2. 从中观层面来看,如何进行网文写作,清华大学国际传播研究中心主任、博导李希光先生在《微博写作的技巧》一文中提出的"五要素"法,值得我们学习借鉴。

(1)who:解决写给谁看的问题。了解是教育的前提。不同的读者对象,决定了我们网文撰写内容的迥异性。

譬如,如果是学生,我们应该思考:①学生在现阶段可能遇到的困惑是什么? 普遍存在的问题是什么?②针对学生的困惑或问题,我将如何把自己的思想用文字表达出来,以给学生正面的引导。

如果是写给同行,我们则应思考:①我有什么样的工作方法或体验可以予以交流?②我的工作方法或体验会不会引起共鸣,是否能促进共同进步和提升。

(2)what:解决写什么的问题。也就是说,我们要向大学生传递的核心信息是什么? 这需要我们做到:

①因时施文。根据特定时间节点和重大事件发生的时机等撰写网文。譬如,抓住新生入学、毕业就业和各种节假日、纪念日等时机,有目的、有计划

地撰写网文，在学生最需要的时候呈现，解决学生中的普遍问题。又如，抓住一些热点新闻和国内外重大事件，找准这些事件与大学生的结合点，以及与大学生日常事务的相关联性，撰写网文，引导学生关心时事政治和国家大事。

②因材施文。即根据学生的年级特征和需求撰写网文。例如，针对大一的学生，网文写作应侧重于大学新生的适应性和大学生涯规划等方面内容；针对大二的学生，网文写作应侧重关注大学生自主学习能力的培育和班风学风的建设、大学生社会实践活动的开展和自主创新能力的提高等方面内容；针对大三的学生，网文写作可以侧重就业指导和毕业教育等方面内容。

③因需施文。根据学生的身心发展特点和个性需求状况撰写网文。我们要经常线上线下深入学生，了解学生的实际需求、心理特点、关注点和兴奋点；捕捉学生日常行为的细微变化，及时发现问题的苗头，以小见大，撰写网文。譬如，针对 95 后、00 后学生普遍存在的学业困惑现象，我们又如何撰写网文鼓励他们走出学业困惑，利用好空闲课余时间，更好地塑造自己？

（3）when：解决何时发布的问题。也就是说，针对某一事件、现象、问题等撰写的网文，我们应在何时发布信息才是恰当、合时的。这需要我们掌握一快一慢两个时间点。

①所谓快。就是要对那些已经思虑周全、比较成熟、思想性较强的网文，要充分利用微博、微信等新媒体渠道，推给学生。

②所谓慢。这主要针对那些考虑不成熟、思想性不强的网文，应选择慢一步再发或者不发比较好。

（4）here：解决何处发布的问题。也就是说，针对某一事件、现象、问题等而写的网文，我们应在何处发布能最大限度地引起学生关注。

目前，最便捷、最有关注度的载体是：

①新浪微博——先发优势，众多社会精英和名人名家都在新浪开博，亦受学生欢迎。

②腾讯微博——基于腾讯 QQ 的巨大影响力。

③微博通工具——集合了新浪微博、腾讯微博、搜狐微博、网易微博等多家主流商业微博，用户可用单一账号实现多账号的同步发布

（5）how：解决怎么写的问题。其主要步骤是：

①确定好主题。选题最好是贴近学生的实际生活，由小入大。譬如，大学

生诚信、网瘾等问题。确定主题的原则即为：因时、因材、因需施文的原则。

②明确好中心思想。文以载道，文章的精髓和灵魂在于观点。撰写网文需有一个明确的中心思想，兼具思想性和教育性。譬如：《我愿坐在你的跷跷板上》（安庆师范学院　华秀梅）就是根据自己利用"跷跷板原理"，帮助学生解决失恋、理想追求等问题以及自身工作中的得失问题（鱼与熊掌不可兼的问题），表达了一种"愿意坐在学生悄悄板的另一端，在低处支撑着他。愿意做他们游戏的伴侣，共同收获着快乐"的中心思想。

③确定好文风。网文的知识性、趣味性、广博性、接近性、关联性和时效性等特性，决定了它有别于写作文风严肃缜密的论文、公文、调研报告等，相反，网文语言风格要适合浅阅读时代的特点，简洁明了、通俗易懂；同时也决定了它的写作基调绝不能是灌输式和说教式，而应是停止教化，启动对话，用亲和接地气的文风吸引学生，将思想政治教育目标巧妙地融入网文评论之中，让大学生能够在交流探讨的过程中实现自我教育、自我成长。

④运用好网言网语。这既是亲和接地气的最好方式，也是提升我们网络运用能力，将理论知识与和网言网语有机结合，增强思想政治教育效果的必然要求。因此，我们要熟悉网言网语的内涵和用法，学会"亲""稀饭""么么哒""不要酱紫"之类的表达！例如：《如果"小悦悦"在"荷花池"》（中南大学　赵君）；《亲，您的手机您会用吗？》（周口师范学院　高长海）；《尴尬时代，你能否 HOLD 住青春的尴尬？》（临沧师范高等专科学校　闫海芳）。

3. 从微观层面来看，即探讨如何构思高校辅导员职业能力大赛中已确定好主题的网文。

理论素养→观点；

文字表达→表达；

网络素养→传播。

从上述技能大赛网文考察要求与评论写作的关系出发，决定了微观层面下我们写好网文的基本技巧。

（1）观点（中心思想）——网文的灵魂。由于在技能大赛中网文写作的主题材料是确定而开放性的，这就决定了竞赛中构思网文的关键在于如何提炼出文章观点。

①提炼文章观点的两大基本原则。首先，要切合中央精神和主流意识形态。

譬如：据报道，河南一中学不但要求学生跪拜孔子像，还规定在校学生每天清晨 5 点必须起床诵读《道德经》《论语》，不少在校学生对此怨声载道。近年来，随着传统文化热持续升温，各地祭拜孔子像的新闻不时见诸媒体。有私人国学夏令营甚至把跪拜孔子像作为惩罚不听话学生的手段。

观点：跪拜心态岂能弘扬传统文化

其次，要传播正能量（主流价值和生活励志）。

譬如：现在很多同学足不出户，基本上都宅在宿舍，号召学生不做校园宅族。（2014 年全国总决赛博文题）

观点：宅是一种瘾，是不良嗜好。　反对"宅"（自圆其说）

张智杰：《宅族天冷更要"走出去"》——如果有正常的交往圈或者不是封闭的情况下，偶尔"宅"几次，并不影响健康。但是，一直"宅"在家里，长此以往，心理就可能"宅"出问题。

②提炼文章观点的技巧。

第一，总的原则。首先，要对材料的要点进行归纳概括。其次，将要点升华为中心论点，达到由个别到一般的概括。即是说，在写作中，往往以得到的启示或中心论点的形式出现。此时的概括，已经脱离了原材料的表面意思而上升为一般的规律。因此它可以作为论断，成为论述的中心论点。

第二，具体技巧。

A. 合并 + 调整法。

譬如：杜甫说："读书破万卷，下笔如有神"。而扬州八怪之一郑板桥说，"读过万卷书，胸中无适主"。对此，请你写篇有关读书的网文，以指导学生学习。

【解析】

杜甫的观点：多读书有好处。重点讲的是知识的积累与写作的关系。

郑板桥的观点：读书多而无所适从，失去主见，反而有害。谈的是读书后的思考问题，如何学以致用。

两者的联结点：读书与思考、学与用。

中心论点：既要广泛阅读，又要认真思考，学与用要结合起来。

B. 转化 + 升华法。

譬如：一位阿拉伯王子出门去寻宝，临行前许多人送了贵重东西，而一位长老却送了一柄小木勺,他很不以为然。沙漠的路途十分辛苦,他就扔掉了随身携带的那柄木勺。经过两年的长途跋涉,王子找到了埋着宝藏的山谷,可他用了三年的时间都没有打开藏宝的山门。一天夜里,真主显灵,告诉他,打开山门的钥匙就是那柄不起眼的小木勺。

【解析】

首先,概括事件并从中筛选出重要信息:王子扔掉小木勺→找到宝藏的山谷→三年未能打开大门→小木勺是打开大门的钥匙。

其次,联系生活中相类似的现象进行联想和推理:小木勺与生活中一些不起眼的东西、细小的事情类似,有时这些东西或事情往往在关键时起重要作用。

最后,归纳中心论点:有时不起眼的东西往往是解决问题的关键(要珍惜身边细小的事情)。

C. 概括 + 浓缩法。

譬如:一个好用心计的人容易产生猜忌,于是会把杯中映出的弓影误认为蛇蝎,甚至远远看见石头都会以为是卧虎,结果内心充满杀气;一个心胸豁达的人往往带着平和,即使遇见凶残得像老虎一样的人也能把他感化得像海鸥一般温顺,听到聒噪的蛙声也会把它当作美妙的乐曲,结果到处就会是一片祥和之气。

【解析】

首先,按照合并 + 调整(或转化 + 升华)法,我们可以很快得出论点:心胸豁达的人带着平和,结果是一片祥和之气;好用心计的人容易产生猜忌,结果内心充满杀气。

其次,浓缩概括。去掉那些可有可无的词语,精炼概括,便会得出的如下中心论点:①做人要心胸豁达,心平气和。②做人不要心存猜忌,煞费苦心。③做人要心胸豁达,不要心存猜忌。

(2)表达——网文的钥匙。一篇"有思想"的好网文,需要通过恰当的表达方式呈现出来,方能吸引评委的关注。这就决定了竞赛中构思网文的另一重要步骤就是如何表达出文章观点?

①要有靓眼的标题。网文标题不拘泥于以简洁凝练为标准,更重要的是,立意要新,必须富有煽动性,要最大限度地撩动读者的情绪、兴趣和好奇

心,可以在标题中使用标点符号。比如,《青春的天平是倾向于学习,还是享受?》(马小荣);《你是贫困生,但你不会贫困一生》(李玉香);《网络,请放开那些学僧》(杨乾坤);《E时代,游学网络,还是游走网络?》(黄晖)。

②要有鲜活的素材。网文写作需贴近大学生实际,力争从大学生鲜活的事例中,或者普遍存在的问题中,或者呈现的普遍校园现象中,引出问题、论证观点、分析问题、解决问题。

首先,以问题为导向。文章开门见山先引入学生(或现实生活)中存在的现象(困惑/问题);其次,以小见大。针对这些现象(困惑/问题)进行分析说理,答疑解惑,阐述自己的见解和看法;同时在解疑释惑、化解矛盾中,以理性为旗帜,直面生活现实,释放正能量。比如:《"网而不瘾"真君子》(刘晴 中国矿业大学)。先引入大学生沉浸虚拟空间的现象→对比自制力强与不强学生上网的行为结果→网络成瘾学生的不良后果(现实事例和中科院心理研究所的调查数据)→列举了6个有关网络问题的谈话事例→阐发自己的看法与见解,旗帜鲜明地亮出自己的观点:合理利用网络,做到"网而不瘾"。

③要有评与论。网文写作不是简单事实的堆砌,也不是现实生活事例的简单罗列,而是要通过逻辑推理的方法,分析问题,解疑释惑,阐发观点,举事明理。这是由网文的性质所决定的。

④妙用名人名言或诗词歌赋。由于名人名言或诗词歌赋富有哲理,寓意深远,在网文中恰当地引用名人名言或诗词歌赋或哲理性的小故事,不仅可以彰显作者的不凡文采,也能让自己的网文锦上添花、熠熠生辉。

⑤结尾要升华主题。在文章结尾,要突出中心,升华主题,奏响全文最强音,画龙点睛,给文章增添一抹亮色。或者我们可以引发质疑,引发读者思考,扩展文章主题,令人回味无穷。比如,《尴尬时代,你能否HOLD住青春的尴尬?》(闫海芳)的结尾为:"尴尬时代,HOLD住青春的尴尬!"又如,《E时代,游学网络,还是游走网络?》(黄晖)的结尾:"古代的孔子游学全世界,凝聚学识集大成,如若孔子只是流浪式的游走,也许论语就不会成为经典了。你的青春,你的年轻,足以让你走向经典,成为经典。"

(3)传播——网文的落脚点。我们从事网文写作的出发点和落脚点,就是为了主动占领网络思想政治教育新阵地,弘扬主旋律,传播正能量。这就决定了在竞赛中构思网文的最后一环就是如何写才能使其得以传播?

①要采取大学生喜闻乐见的表现形式来吸引和感染他们。这就要求我们在写作中要用互联网思维去创作,善于使用新鲜的网言网语、多谈谈时下热点话题并提出自己的观点,以引起大学生的思想共鸣。

②要以以情感人,在行文中能够主动融入真感情,用真情实感,讲好校园故事、师生故事、中国故事,以此打动学生,触动他们点赞的神经。

新闻学者范敬宜先生告诫我们:"现在我们处理新闻不大讲究艺术,不大考虑新闻艺术处理的效果。通病就是:只知道旗帜鲜明,不知道委婉曲折;只知道理直气壮,不懂得刚柔相济;只知道大开大合,不知道以小胜大;只知道浓墨重彩写英雄,不知道轻描淡写也可以写英雄;只知道浓眉大眼是美,不懂得眉清目秀也是一种美;只知道响鼓重锤,不懂得点到为止;只知道大雨倾盆,不知道润物无声。

第四章　高职辅导员综合素质能力建设考量

　　中国特色社会主义进入新时代,世界多极化、经济全球化、文化多样化、社会信息化深入发展,中国面临"百年未有之大变局"。这给我国高校思想政治教育工作带来了前所未有的挑战与机遇。与此同时,伴随高等职业教育综合改革的深入发展,高职院校人才培养质量和人才综合素质要求的提高,客观上要求高职院校辅导员必须大力提升自身的综合素能。

第一节　以"六度"视角培育高职辅导员综合素能

　　"六度",是对政治要有高度,情怀要有深度,学问要有宽度,方法要有新度,工作要有温度,研究要有厚度六个维度的简称。

　　2019年3月,习近平总书记从培养什么人、怎样培养人、为谁培养人的战略高度对思政课教师提出了政治要强、情怀要深、思维要新、视野要广、自律要严、人格要正的六条准则,要求以此"为学为人之表率"教育引导学生,给他们心灵埋下真善美的种子,引导学生扣好人生第一粒扣子。①我认

---

①习近平:《在学校思想政治理论课教师座谈会上的讲话》,《人民日报》,2019年3月19。

为,辅导员作为高校教师队伍的重要组成部分、大学生思想政治教育工作的骨干力量、大学生健康成长的指导者、引路人和知心朋友,肩负着为党育人,为国育才的历史使命,如何遵循"六条"标准,涵养和锤炼自身的育人综合素质,提高育人功效,提升思想政治教育工作质量,是新时代高校辅导员必须回答的现实问题。

一、政治要有高度,是辅导员履行岗位职责所应具备的最基本的素质

考察我国高校创设辅导员制度的历史起源,高校辅导员最早的角色定位就是政治指导员或政治辅导员。也就是说,高校辅导员与专任教师、管理人员、后勤人员最鲜明的区别就在于其政治性。这一特殊的工作岗位的性质也就决定了对高校辅导员的最基本要求就是必须讲政治,政治上要强、要有高度。

(1)要有强大的政治信仰。由于高校辅导员肩负着为党育人,为国育才的历史使命,承担着铸魂育人,传播知识、传播思想、传播真理,塑造灵魂、塑造生命、塑造新人[1]的时代重任,决定了他的思想精神灵魂必须有信仰。因为只有"让有信仰的人讲信仰"[2],才能教育引导学生体认马克思主义、共产主义远大理想和中国特色社会主义共同理想的伟大力量,从内心上接受、认同、产生对马克思主义的信仰,对共产主义和社会主义的信念,自觉内化为坚持和发展中国特色社会主义事业、建设社会主义现代化强国、实现中华民族伟大复兴的奋斗行为。

(2)要有高度的政治站位。这是"四个意识"的集中体现,是检验高校辅导员是否合格的重要标准。要求高校辅导员必须牢树"四个意识",坚定"四个自信",坚决做到"两个维护";必须要有政治思维,"善于从政治上看问题";必须破除本位主义,跳出个人和部门利益,站在全局的高度把握形势、思考问题、看待问题、解决问题。

(3)要有坚定的政治立场,在大是大非面前保持政治清醒,坚决站稳党性

---

① 习近平:《在全国教育大会上的讲话》,《人民日报》,2018 年 9 月 11 日。
② 同上。

立场和人民立场,把对党负责和对学生负责高度统一起来,想问题、做决策、办事情。

二、情怀要有深度,是辅导员从事"铸魂育人"所应持有的内在品质

作为正处于"百年未有之大变局"下的新时代高校辅导员,现实的变局,时代的召唤,历史的使命,未来的梦想,无不要求我们必须具有更高的心境,更宽的视野,高远的胸怀,保持和厚实家国大情怀,心系国家和民族,在党和人民的伟大实践中关注时代、关注社会,汲取养分、丰富思想,[①]以此为源动力,教书育人。

(1)以"人类命运共同体"的高尚情怀,通过正确认识和准确把握中国和世界发展大势,帮助学生认清中国与世界的关系,解答世界怎么了、我们怎么办之时代命题,树立为世界谋大同的初心与使命,海纳百川,加强文明交流互鉴,共建人类命运共同体。通过准确把握中国特色与国际比较,帮助学生真正理解马克思主义为什么行、中国共产党为什么能、中国特色社会主义为什么好等诸多重大问题,树立为中国人民谋幸福,为中华民族谋复兴的初心与使命,奋斗青春。

(2)以"位卑未敢忘忧国"的深厚家国情怀,秉承"三寸粉笔,三尺讲台系国运;一颗丹心,一生秉烛铸民魂"使命担当,既立德树人,以培养社会主义建设者和接班人为己任,做学生健康成长的指导者和引路人,培养拥护中国共产党领导和我国社会主义制度、立志为中国特色社会主义奋斗终身的有用人才;又教书育人,以"三传播、三塑造"为职责,做学生健康成长的知心朋友,在"坚定理想信念、厚植爱国主义情怀、加强品德修养、增长知识见识、培养奋斗精神、增强综合素质"[②]上下功夫,培养志存高远、刚健有为、自强不息,有大爱、大德、大情怀的高素质人才。

---

①习近平:《在学校思想政治理论课教师座谈会上的讲话》,《人民日报》,2019年3月19。

②习近平:《在全国教育大会上的讲话》,《人民日报》,2018年9月11日。

（3）以"千教万教教人求真"的崇高职业情怀，走职业化、专业化发展道路，主动学习、总结、研究和提炼在实际工作中积累的经验、知识、水平和能力；遵循思想政治工作规律，教书育人规律和学生成长规律，不断与时俱进，根据变化了的社会形势、职业教育发展和学生特点，因事而化、因时而进，因势而新，探索思想政治教育的新方法、新路径，从而提高思想政治教育的实效性和亲和力。

（4）以"爱和责任守护学生"的浓厚学生情怀，始终围绕学生，关照学生，服务学生，把学生当亲人、朋友，用真爱言传身教；坚持思想价值引领，在学生关心关注的身边小事上下功夫，将政治理论教育、思想品德教育、革命传统教育、社会主义核心价值观教育等融入小事关怀中，以小见大，实现日常关怀把学生心扉打开，高尚品质让学生心灵触动，家国情怀令学生心潮澎湃，真理信仰将学生心力凝聚的育人目标。

三、学问要有宽度，是辅导员实现职业化、专业化发展的前提条件

2014 年，教育部明文规定高校辅导员是掌握系统的专业知识和专业技能的专业人员，由此制定了高校辅导员专业化、职业化发展的职业能力标准，列出了辅导员所必须了解和掌握的基本原理、基础知识和专业知识等知识储备清单以及从初级→中级→高级的职业能力梯度发展标准。[①]事实上，高校辅导员也只有具备宽广的知识储备和足够的职业能力，才能把思想价值引领贯穿教育教学全过程和各环节[②]，真正实现立德树人根本任务。因此，做好辅导员工作，其基本前提条件就是学问要有宽度。这就要求高校辅导员必须在增长知识见识上下功夫：

（1）要树立终身学习理念，坚持归零思维，与时俱进，不断学习新知识、新技能、新思路；不断拓展工作视野，努力提高职业素养和职业能力。

（2）要全面系统地学习哲学、政治学、教育学、社会学、心理学、管理

[①]教育部：《关于印发〈高等学校辅导员职业能力标准（暂行）〉的通知》，2014 年 3 月 27 日。

[②]中共中央、国务院：《关于加强和改进新形势下高校思想政治工作的意见》，2017 年 2 月 27 日。

学、伦理学、法学等学科的基本原理和基础知识；以及思想政治教育专业基本理论、基本知识、基本方法和马克思主义中国化理论，尤其是习近平新时代中国特色社会主义思想等。通过读原著、学原文、悟原理，求得真学问。

（3）要联系实际学，深入思考学。坚持"做学合一、学思用结合"，切实掌握运用党的创新理论、大学生党团、班级建设、职业生涯规划与就业指导、困难资助、奖罚管理、网络育人、危机事件处理、突发事件应对与管控等工作实务，掌握看家本领，提升职业能力。

（4）要向他人学习。见贤思齐，虚心向他人学习请教，尤其是向全国优秀辅导员学习，学习他们的职业理想、职业操守和职业行为以及工作思路、工作办法、工作经验等，学以致用，提升自我。

四、方法要有新度，是辅导员提升育人实效性与亲和力的最关键要素

辅导员所从事的是做人的工作这一特殊业态。而现实中，影响每个人行为方式的思想认知、心理活动、价值观、人生观等要素受自身和外界主客观因素的影响，在每个人的成长发展不同时期或同一时期的不同发展阶段呈现出鲜明的差异性。这就决定了高校辅导员做学生思想政治工作绝不可能有一策可破万题的工作方案，或"万能钥匙"式的工作方法。相反，高校辅导员要提升育人的实效性与亲和力，必须是因事而化、因时而进、因势而新[①]，工作方法要有新度。

（1）因事而化，摒弃本本主义，依据学生管理过程中所发生的客观事实，结合当代大学生思想关切，坚持育人社会目标与个体目标相统一的原则，具体问题具体分析，努力寻找化解矛盾、解决问题的新策略、新举措，通过摆事实、讲道理、平等讨论，借助具体事情、事务，循序渐进解决学生的思想认识问题，积极引导学生向积极、健康、正确的方向转化、发展。

（2）因时而进，摒弃教条主义和经验主义，牢牢把握大学生不同发展时期的阶段性特征，时刻关注时代发展、紧扣时代脉搏、顺应时代潮流、反映时代

---

① 习近平：《在全国思想政治工作会议上的讲话》，《人民日报》，2016年12月9日。

要求,捕捉合乎学生思想认识接受特点的时机,制定出学生思想政治工作的目标理念、方针原则、内容任务和方法手段。

（三）因势而新,摒弃狭隘主义和机械主义,着眼于国际国内发展的新形势、新变局、新变革,适应情势的演进常态,适应广大学生网上学习生活的新常态,因势利导、顺势而为,重点把握好互联网这个"最大变量",主动占领网络这个战略"新阵地"、不断创新思想政治教育工作新话语、新方法、新思路、新举措, 推动思想政治工作传统优势同信息技术高度融合,形成高校网上网下思想政治工作的最大合力。①

五、工作要有温度,是辅导员与高校学生做知心朋友的重要保障

辅导员工作是最接近学生的工作,也是繁杂琐碎、较难处理的工作。单纯灌输说教,或严厉管教,或冰冷帮扶等均难以真正触动学生心弦,打开学生心扉,得到学生认可。辅导员要真正走进学生的心灵世界,与其做知心朋友,工作上必须有温度:多一份热情,少一些冰冷;多一份真诚和关心,少一些"行政命令";多一些耐心与倾听,少一些师道尊严。这具体可以表现在以下几方面。

（1）要有温暖的行为,以爱呵护学生,做学生的贴心人。学生处于困难时,要关心、关爱、关怀他们;学生面临人生迷茫与学业窘境时,要理解鼓励和支持帮助他们;学生违纪时,要耐心、倾听、信任与谆谆教导他们。事实上,行动上一个竖起的大拇指、一个温暖的拥抱、一个赞许的眼神远胜过我们苦口婆心地说教。

（2）要有温和的态度,以"慈"亲近学生,做学生的"暖心人"。我们要用慈母般的仁爱,以平等的心态,朋友的身份,耐心地跟学生交心谈心,沟通感情,探讨为人处事的看法及方式,以润物细无声的方式感化、引导学生,而不是一味地指责与训斥。

（3）要有温厚的文字,以暖关怀学生,做学生的有心人。每逢节假日、重

---

①魏强、周琳:《因事而化、因时而进、因势而新——做好高校学生思想政治工作的新要求》,http://theory.people.com.cn/n1/2017/0320/c168824-29156552.html, 2017 年 3 月 20 日。

大事件节点、重要纪念日等，辅导员可以发布一些诸如注意交通安全、人身财产安全、网络安全等之类的温馨提示；与学生进行网上交流时，尽量使用学生熟知的网言网语，探讨与学生可以产生心灵共鸣的观点。通过温厚的语言文字表达，让学生真实地感知到我们的诚恳、真挚、关怀，以真正走进学生的内心世界。

六、研究要有厚度，是辅导员向职业化、专业化发展的必然要求

辅导员职业化、专业化发展是我国高等教育发展的必然要求，也是高校实现治理结构和治理能力现代化的必然要求。而辅导员实现"两化"建设的高级目标就是在思想政治教育工作某一领域有深入的研究并具备有影响力的成果，成为该领域的专家[①]。为了推动辅导员实现职业化、专业化，教育部明文规定将理论和实践研究列为辅导员九大主要工作职责之一，强调辅导员要努力学习思想政治教育的基本理论和相关学科知识，参加相关学科领域学术交流活动，参与校内外思想政治教育课题或项目研究。[②]对此，辅导员应立足工作岗位，根据不断变化的社会形势、高等教育发展趋势和学生特点，坚持工学研相结合，以工学带研，以研促工的思路，把辅导员工作当作终身课题进行研究，不断探索思想政治教育工作的新方法、新举措，成为辅导员资深专家。这需做到以下几点。

（1）研究要有专攻性。人的学识、精力与时间是有限的，而辅导员职业却是无限发展的。因此，我们不可能在有限的生命周期中穷尽该职业发展中的所有问题，只能是选择某一领域或者某一领域的某一方面作为自己的终身课题，开展长期、专门性的研究。

（2）研究要有多向度。一旦确定了自己的研究方向，就需持之以恒，专注于这一研究领域和方向，以永不懈怠的精神状态和一往无前的奋斗姿态，由点到线，由线到面，不断拓展和延伸自身研究领域的长度、广度与深度，以中

---

①教育部：《关于印发〈高等学校辅导员职业能力标准（暂行）〉的通知》，2014年3月27日。

②中华人民共和国教育部第43号令：《普通高等学校辅导员队伍建设规定》，2017年9月21日。

心开花散状发展的方式,形成系列研究成果。

(3)研究要有创新性。结合经济社会发展新形势和时代发展新趋势以及大学生群体新的思想动态和行为特点,着眼于自身研究领域及方向的前沿性问题,运用新思想、新理念开展研究,探索新的工作方式与方法;或总结提炼出新实践的工作经验,形成可复制、可推广、可转化的工作成果和工作范式等。

第二节　以考核评价机制推动辅导员综合素能提升

辅导员,作为高职院校学生日常思想政治教育和管理工作的组织者、实施者、指导者,是高职院校贯彻立德树人、实现管理育人、实践育人等的关键一环,其品质精神与业务能力状况,关乎着大学生健康成长成才。以《高等学校辅导员职业能力标准》为准则,科学合理地建构高职辅导员考核评价机制,推动辅导员提升综合素质能力,调动其工作积极性、主动性和创造性,提高工作效能,是高职院校实施依法治校、科学管理,推进内部治理结构和治理能力现代化建设的重要举措。

一、高职辅导员考核评价机制现状解析

目前,以湖南为例,各高职院校均比较重视辅导员队伍建设,各自建立了专门的辅导员考核机制。但是,通过我们调查对比分析,发现各高职院校辅导员考核在主体设置、方式采用、指标体系构建、结果运用等方面亟待进一步改进、优化和完善。这具体表现在以下几方面。

(一)考核标准上的不切实际

部分高职院校忽视本科与高职教育环境、生源品质和辅导员素能等方面的差异性,一味奉行"拿来主义",在考核指标量化体系设置上照搬照抄本校院校辅导员的考核标准,致使辅导员在心理上造成望而却步的恐惧感与失落感,无法激发他们的工作积极性。事实上,尽管从职业能力标准建设看,所有高校辅导员具有相同的达标高度,但是由于服务对象、工作内容、所处时空

以及本身素能的差异性,高职、本科院校辅导员的工作性质、难度及其成果也就有比较明显的迥异性。因此,依据不同院校层次制定不同的辅导员考核标准是发展的必然要求。

(二)考核主体上的片面性

一般而言,界定考核主体需遵循工作关联性和管理权限属性的原则,即按照管理权限以及与考核客体在工作关系上发生直接或间接关联性的要求,来确定考核主体。这也决定了考核主体的多维性。以辅导员考核为例,最能直接感知、了解一名辅导员职业道德、工作能力、业绩与成果等实际状况的,首先是其所管理服务的对象——学生群体;其次是其最直接的管理主体——院系党总支和与其工作产生间接关联的院系同事;最后是间接管理他们的主体——学工、人事部门。因此,这些关联者均应成为高职辅导员考核的实施主体。然而目前,多数高职院校对辅导员工作绩效的考核,却仅以学生工作处、学生为考核主体,而忽视了院系党总支与同事的考核评价,明显存在考核主体界定的片面化现象。

(三)考核评价体系上的非辩证性

这主要表现为:一是考核设计思路上的片面化:注重能力考评,轻视品德考察;二是量化指标设计上的主观主义:忽视各高职院校的实际特点与不同岗位辅导员的工作特殊性和复杂性;忽视管理服务对象学生生源的差异性;忽视辅导员工作的性质和"两化"发展目标等客观现实因素,而人为主观地强调考核量化指标设计的统一性和标准化。这极大地影响了考核效能的公平性与实效性。譬如,管理服务五年制大专学生与高中起点或中专起点的三年制大专学生的辅导员,他们因学生生源的品质差异性而在管理难度、工作强度、努力程度、工作效度等方面呈现出鲜明的量与质的差等性,倘若使用无差别的统一、标准化的考核指标,显然有悖于科学性与合理性。

(四)考核方式与结果运用的简单化

目前,高职院校对辅导员的绩效考核普遍采用定性与定量相结合,年终或期末考核的方式进行。很显然,这种以一次性考核对辅导员一年履职状况作最终结论的做法,是过于简单化。这种年度一次或两次考核的方式,往往更加注重对辅导员工作的阶段性考核,而不是全过程考核,以一种静态的考核指标掩盖了辅导员工作的变化性和动态发展性,不能及时反映出辅导员的思想政治教育效果,带有明显的滞后性。与此同时,各高职院校对辅导员绩效考核结果的运用主要用于评优评先,而鲜少把它与辅导员职务聘任、奖惩晋级、工资待遇等相挂钩。这致使辅导员的年度考核所起到的作用微乎其微。考核也基本上是走过场,不但未能调动他们的工作积极性,反而滋生了辅导员的职业倦怠心理和行为,极不利于推动辅导员队伍"两化"建设和发展。

二、辅导员考核评价体系的构建原则

高职院校辅导员工作涉及面非常广,需要考虑的因素较多。为更好地体现考核评价的有效性和可信度,在建构辅导员考核评价体系的过程中,需遵循以下原则。

(一)定性与定量相结合的原则

定量考核是运用数据形式,对被考核人员的各项考核因素进行定量计分,通过定量计分获取考核结果的考核方法。简单地说,定量考评是指采用量化的方法,侧重于行为的数量特点对辅导员进行考评。在定量考核中,最关键的就是量的设置。因为定量考核不是一次性的考核,也不是某一项的考核,而是对辅导员履行岗位职责和完成任务情况进行的考评和记录,是一种长期和系统的考核。所以,考核主体必须把握好量的设定,首先要确定考核项目、分值等。

定性考核是指运用综合分析的形式,对被考核人员进行概括性的描述,以力图从质的概念上反映考核的结果。简单而言,定性考核是指采用经验判断和观察的方法,侧重于从行为方面对辅导员进行考评。可以说,定性考核对辅导员所做出的结论是一个最终性的结论,是对辅导员本身素质和能力的评价,是从数量到质量,从现象到本质的一个过程。

由此可见,定性考核是一种质的考核,是一种模糊的印象判断。如果仅定性考核,则只能反映辅导员的性质特点。定量考核往往存在一些指标难以量化的问题。如果仅进行定量考核,则可能会忽视辅导员工作的质量特征,使得考核不完整。因此,在辅导员绩效考核的过程中,这就需要将定性与定量结合起来,实现有效的互补,对辅导员的绩效做出全面、客观、有效的评价。

(二)科学性与可行性相结合的原则

对高职院校辅导员进行绩效考核内容的范围应结合教育主管部门对辅

导员的要求以及本校的实际情况,做到科学有据、有章可循;要能充分反映辅导员工作的性质和特点,能全面、真实、准确地考察辅导员工作成效。范围过广,不能突出工作重点,抓不到工作主题;范围过窄,不能综合反映工作实况,抓不到工作全貌。

同时,高校辅导员工作评价体系设定的指标必须兼具针对性和实效性。考核的具体指标要注重适用性和可行性,即要适用所在高职院校的实际情况,同时要注意简化考核程序,切忌繁杂堆砌、难以实施;要突出考核重点,兼顾全貌,认真思考并恰当分配各指标的权重,切忌主次不分、搞平均主义;要注重考核指标评价的可操作性和实效性,即考核指标既要集中反映和综合考察辅导员现有工作的性质和工作成效,也要凸显新形势、新趋势对辅导员工作开展提出的新诉求。

为此,在对辅导员进行考核时,要把考核内容范围的科学性和考核指标的可行性紧密结合起来,才能反映辅导员工作的全貌,才能对辅导员进行全面、综合的考核。

(三)系统性与差异性相结合的原则

辅导员绩效考核指标体系的设置是一个庞大的系统工程,既要按照考核主体对辅导员工作绩效考核的层面和对辅导员工作了解的程度和范围来设置不同的考核指标。譬如组织人事处、学工部领导评价主要从职业素质、工作绩效、工作能力、工作态度、成长发展等六个方面;二级院系书记、副书记评价主要从辅导员的职业道德修养、工作态度、个人能力、履职情况、工作创新等五个方面;同事评价主要从职业道德、工作质量和工作精神等三个方面;学生评价主要从职业道德、思想政治教育、学生事务管理、学业辅导、就业指导等五个方面来设置考核指标体系。要根据科学发展的理念,结合学生思想动态的发展和行为的变化,从辅导员的知识、道德、能力素养、履职情况、工作业绩、工作成果等多角度、多层次构建、优化和改进考核指标体系。

同时,在划定考核等级评价的标准时还应充分考虑辅导员所带学生生源的差异性,而不是整齐划一,标准统一。对带初中起点的五年制大专学生、中专对口升学的三年制大专学生、高中起点的三年制大专学生的辅导员考核定等的考核分值应根据辅导员工作的难度、复杂性和反复性来体现明显的差异性,从而更好地调动辅导员的工作积极性。

三、高职辅导员"四位一体"考核评价机制的建构

2017年9月21日，教育部出台《普通高等学校辅导员队伍建设规定》（教育部令第43号），明文规定："高等学校要根据辅导员职业能力标准，制定辅导员工作考核的具体办法，健全辅导员队伍的考核评价体系。对辅导员的考核评价应由学生工作部门牵头，组织人事部门、院（系）党委（党总支）和学生共同参与。考核结果与辅导员的职务聘任、奖惩、晋级等挂钩。"这一纲领性规定，便成了我们建构高职辅导员考核评价制度的政策依据与行动指南。据此，我们以本校（湖南环境生物职业技术学院）为研究样本，尝试性地提出了高职辅导员"四位一体"考核评价机制的建构思路并付诸实践（图4-1），取得了一定成效。

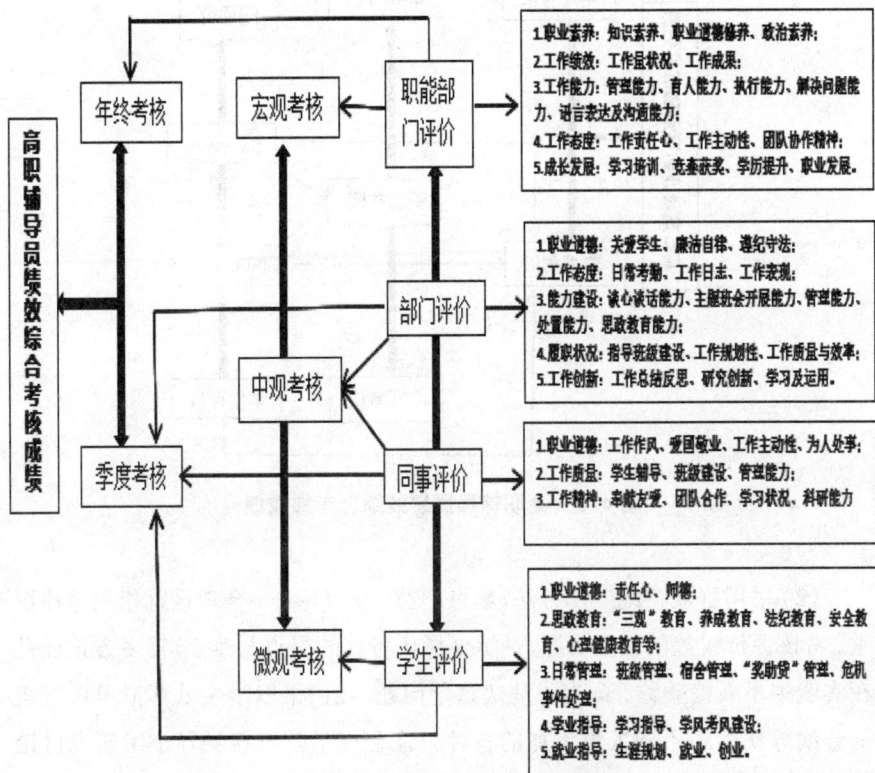

图4-1　高职辅导员"四位一体"考核评价制度示意图

（1）根据工作关联性与管理权限的归属，构建了"四三二"融通式的考核运行机制。教育部令第43号明文规定："对辅导员的考核评价应由学生工作部门牵头，组织人事部门、院（系）党委（党总支）和学生共同参与"。这实际上从工作关联性与管理权限的归属上为我们明确了考核主体与考核范式。即对高职辅导员的考核评价应既要有学工、组织人事等职能部门的宏观考核；又要有院（系）党委（党总支）的部门中观考核；还要有学生评价的微观考核。据此，我们构建了以职能部门、院系部、同事与学生为考核主体，对应宏观、中观、微观考核，实行年终考核与季度考核相结合的"四三二"融通式的高职辅导员考核运行机制（图4-2）。

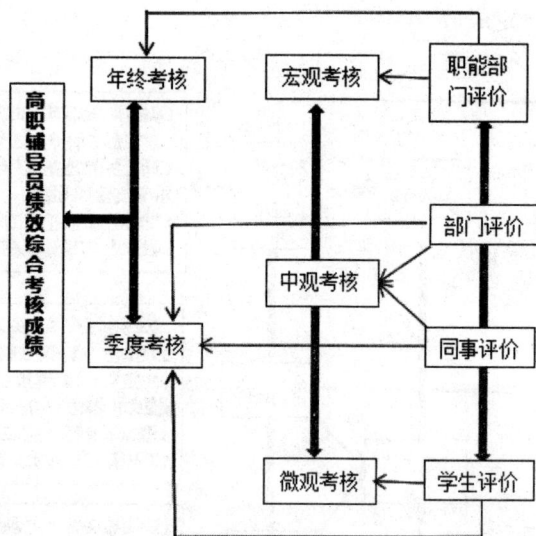

图4-2　高职辅导员绩效综合考核成绩

（2）采用群众路线工作方法，集思广益、反复论证、合理设置相关考核权重。考核评价权重的设定问题，是综合量化考核的重点与难点，需多方论证且在实践中不断检验修正。为了解决这一问题，我们采取学生处草拟考核方案→分线分块组织不同人群参加的各种论证会→学院考核领导小组研究讨论→院务会研究审定、颁布实施→实践运行中反馈调查、检验修正、优化完善这一工作方法，反复检验优化完善考核实施方案中所涉及的权重赋值问题。

经过上述方法论证、实践检验,目前我们对高职辅导员考核的相关权重设置为:一是赋予各考核主体所拥有的权重分别为,职能部门评价占40%;部门评价占25%;同事评价占10%;学生评价占25%。二是采取"4+1"考核方式,赋予年度考核、季度考核所取得的成绩占综合量化总成绩的权重为3:7,其中职能部门不参与季度考核。三是对各考核指标的赋值比重也进行了认真的设计、论证与核定。

（3）从赋予考核主体宏观、中观和微观的考核定位出发,差别性设置考核指标体系。这实际上涉及考什么的基本问题。我们以《高等学校辅导员职业能力标准》为基,以宏观、中观、微观为维,按照一级、二级考核指标项的要求,有针对性、有重点地分别设置了职能部门、二级院系部门、同事、学生四大考核主体对辅导员进行考核所撷取的观察点,设计考核内容,逐一细化量化,并按照优、良、一般、较差对每条细化的考核指标进行了分等次赋值设定权重。学生工作处与组织人事处作为辅导员顶层间接管理的职能部门,承担着辅导员队伍建设与培养的管理职责,应着力从宏观角度考察辅导员的职业素养、职业能力和成长发展状况。为此,我们选取了职业素养、工作绩效、工作能力、工作态度和成长发展5项为一级指标,以此细化为知识素养、政治素养、育人能力、执行能力等17项二级指标,并再将其进一步细化量化为23项具体考核内容。院系党总支作为直接管理主体,其直接承担着对辅导员的职业操守、从业行为与履职尽责等情况进行中观层面的全面考察、教育纠偏等职责。于是,我们设置了职业道德、工作态度、能力建设、履职状况、工作创新5项一级指标和廉洁自律、遵纪守法、处置能力、思政教育能力、工作质量与效率等20项二级指标考核内容。同事之间作为工作联系紧密且互相学习、帮扶与监督的"战友",孰能孰劣、谁高谁低,彼此之间了然于胸。为此,我们设置了职业道德、工作质量、工作精神3个一级考核指标,并细化为工作作风、为人处事、学生辅导、团队合作、学习状况、科研能力等12项二级考核指标。学生群体作为辅导员的直接管理服务对象,是对辅导员职业操守、从业行为与履职尽责等情况最有评判权的话语者。由是,我们选取了职业道德、思想政治教育、学生日常管理、学业指导、就业指导5个为一级考核指标,由此细化为师德、责任心、养成教育、"三观"教育、"奖助贷"管理、学风考风建设、生涯规划等19项二级考核指标内容。

（4）依据年度与季度综合量化考核成绩从高到低排序定等，分类考察运用考核结果。由于学生生源的差异性，导致其辅导员的工作难易程度和努力付出的程度各不相同。为了确保考核的相对公平、公正，我们按照辅导员管理服务对象即初中起点的五年制学生、中专起点的三年制学生和高中起点的三年制学生的不同类别，分类考察、同类定等。考核结果出来后，我们应充分运用于以下方面：一是应用于激励辅导员总结反思、改进工作。即将考核结果及时反馈给辅导员，使其通过量化考核及时发现自身不足以及工作上存在的问题，反思总结，更好地激励他们提高工作效能。二是作为职能部门制定辅导员进修学习、培训的依据。不同侧重点的考核结果可以反映出每位辅导员的素质状况与业务能力，职能部门应见微知著、取长补短，制订辅导员进修学习、培训计划，为辅导员成长发展搭建平台，助推辅导员职业发展。三是作为辅导员评优评先、职务晋升等的依据。实行奖优罚劣机制，对考核优秀的辅导员予以精神和物质奖励，并积极推荐其参加更高级别的优秀辅导员评选；对考核不及格的辅导员要实行谈心教育，甚至是诫勉谈话。同时，建立本校优秀辅导员人才库，为学校年轻干部的选拔任用提供后备人选。四是作为进一步完善高职辅导员退出机制的依据。辅导员绩效考核的过程，实际上就是进一步明确辅导员工作态度、工作能力等要求的过程。我们认为，通过一定时期（1～2年）的考核结果观察，对连续两年考核不及格或者诫勉谈话教育无效的辅导员实行待岗退出机制。

辅导员考核事关其切身利益，牵涉其积极性、主动性和创造性的发挥，确需我们对其做一番科学合理、周密细致的管理设计与运作。从这个意义上，这就是一门管理艺术。解决好它，需要我们高职教育管理者们经历一个规划设计、科学论证、实践检验、修正优化、完善提高的长期而艰苦的摸索过程，绝非一锤定音、一蹴而就的事情。目前，这种初创性的高职辅导员"四位一体"考核评价机制尚待进一步优化、完善，方能实现制度效能的最大化。

四、"四位一体"考核评价机制对高职辅导员综合素能提升的激励效果

"四位一体"考核评价机制实施后，辅导员的积极性、主动性、创造性以及综合素能都得到了极大的提升。主要表现在以下几方面。

（一）推动了辅导员队伍的整体职业素养大幅提升

为了让讲政治的人讲政治,让讲信仰的人讲信仰,针对我校(湖南环境生物职业技术学院)辅导员在政治素养、职业道德素养,知识素养和能力素养等方面的薄弱现状,"四位一体"考核评价机制在设计考核指标体系时就有针对性地加重了这些方面的考核权值。在这种考核导向下,我校辅导员充分意识到了辅、导、员三个字的政治含义,主动深入学习贯彻习近平新时代中国特色社会主义思想,不断提升自身政治素养,提高政治站位,增强"四个意识",坚定"四个自信",坚决做到"两个维护";能清醒认识自身知识和能力的局限,深刻领会教育者先受教育所蕴含的道理,自觉主动通过自学、培训、进修、提升学历、参加辅导员技能比赛等途径,不断涵养知识,锤炼工作技能,快速催促自己向职业化、专业化方向发展,从而推动了全校辅导员队伍整体职业素养的大幅提升。

（二）推动辅导员队伍的职业能力水平迈上新台阶

"四位一体"考核评价机制无论是职能部门评价,还是部门评价,抑或是同事评价和学生评价都凸显了对职业能力的考核,尤其在学生评价中80%的一级考核指标、89.5%的二级指标均涉及职业能力考核,涵盖了对辅导员育人能力、理论宣讲能力、谈心谈话能力、案例分析能力、新媒介运用能力、心理疏导能力、管理与辅导能力、研究与创新能力以及危机应对能力等九大职业核心能力的考查,尤其凸出了育人能力以及管理与辅导能力。在此考核机制激励与鞭策下,驱使辅导员不断检视自身,冲破自身职业成长发展的瓶颈桎梏,实现了自身职业能力的超越和全面发展;不断攻坚克难,改革那些不适合时代发展、学生思想特点和行为特征,不遵循思想政治工作规律、教书育人规律和学生成长规律的老办法、老经验和老传统,创新与新时代、新媒体技术、学生新特质深度融合的新路径、新方法,推动辅导员队伍的职业能力水平迈上新台阶。

（三）推动辅导员队伍的职业精神状态更加生机盎然

"四位一体"考核机制无论是宏观、中观还是微观都非常注重对辅导员敬业、勤业、创业、立业等职业精神的考察。在此外驱力的价值导向下,辅导员能够自觉地将高校辅导员誓词、爱国守法、敬业爱生、育人为本、终身学习、为人师表的职业守则等内化为自己的实际行动;克服跳板心理和职业倦怠,乐于工作,勤于职守,主动作为,积极下教室、宿舍、运动场等,开展调查研究,主动关照学生、服务学生,实现了要我做向我要做的根本性转变,使整个辅导员队伍的职业精神状态焕然一新。

第五章　高职院校辅导员工作实例说

　　2017年，教育部出台《普通高等学校辅导员队伍建设规定》（第43号令）明确了高校辅导员的九大工作职责。辅导员在学生管理工作实践中如何高效地履行好这些职责，很大程度上取决于辅导员的职业能力水平。本章结合我们自己的工作实录，着重筛选了思想引领、心理辅导、危机管理、就业创业指导、特殊学生群体辅导等方面的工作实操，并从概念解释、工作重点、政策依据、典型案例四个方面抛砖引玉进行例说，以资参考。

第一节　思想引领辅导例说

　　高职辅导员所从事的思想价值引领工作，是指针对大学生在理想信念、道德情操、完全人格等方面所存在的问题进行引导、调适和重塑，帮助大学生树立马克思主义信仰，培育和践行社会主义核心价值观，帮助他们成为有品位、有担当、有作为的新时代大学生。

　　高校思想引领类实例，着重是指高校思想政治教育工作者，尤其是辅导员、班主任，围绕大学生在信仰、道德、"三观"等方面所存在的不足而开展的教育、引导等工作事例。

一、辅导重点内容

（一）理想信念教育

理想信念是青年大学生的"钙"，是指引他们前进的方向和动力，是引领他们成长成才的思想根基。辅导员应与时俱进地调查研究当代高职学生的思想状况，构建辅导员与思政教师、专业教师协同机制，通过创新主题班课、校园文化活动、社会实践、网络平台等实施路径，开展理想信念教育，教育引导学生树立共产主义远大理想和中国特色社会主义共同理想，增强学生的中国特色社会主义道路自信、理论自信、制度自信、文化自信，坚定对马克思主义的伟大信仰，立志肩负起实现中华民族伟大复兴中国梦和建设社会主义现代化强国的时代重任。

（二）爱国主义教育

拿破仑说："人类最高的道德标准是什么？那就是爱国心"。爱国主义是中华民族的光荣传统，是推动中国社会前进的巨大力量，是各族人民共同的精神支柱。高职辅导员应融合新媒体技术，创新爱国主义教育路径，教育引导学生热爱和拥护中国共产党，热爱中国特色社会主义，热爱祖国，让爱国主义精神在学生心中牢牢扎根，并立志"听党话、跟党走"，扎根人民、奉献国家。

（三）社会主义核心价值观教育

培育和践行社会主义核心价值观，是推进中国特色社会主义伟大事业，实现中华民族伟大复兴中国梦的战略任务。高职辅导员应紧紧围绕坚持和发展中国特色社会主义这一主题，紧紧围绕实现中华民族伟大复兴中国梦这一目标，紧紧围绕倡导富强、民主、文明、和谐，倡导自由、平等、公正、法治，倡导爱国、敬业、诚信、友善（简称"三个倡导"）这一基本内容，注重宣传教育、示范引领、实践养成相统一，使社会主义核心价值观内化于心，外化于行，融入大学生的点滴生活和精神世界中，教育引导大学生成为社会主义核心价值观的忠实信仰者、积极传播者、模范践行者。

二、政策法律依据

（一）中共中央国务院《关于进一步加强和改进大学生思想政治教育的意见》（中发〔2004〕16号）

该文件指出，"加强和改进大学生思想政治教育的主要任务是以理想信念教育为核心，深入进行正确的世界观、人生观和价值观教育；以爱国主义教育为重点，深入进行弘扬和培育民族精神教育；以基本道德规范为基础，深入进行公民道德教育。"

（二）中共教育部党组　共青团中央《关于在各级各类学校推动培育和践行社会主义核心价值观长效机制建设的意见》（教党〔2014〕40号）

该文件指出："高举中国特色社会主义伟大旗帜，以邓小平理论、'三个代表'重要思想、科学发展观为指导，贯彻落实习近平总书记系列重要讲话精神，紧紧围绕'倡导富强、民主、文明、和谐，倡导自由、平等、公正、法治，倡导爱国、敬业、诚信、友善'，紧紧围绕立德树人根本任务，综合运用教育教学、实践养成、文化熏陶、制度保障、研究宣传等方式，重点在'融入'上下功夫，把社会主义核心价值观纳入国民教育全过程，落实到教育教学和管理服务各环节，覆盖到所有学校和受教育者，形成培育和践行社会主义核心价值观工作长效机制，使广大师生自觉将社会主义核心价值观内化于心、外化于行"[2]

（三）教育部《关于印发〈高等学校辅导员职业能力标准（暂行）〉的通知》（教思政〔2014〕2号）

该文件明确规定了初级、中级、高级辅导员在思想理论教育职业功能方面各自的工作内容、能力要求以及相关理论和知识要求。

（四）《普通高等学校辅导员队伍建设规定》（教育部令第43号）

该文件明确把思想理论教育和价值引领纳入辅导员九大工作职责之首，

---

①教育部思想政治工作司编：《加强和改进大学生思想政治教育重要文献选编（1978—2008）》，北京：中国人民大学出版社，2008年11月。

②中共教育部党组、共青团中央：《关于在各级各类学校推动培育和践行社会主义核心价值观长效机制建设的意见》，2014年10月20日。

并强调辅导员要不断"引导学生深入学习习近平总书记系列重要讲话精神和治国理政新理念新思想新战略，深入开展中国特色社会主义、中国梦宣传教育和社会主义核心价值观教育，帮助学生不断坚定中国特色社会主义道路自信、理论自信、制度自信、文化自信，牢固树立正确的世界观、人生观、价值观。掌握学生思想行为特点及思想政治状况，有针对性地帮助学生处理好思想认识、价值取向、学习生活、择业交友等方面的具体问题。"①

（五）《高校思想政治工作质量提升工程实施纲要》（教党〔2017〕62号）

该文件规定，"坚持以习近平新时代中国特色社会主义思想为指导，充分发挥中国特色社会主义教育的育人优势，以立德树人为根本，以理想信念教育为核心，以社会主义核心价值观为引领，以全面提高人才培养能力为关键，强化基础、突出重点、建立规范、落实责任，一体化构建内容完善、标准健全、运行科学、保障有力、成效显著的高校思想政治工作质量体系，形成全员全过程全方位育人格局"，"推动知识传授、能力培养与理想信念、价值理念、道德观念的教育有机结合，建立健全系统化育人长效机制"。②

（六）《新时代爱国主义教育实施纲要》

该文件指出："要把青少年作为爱国主义教育的重中之重，将爱国主义精神贯穿于学校教育全过程，推动爱国主义教育进课堂、进教材、进头脑"，"要紧紧抓住青少年阶段的'拔节孕穗期'，理直气壮开好思想政治理论课，引导学生把爱国情、强国志、报国行自觉融入坚持和发展中国特色社会主义事业、建设社会主义现代化强国、实现中华民族伟大复兴的奋斗之中"，"广泛组织开展实践活动。大学的党组织、共青团、学生会、学生社团等，要把爱国主义内容融入党日团日、主题班会以及各类主题教育活动之中"。③

此外，中共中央国务院印发的《关于加强和改进新形势下高校思想政治工作的意见》、教育部办公厅、中国银监会办公厅《关于加强校园不良网络

①中华人民共和国教育部令第43号：《普通高等学校辅导员队伍建设规定》，2017年9月29日。
②中共教育部党组：《关于印发〈高校思想政治工作质量提升工程实施纲要〉的通知》，2017年12月4日。
③中共中央、国务院：《新时代爱国主义教育实施纲要》，2019年11月13日。

借贷风险防范和教育引导工作的通知》、教育部办公厅《关于开展校园网贷风险防范集中专项教育工作的通知》《关于培育和践行社会主义核心价值观的意见》、中共教育部党组《关于教育系统深入开展爱国主义教育的实施意见》、中共教育部党组《关于深入学习贯彻习近平总书记有关教育工作和青年成长成才重要指示精神开展"五四"系列主题教育活动的通知》、教育部关于印发《完善中华优秀传统文化教育指导纲要》的通知、中共教育部党组《关于教育系统认真学习宣传贯彻党的十九大精神 写好教育"奋进之笔"的通知》、中共教育部党组《关于教育系统深入学习贯彻习近平总书记在北京大学师生座谈会上重要讲话精神的通知》等政策文件都为辅导员开展思想理论教育和价值引领工作提供了依据。

三、典型案例

【案例 1】：面对学生群体舞弊事件怎么办（工作案例）

2007 年下学期期末考完第一场考试时,某班 1 个学生干部 QQ 群里看到了这样几段话："你们今天考得如何,我们考场那监考老师简直是魔鬼,变态,我们精心准备的纸条毫无用武之地,所以今天我们这个考场所有同学这科肯定挂了","哈哈,我今天还好,老师监考虽严,但在我高超的技术下我还是抄到了 90 分不成问题,谁要取经取宝私聊","我们有幸运男神眷顾,今天这场考试我都抄到了, 95 分绝对没问题","今天,我也是幸运儿,纸条都派上了大用,你运气不好,建议去拜拜男神啰"。在看到这样的聊天记录时,我马上找到了该班的班长和学习委员了解情况。结果该班班长一进办公室门,就沾沾自喜地说："老师,告诉你一个好消息,今天我旗开得胜,考的内容我全抄到了, 90 分没问题"。学习委员就面带忧虑地说："老师,我很担心,我班现在成绩好的大都是那些平时不学习,考试时就靠抄,反倒是那些认真学习,认真考试的同学成绩却排在中等偏上,现在他们心理也不平衡了,考试也开始抄袭,班上同学大多数认为抄到了是本事,是光荣,没抄到是没技术,没水平,没运气"。

【案例处置】

这是一起典型的有关考风、学风问题的案例,也是学生诚信失范的案例。面对这个群体舞弊事件,我是这样做的。

（一）调查问诊

我利用两天的时间和班委、成绩好、中等、相对差一点的同学代表进行面对面、平等式地聊有关"如何看待考试舞弊行为"这一问题。我以朋友的身份，以话家常的方式引导同学们由拘谨到最后都畅所欲言，说出自己的心声。通过这种聊天式的调查，我全面了解了该班之前的学风和考风状况，在调查的基础上，对班级学风和考风状况进行了全面问诊，发现该班存在以下问题。

问题一：自身能力局限。因他们都是五年制大专学生，从初中毕业就直接读大专，虽然大一基本学的是文化知识，但文化基础和底蕴还不够深厚；到了大二开始接触专业课时，大多数同学都存在一知半解，尤其是对化学、微生物学等专业基础课程，不能有效消化专业知识，学习陷入困境。久而久之，同学们就失去了学习的兴趣和动力，学习从努力学—半努力学—应付学—不学，考试也从认真备考—半备考—不备考—舞弊。

问题二：心理问题。一部分同学因为自上学以来，成绩一直不好，存在严重的自卑和不自信，不相信自己可以学好和考好；一部分同学因为虚荣心理，为了得到家长的赞扬和同学们的仰慕，而走考试舞弊捷径；一部分同学因为从众心理，认为别人可以抄，我为什么不能抄。

问题三：价值观问题。大部分同学在求学过程中都有过考试舞弊的经历，甚至少部分同学对考试舞弊不以为耻，反以为荣。抄袭是本事，是聪明，不抄是傻瓜。

究其根源，还是思想问题和能力问题。思想根源在于纪律观念淡薄，需依纪依规对舞弊情节严重者予以一定的处分，形成震慑；能力问题关键还是要做好学业帮扶和诚信价值观的塑造。

（二）晓之以理，动之以情

此事件是群体事件，在教育中应把面对面的个体辅导和团体辅导相结合，在辅导中应坚持教育为主，批评为辅、抓典型等原则。过程如下：

步骤一：对班长开展个体辅导。辅导以面对面地聊天为主，引导班长树立领头羊精神，发挥班级榜样示范作用。

首先，让班长思考这样两个问题"什么是领头羊"，"领头羊发挥作用靠的是什么"，引导班长明确自己的"领头羊"角色职责。其次，与班长共同讨论"如何发挥领头羊"作用，打造班级优良学风和考风，引导班长用权威和自身榜样,来为班级树立路标和标杆。

步骤二:开展班级群体辅导。辅导以班会的形式进行,采用故事叙说和启发式方法,引导学生明确诚信的重要性,重塑学生诚信,扣好诚信这粒"扣子"。

首先,给学生讲述两个故事:盗马的故事和烽火戏诸侯的故事。其次,设计问题引导同学们畅所欲言对故事本身进行讨论。在此基础上,探讨社会上目前存在的乞讨乱象和高考舞弊事件,引导学生思考:"透支信任意味着什么?""诚信缺失对个人、对社会、对国家会导致什么后果","我们大学生在考试舞弊现象面前应怎么做",从而让同学们明确诚信的重要性,并营造争做诚信大学生的氛围。

(三)用制度规范人

在调查了解事件经过和动因后,指导班委修订了班级管理制度,并针对学风和考风问题制定了《学习帮扶制度》和《诚信档案制度》,建立了学习帮扶小组和考风督察小组,将个人学习和考试诚信情况纳入评优评先依据体系,用制度规范同学们什么该做,什么不该做;规范同学们的日常行为,树立其学习自信,帮助其做诚信大学生,引导同学们成人成才。同时,还依据学院《大学生违纪违规处理办法》,对相关同学进行了不同层次的处分。

经过辅导后,该班的班风、学风和考风得到了质的提升,同学们学习热情迅速高涨,考试实现了零舞弊,集体荣誉感明显增强,班级凝聚力迅速升华。为此,在后面大学三年,该班每年都荣获了校系两级"优秀班集体"和"优秀团支部"等荣誉称号。

【案例启示】

(一)因人而异,因事而新

我们在开展谈心谈话和思想政治教育时,要考虑到教育对象的特点和思想行为特点,要针对不同的案例事件采用不同的教育方法。此案例中,教育对象为14～15岁的五年制大二学生,思想和心智都不成熟,看人看物看事还比较青涩,且又是群体事件,直接的批评教育方式只会隔靴搔痒,不会痛击心扉,更不会内化于心,外化于行。为此,我抓住班长、班委这个"关键少数",实现以点带面的工作方法,运用个体辅导和团体辅导相结合的方式,采用故事情景体验、引导式的思想政治教育方法,对学生进行诚信价值观教育。通过这种方式,效果非常显著。

（二）注重调查问诊,透过现象抓本质

辅导员在处理学生案例事件时,要善于调查是什么,怎么样,更要注重问诊为什么,怎么做,抓住问题的主要矛盾和矛盾的主要方面,不要被表象迷惑,不要"头痛医头脚痛医脚",而是要能通过现象抓本质,抓住关键问题,对症下药。

此案例中,刚接触这件事情时,我感到震惊和不能理解。但我并没有马上批评、指责他们,而是心平气和地与该班的同学通过面对面和团体的谈心谈话展开了拉网式的调查:一是调查该班参与考试舞弊的学生覆盖面;二是调查该班学生平时的学风。调查后进行全面问诊,透过学生的言语和行为表象,分析出学生群体舞弊深层次的根源,抓住学生诚信失范这个关键问题。要杜绝类似学生群体舞弊事件的发生,只有对症下药,重塑学生的诚信价值观。

（三）制度育人,习惯养成

一个班级的学风与考风好不好,都取决于该班制度是否健全,是否能全面规范本班同学的行为,形成警示效应,养成良好的学习和考试习惯,形成良好人格。

此案例中,要建立和完善学习帮扶和诚信档案制度,以制度规范同学们的日常行为,帮助他们养成良好的行为习惯,践行社会主义核心价值观。

【案例 2】: 面对宿舍矛盾纠纷怎么办（工作案例）

新生军训期间,赖某、陈某向我反映:她们宿舍王某、李某从不搞卫生,导致宿舍卫生经常扣分,且二人经常在宿舍抽烟,每天还很晚才睡觉,严重影响了她们的生活和休息。随即,我对此事进行了调解和处理,事情归于平息。然而,一个月后的某天,我收到赖某、陈某、陆某、周某给我的 QQ 留言,都对我说:"老师,这个宿舍我已没办法住下去了,再住下去我都要精神崩溃了,我已与我爸妈商量好,到学校外面租房子住,安全问题我自己负责"。这个宿舍怎么了?前期矛盾不是已经调解好了吗?现在又怎么了?

【案例处置】

这是一个因价值观和人生观差异较大而引发的宿舍纠纷的典型案例。

（一）调查问诊

接到四个同学的 QQ 留言后,我采用了冷处理的方式,没有立即对他们校外住宿请求给予明确答复,而是马上着手调查。一是向该班班长和寝室长了解情况,询问近期该寝室赖某、陈某、陆某、周某这四名同学与王某、李某两位同学有哪些矛盾纠纷,主要矛盾点在哪里?二是分别致电这四位同学家长,了解她们与家长的诉求问题。在了解情况后,与家长进行沟通,请求家长协助我做学生的思想工作。通过调查分析,该宿舍赖某、陈某、陆某、周某与王某、李某发生了多次言语纠纷,该宿舍存在以下问题:

问题1:价值观问题。该宿舍六位同学都是典型的利己主义者,凡事以自我为中心,考虑问题、处理事情都只从自己的角度、自己的利益出发,都要求别人按照自己的意愿、自己的主张来行事,而没有更多地考虑集体、他人的利益、意愿和感受。为此,一旦宿舍其他成员没有按照自己的意愿行事,就认为对方做错了,甚至加以呵斥指责。

问题2:人生观问题。该宿舍赖某、陈某、陆某、周某因家庭经济情况一般,从小就树立了明确的人生目标,想通过自己的努力改变家庭现状,过上美好生活,并且也为此而努力,只希望宿舍能成为他们奋斗的一个理想场所。而王某,家境优越,父母关系和谐,典型的"葛优躺",缺乏追求,不知人生的意义是什么?李某,单亲家庭,从小和爷爷奶奶在一起,没有享受过父爱和母爱,对未来的认识感觉一片迷茫和困惑,有时甚至怀疑人生。

(二)谈心谈话

经过调查,我采用了个人访谈和集体谈话相结合的方式,分层次分类别进行了不同重点的谈心谈话,辅导他们如何解决宿舍内部矛盾纠纷问题,共同营造宿舍和谐而温馨的氛围,教育引导他们树立正确的人生观和价值观。

首先,针对该宿舍成员的价值观问题,以宿舍矛盾纠纷事件为契机,我分别与该宿舍六位同学进行个体谈话辅导。在谈话中,我以平等而不是以教师长辈的身份,以平和而不是指责和批评的口吻和语气,运用提问的方式进行谈话。我问了他们三个问题:"在这个纠纷中,自己有没有问题?""自己有什么问题?""怎样解决这些问题?"在这些问题的回答和纠纷事件发生的原因探讨中引导他们看问题、解决问题不要总强调客观因素,更重要的是要深挖主观根源,改变现状从改变自己开始;做人不要只看到他人的不足,甚至无限扩大,更重要的是要发现他人身上的闪光点,发现他人身上值得我们学习的地方,要学会谦让,学会宽容。

其次,针对王某、李某的人生观问题,针对怎么解决这次纠纷事件进行集体谈话辅导。在集体谈话中,教育引导他们要树立正确的人生观,要学会大我,而不是小我;要以积极乐观的人生态度、理性平和的心态和求同存异的处事方式来营造愉快的宿舍氛围和快乐的大学生活。

最后,以这次纠纷事件为主题开展主题班会,进行班级群体辅导。班会以《三尺巷》典故和南丁格尔奖章获得者、非典英雄叶欣的故事开始,启发大家思考"人活着的价值是什么?""我们应怎样待人接物?"教育引导大家要学会做人,学会谦让、学会感恩,树立正确的人生观和价值观。

【案例启示】

(1)在处理庞杂的学生事件时,要在解决学生实际问题的过程中解决学生的思想问题,深挖学生事件的思想根源,抓住主要矛盾和矛盾的主要方面,从而有的放矢解决矛盾纠纷,教育引导学生抓好世界观、人生观和价值观这个学生思想行动的"总开关"。

(2)遇到学生反映的问题,不要急着出面去帮他们解决问题,而是要教育引导他们思考解决问题的方法和诀窍,让他们在解决一个个问题的过程中健康的成长成才,才能让我们辅导员真正成为学生成长成才的人生导师和健康生活的知心朋友。

第二节　心理健康辅导例说

心理健康辅导,是指辅导员运用心理学方面的知识和技能,通过心理健康教育或训练、心理辅导、心理咨询三种方式,帮助个体或团体形成良好的心理素质,提高心理健康水平的过程。其中,心理健康教育是以发展学生心理素质,培养适应现代社会需要的健康的人格为目的的教育。心理辅导是一个利用心理辅导背景的作用改变当事人意识倾向和行为倾向的,发生在辅导员和当事人之间的相互影响的过程。"心理咨询"是心理咨询师(辅导员)协助求助者解决心理问题的过程。

一、辅导重点范围

（1）开展心理健康教育，教育引导学生塑造良好心理素质，培养健全人格。

（2）开展学生心理危机摸排和辅导，建立心理困难学生（简称"心困生"）台账，重视个别心理和行为异常的学生，特别地关心、爱护和帮助他们。

（3）强化心理咨询服务，通过个体咨询、团体辅导、电话咨询、网络咨询、朋辈辅导等多种形式，向学生提供经常、及时、有效的心理健康指导与咨询服务，把解决思想问题、心理问题与解决实际问题结合起来，在关心呵护与暖心帮扶下开展教育引导，帮助学生疏导错误认知，矫正不良行为，排解消极情绪，树立积极健康，理想平和的心态。

（4）对"心困生"进行心理危机干预，及时给予他们适当的心理援助，使之尽快摆脱困难。

二、政策法律依据

（一）《中华人民共和国精神卫生法》（2018 年 4 月 27 日第十三届全国人民代表大会常务委员会第二次会议修改）

该法第十六条明确规定："各级各类学校应当对学生进行精神卫生知识教育；配备或者聘请心理健康教育教师、辅导人员，并可以设立心理健康辅导室，对学生进行心理健康教育"；"发生自然灾害、意外伤害、公共安全事件等可能影响学生心理健康的事件，学校应当及时组织专业人员对学生进行心理援助"；"教师应当学习和了解相关的精神卫生知识，关注学生心理健康状况，正确引导、激励学生"；"学校和教师应当与学生父母或者其他监护人、近亲属沟通学生心理健康情况"。[1]

（二）教育部、卫生部、共青团中央《关于进一步加强和改进大学生心理健康教育的意见》（教社政〔2005〕1 号）

该文件明确指出："加强和改进大学生心理健康教育、做好心理咨询工作的主要任务是：①宣传普及心理健康知识，帮助大学生认识健康心理对成

---

[1]《中华人民共和国精神卫生法》，2013 年 5 月 1 日。

长成才的重要意义。②介绍增进心理健康的方法和途径,帮助大学生培养良好的心理品质和自尊、自爱、自律、自强的优良品格,有效开发心理潜能,培养创新精神。③解析心理现象,帮助大学生了解常见心理问题产生的主要原因及其表现,以科学的态度对待心理问题。④传授心理调适方法,帮助大学生消除心理困惑,增强克服困难、承受挫折的能力,珍爱生命、关心集体、悦纳自己、善待他人"。①

（三）教育部办公厅《关于印发〈普通高等学校学生心理健康教育工作基本建设标准（试行）〉的通知》（教思政厅〔2011〕1号）

该文件明确提出:"加强和改进大学生心理健康教育是新形势下贯彻落实全国教育工作会议和《国家中长期教育改革和发展规划纲要（2010—2020年）》精神,促进大学生健康成长、培养造就拔尖创新人才的重要途径,是全面贯彻党的教育方针、建设人力资源强国的重要举措,是推动高等教育改革、加强和改进大学生思想政治教育的重要任务"。②

（四）教育部《关于印发〈高等学校辅导员职业能力标准（暂行）〉的通知》（教思政〔2014〕2号）

该文件明确规定了初级、中级和高级辅导员在心理健康教育与咨询职业功能方面各自的工作内容、能力要求以及相关理论和知识要求。

（五）国家卫生计生委、中宣部等22部门《关于加强心理健康服务的指导意见》（国卫疾控发〔2016〕77号）

该文件指出:"高等院校要积极开设心理健康教育课程,开展心理健康教育活动;重视提升大学生的心理调适能力,保持良好的适应能力,重视自杀预防,开展心理危机干预。共青团等组织要与学校、家庭、社会携手,开展"培育积极的心理品质,培养良好的行为习惯"的心理健康促进活动,提高学生自我情绪调适能力"。①

---

①教育部、卫生部、共青团中央:《关于进一步加强和改进大学生心理健康教育的意见》,2005年1月13日。

②教育部办公厅:《关于印发〈普通高等学校学生心理健康教育工作基本建设标准（试行）〉的通知》,2011年2月23日。

（六）《普通高等学校辅导员队伍建设规定》（教育部令第43号）

该文件明确把心理健康教育与咨询工作纳入辅导员九大工作职责之一，并提出辅导员要"协助学校心理健康教育机构开展心理健康教育，对学生心理问题进行初步排查和疏导，组织开展心理健康知识普及宣传活动，培育学生理性平和、乐观向上的健康心态"。[②]

（七）教育部《高校思想政治工作质量提升工程实施纲要》（教党〔2017〕62号）

该文件强调，构建心理育人质量体系，必须"坚持育心与育德相结合，加强人文关怀和心理疏导，深入构建教育教学、实践活动、咨询服务、预防干预、平台保障'五位一体'的心理健康教育工作格局，着力培育师生理性平和、积极向上的健康心态，促进师生心理健康素质与思想道德素质、科学文化素质协调发展"。[③]

（八）中共教育部党组印发《高等学校学生心理健康教育指导纲要》（教党〔2018〕41号）

该文件明确指出：高等学校学生心理健康教育应要"坚持育心与育德相统一，加强人文关怀和心理疏导，规范发展心理健康教育与咨询服务，更好地适应和满足学生心理健康教育服务需求，引导学生正确认识义和利、群和己、成和败、得和失，培育学生自尊自信、理性平和、积极向上的健康心态，促进学生心理健康素质与思想道德素质、科学文化素质协调发展"。要以推进知识教育、开展宣传活动、强化咨询服务和加强预防干预为主要任务[④]。

[①]国家卫生计生委、中宣部、中央综治办、民政部等22个部门：《关于加强心理健康服务的指导意见》，2017年1月25日。

[②]中华人民共和国教育部令第43号：《普通高等学校辅导员队伍建设规定》，2017年9月29日。

[③]中共教育部党组：《关于印发〈高校思想政治工作质量提升工程实施纲要〉的通知》，2017年12月4日。

[④]中共教育部党组：《关于印发〈高等学校学生心理健康教育指导纲要〉的通知》，2018年7月4日。

三、典型案例

【案例1】：在爱与接纳中修复破碎的心灵（辅导案例）

罗某，浙江温州人，173级宠物临床诊疗技术2班的学生。该生在生日的那天与同学发生争吵，情绪不能自控，她头发凌乱，在宿舍里号啕大哭，不停地撕着手上的纸，边撕边骂学校很差，同学没有素质，吵着要回家，吓得宿舍同学都不敢吭一声。后与该生以及父母的沟通和了解，得知：

（1）罗某属于心理疾病的康复期。该生在高中时医生诊断患有轻度的躁郁症，后经专业医院治疗可以在校正常学习生活，在我校（湖南环境生物职业技术学院）学习期间一直用药物在控制。

（2）无法排解高考失利所带来的心理偏差。罗某高考失利，在去不了理想学校读书时，又被迫接受了父母的意见到我校来读书。

（3）罗某平时对事对人对自己要求过高，在达不到她的要求时，又无法管理好自己的情绪，以致出现信念偏差。

（4）从小到大父母教育的缺失。与父亲关系好，可是父亲因工作忙又不能给她更多的指导和帮助，同时父亲经常在孩子面前讲母亲的不是，造成该生与母亲的关系不好，缺乏对母亲的信任，但是又不得不接受母亲的管教。

【辅导目标】

鉴于该生是在心理疾病的康复期，在配合医生治疗的同时，进行以危机应对辅导为主、辅以亲子辅导和学业辅导，指导调整其"三观"，改变该生对学校、对同学、对父母以及对自己的看法，让其能顺利地完成学业。

【辅导过程】

第1部分辅导。2018年10月27日，学生电话反映，罗某在宿舍因为一点小事与同学吵起来了，情绪低落，不停地撕着手上的纸，边撕边哭骂，抱怨学校和同学。我赶到宿舍见此情况，我边静静地听她诉说，边说"嗯是的，知道你来这学校非常难受"。考虑到宿舍人多，待她情绪平稳后，我带她到辅导室进行辅导。在辅导室里，她平静下来却仍不停地哭。约十分钟，我问她愿意说点什么吗？她慢慢地讲了她来学校的整个经过。她整个家族都在医疗系统工作，母亲是医生；父亲在当地卫生局工作；堂姐、堂哥都是温州医科大学的学生。父母的期待是让她考温州医科大学。由于父母的严格要求和过重的学业压力,她高考发挥失利。本想复读,父母却不准,并帮她报考了我校(后通过其父母了解,高三时她被诊断出躁郁症,父母不想她再次承受考试压力,便选择我校)。辅导过程中,我引导她说"我接受来到这个学校的事实",她很明确地说"我不接受。""我试着接受我来到这个学校的事实","我不接受",她情绪强烈起来。见此情形,我引导她慢慢呼吸,并说"到目前为止,我还不能接受来到这个学校的事实,同时我可以选择以更好的方式面对未来的生活。"说完这句话后,她瞬间放松下来,情绪也平静了。接下来,我和她一起找哪些方式对她生活有帮助。十多分钟后,她找到她自己想做的一些事情,并开始着手计划。接着,我用空椅子技术来处理与她争吵同学之间的关系。她通过感受对方的状态,改变了她对同学的态度,也看到了平时与同学沟通的模式,找到了改善沟通的方法。辅导完成后,她精神状态好多了,能很平静地谈起同学和她后面的计划。

第二天,致电罗某妈妈告诉其昨晚的大致情况,并劝导她只问她女儿在学校里有哪些有趣的或开心的事。两天后,我致电罗某,询问其心情怎么样。她说,她和宿舍同学一起买了画纸,准备画画,还在网上购买了英语课程,一起学英语。一星期后,我再次打电话询问她的情况,她说,她参加了学生会的第一轮面试,并已经通过了,电话里她非常开心。

第2部分辅导。2019年3月14日下午6点钟,我接到罗某电话,说她在教室上课时自己把包遗忘在教室里,不见了。她非常着急、焦躁,不停地在走廊里走来走去,口里不停地埋怨学校和学生的不好。见此情况,我让她停下来,关注自己的身体和呼吸,引导她做了几个深呼吸,将她焦躁的情况缓和下来后,我帮她一起查找,最终找到了她的包。罗某收到包后,查看了包内的东西分毫不差,很感谢。我也顺势引导她,不要总是抱怨学校和同学,并让她意识到自己有照顾自己财产的责任。同时引导她,以后遇到类似的事情,该怎么处理。

第3部分辅导。2019年5月,罗某参加"我的梦"职业规划大赛,我作为她的指导老师,为了帮助她减轻比赛心理压力,我用借力法调整她的心理状态。当她上场打开她的PPT时,我看到她以蓝黑为底色的PPT,就知道她的焦虑情绪已经超出我的预期。比赛结束时,她看着我就哭,她说不甘心只拿个二等奖,本可以拿一等奖的。等她宣泄完后,我引导她用逆向动力法来接受自己。然后，用能量心理学帮她处理了内疚自责的情绪，引导她相信已经做得最好了。经过辅导后，她露出灿烂的笑容。后来，她参加了学校举办的职业生涯规划比赛，取得了第一名。随后，她又参加了省级英语竞赛，取得了二等奖的好成绩。至此，她已过了遇到考试和比赛就过度紧张和焦虑的这个坎，能以平常的心态去面对了。

第4部分辅导。针对罗某与妈妈关系较紧张的状况，我利用一次机会找到罗某来谈谈她的爸爸妈妈。经过交谈，了解到罗某对其母亲的负面评价都是源自其父亲。我试着引导她从女儿的角度去看妈妈是什么样的形象，去看她的妈妈平时是怎样对待女儿。经我引导，她发现妈妈确实为她付出了很多。这一切是她从来没有关注过的。想到这里，她不停地哭，感到很内疚。我用空椅子技术引导她，看到虽然她对她妈妈不好，但她妈妈从来没有怪过她，而只是希望她过得好。再引导她带着她妈妈的这份爱，去更好地生活。第二天，我与她爸爸沟通，要他以后尽量在女儿面前少批评她妈妈的不好，引导罗某看到她妈妈的付出。与罗某妈妈沟通，引导她不要害怕女儿打电话时的拒绝，要表达自己想她了，或想听听她的声音或跟她说说自己有趣的事。

【辅导效果】

经过对学生以及家长的辅导，实现了父母之间，父母与学校之间，父母与孩子之间教育理念的统一，使该生基本能正确对待人和事以及客观地评价自己，思想积极乐观，能够自主控制和调节不良情绪。罗某在校期间获得国家励志奖学金，获得省级高职高专组英语比赛二等奖；担任系部学生会的组织部部长，工作能力出色。能与周围的同学和谐相处。母女之间的关系也改善了很多。

【辅导感悟】

（1）学会倾听接纳。辅导时先接纳学生的情绪，而不是急着去反驳，然后再引导她认识自己的错误。如果一开始就去反驳或说教的话必然引起学生的逆反情绪，不再配合老师的辅导。

（2）做好家长辅导。此案例辅导过程中，如果只辅导学生，而不调整家长的教育模式，是很难达到辅导效果的。所以，作为辅导员一定要考虑到家庭因素，加强与家长的沟通与辅导，争取学校与家长对学生教育的统一。

（3）授人以渔。在辅导过程中，要让学生更多地认识自己，学会适应，学会接受,学会处理身边的人和事,让她了解学校,了解自己所选专业,指导和帮助她做出适合自己的职业规划,帮助她一步一步实现目标。同时教会她一些处理情绪的技巧,像深呼吸放松、能量心理学等技术。这些方法可以让她在日常生活中管理好自己的情绪。

【案例2】:在爱中修复破碎的心灵(辅导案例)

肖某是一名175级学生,经同学反映,她和校外某男生交往,经常旷课,甚至夜不归宿。通过向同学和家长的沟通了解,发现了如下几个问题。

(1)肖某无法走出失去亲人的痛苦。肖某的父亲在2018年意外过世,肖某接受不了这一事实,情绪低落,对学习也失去了兴趣,学习成绩是直线下降。

(2)结交网络成熟男性且交往。肖某2018年3月通过网络结识了比自己大13岁的成熟男性并对其倾心与之交往。

(3)家人教育的不妥和沟通不当。肖某母亲不满她与成熟男性交往,与其大吵一架。肖某便搬到奶奶身边,但由于奶奶年迈,对肖某更是疏于管教,孩子不想去上学就帮孩子请假,并给孩子很多零花钱。

(4)未能找到人生前进的方向。肖某爱好舞蹈也有较好的功底,却未能坚持。

【辅导目标】

(1)帮助该生寻找感情寄托,走出失去父亲的痛苦困境。

(2)指导该生树立正确的恋爱观,并正确处理与家人的关系。

(3)帮助该生寻找正确的人生的目标和前进的方向。

【辅导过程】

第1部分辅导。通过室友了解到肖某昨夜未回,今早才回宿舍,正在睡觉,我到肖某宿舍时她刚睡醒,看到我的到来,她有点心虚地问了一声"老师好"。我问她:"我们能聊聊吗?"她点了点头。考虑到宿舍人较多,我带她来到了辅导室。我问她:"能和我说说你的情况吗?"她犹豫了一会说:"好像并没有人关心我的情况包括我的家人"。但她还是向我说出了她的心里话。她爸爸在一次意外中失去了生命(情绪难以自控),妈妈需要独自撑起家,一直忙于工作挣钱,也没有关心过她,导致她极度缺乏安全感,面对对她好的男性时就选择了接受,也同时放弃了自己的学业,沉迷于外面的花花世界。在辅导中，我试着让她平复自己的心情，引导她说出"爸爸不在了，但我要为了爸爸更好地生活下去。"一开始难以接受地她，慢慢地认同了这一观点。

我问到她的恋爱问题。她的回答是："因为他对我好，所以我愿意和他在一起"。因为缺乏安全感，才选择了能给她依靠的人。但我告诉她：安全感是自己给自己的，不能因为这样而选择任意接受他人。接下来的辅导中，我和她一起找寻能对她更好的学习生活，以找到生活的方向。她高兴地告诉我，她很热爱舞蹈，有自己的梦想。同时我用空椅子技术，让她站在妈妈的角度去学会理解妈妈，体会妈妈的不容易。通过辅导，她学会了如何去和妈妈沟通，如何去理解妈妈。辅导结束后，她的心情似乎轻松了许多，也开朗了起来。接下来我打电话给肖某的妈妈，教她多关心肖某，多和她进行沟通。

第2部分辅导。我带肖某来到辅导室，她的心态好多了，我和她聊到她的恋爱情况。她只回答道，"他对我挺好的"。我对她说道；"那不是所谓的爱情吧"。我问道是不是自己缺乏安全感，她点点头，我对她说这样对自己和他人都是不好的，自己应该有正确的恋爱观。她点点头说"我知道啦"。我不知道她是否明白了，几天过后，我接到了肖某电话，她对我说道："以后会专心学习"。

第3部分辅导。2018年5月10号，我接到了肖某的电话。她在电话中哭泣向我诉说道，她报名参加了某个舞蹈表演节目，但因为准备不充分被刷下来了。我让她试着深呼吸平复自己的心情，我在体育馆找到了她。她满脸泪水，垂头丧气。我将她带到辅导室，她再次向我说道，她知道时间不充分，所以课余时间总是放在跳舞上，但还是被刷下来了，她对自己很失望，还觉得对不起舞蹈队的成员。在她诉说之后，我用能量心理学帮她处理自责内疚的情绪，引导她认识自己已经很好了，不要因为一次挫折而对自己失望。辅导结束后，她心情好了很多，还主动去开导不开心的其他舞蹈队成员。

第4部分辅导。肖某的妈妈给我打电话说道，昨天和肖某打电话，问她在学校怎么样，还有没有和那个男性交往，肖某听后很生气，随后挂断了电话。我找到肖某和她聊道，为什么会很生气，她回答："觉得妈妈不相信她，她已经在慢慢地改变自己，妈妈却还在质疑她，让她很伤心"。我利用空椅子技术让她站在妈妈的角度体会妈妈问的这个问题的出发点是什么，她体会到妈妈并不是像她所说的怀疑她,而是关心她。明白后,肖某心情豁然开朗了。结束辅导后,我打电话给肖某妈妈解释情况,并告诉她多和肖某沟通。

【辅导效果】

通过对学生的辅导和对家长的劝导,学生情感转移走出了失去父亲的痛苦,同时找回了自己,在学习上得到了各科老师的认可。据她的妈妈反映,母女之间能够较好地沟通,改变了之前紧张的关系。据自己反映,能较好地控制情绪,并正确地释放情绪。同时我也多次看到她在大型晚会上表演。

【辅导感悟】

(1)站在正确角度。作为一名辅导员,应该以倾听者的身份和学生沟通。首先,要让学生放下戒心,对我们有所信任,才能更好地了解学生的情况,提供更加准确的辅导。

(2)首抓主要问题。辅导学生时,应首先了解学生的主要问题所在,找准问题,进行特殊问题的处理。肖某旷课、夜不归寝与成熟男性交往等所有问题的归结点在于父亲的去世,无法接受事实,而选择放弃自己。

(3)做好家长辅导。家长辅导在进行学生辅导时往往是很重要的。家长在学生辅导时起着支持和推动作用。肖某与母亲关系的紧张,让肖某在失去父亲后更加没有安全感,同时母亲的教育方式较为强硬,使之适得其反。所以,家长的改变使辅导进行得更顺利。

(4)兴趣是更好的老师。在辅导的过程中,要发觉每位学生的兴趣,兴趣是更好的老师,往往在学生迷惘时,兴趣可以让学生找到方向,从而改变自己。

第三节　危机事件应对例说

大学生危机事件,是指发生在高校校园内,以大学生为主体或涉及大学生利益的、在事先未预警的情况下突然爆发或潜伏尚未发作的、给学生本人生活、学习、心理产生显性消极影响,对学校的声誉及秩序造成严重影响的危机事件。

一、应对的主要形态

(1)危机事件预防。辅导员应加强学生干部队伍的建设,加强家校联通,经常性地关注学生在网络上发布的动态;经常性地到教室、宿舍和运动场,与学生谈心谈话,全面掌握学生的思想动态和行为特征,尤其是学生的异常行为,做到早发现,早报告,早研判,早预防,早控制。

(2)危机事件处置。这一般遵循以下三个基本程序。

①迅速介入,稳定局面。学生危机事件发生后,辅导员应迅速反应,在第一时间赶到现场,控制局面,稳定当事人的情绪,防止事态的进一步蔓延和恶化。同时,依据事件的性质和严重程度,选择拨打110、120或119请求救援。事件稍趋稳定之后迅速展开初步的调查工作,掌握相关证据材料,初步了解事发原因,然后将危机事件的概况成因及初步处理情况向主管部门和领导汇报,事发当日之内,形成书面材料,上报学校主管部门和校领导。

②配合大局,开展工作。辅导员应在上级部门和主管领导的领导下开展危机处理工作。或者负责接待学生家长,安抚家长的情绪;或者针对不同学生群体开展教育说服工作,平息矛盾;或者协助相关部门开展调查取证,确定事件性质;或者详细记录每天的工作进展情况,形成书面材料,以备质询等。辅导员无论开展哪种工作,均应把握好三点:一是要以妥善解决危机为根本目标,所有工作都应围绕这一目标展开;二是要有大局观念,坚决贯彻上级部门和主管领导的指示精神,及时反映工作中出现的新情况和新问题,密切配合其他工作人员的工作;三要注意工作细节,把工作做细、做实,保证自己负责

的工作不出漏洞,确保处置工作的圆满完成。

③处理善后,总结反思。所有工作结束后,辅导员很有必要将危机事件整理成案例,及时总结经验教训,探究危机事件的起因,评估工作的成败,分析哪些工作环节还需要修正完善,同时将有关资料进行汇总整理。这样既可以总结反思自己的工作,也可以为其他辅导员乃至整个学校的危机处理工作提供有益的参考和借鉴,以便更好地预防和处理类似的危机事件。

二、政策法律依据

(一)《学生伤害事故处理办法》教育部令第 12 号(2002 年 9 月 1 日)

该文件明确规定了学校负有教育、管理保护学生方面的义务和责任。

(二)《高等学校校园秩序管理若干规定》国家教育委员会令第 13 号(1990 年 9 月 18 日)、中华人民共和国教育部令第 41 号《普通高等学校学生管理规定》(2017 年 2 月 4 日)与大学生危机事件处理相关的法律法规

主要有:《中华人民共和国民法通则》《中华人民共和国刑法》《中华人民共和国教师法》《中华人民共和国教育法》《中华人民共和国高等教育法》《中华人民共和国未成年人保护法》《中华人民共和国道路交通安全法》等。以上文件对大学生危机事件处置提供了相关依据。

(三)教育部《关于印发〈高等学校辅导员职业能力标准(暂行)〉的通知》(教思政〔2014〕2 号)

该文件明确规定了初级、中级和高级辅导员在危机事件应对上所应具备的职业功能方面相应的工作内容、能力要求以及相关理论和知识要求。

(四)《普通高等学校辅导员队伍建设规定》教育部令第 43 号

明确把校园危机事件应对纳入辅导员九大工作职责之一,强调辅导员要"组织开展基本安全教育。参与学校、院(系)危机事件工作预案制定和执行。对校园危机事件进行初步处理,稳定局面控制事态发展,及时掌握危机事件信息并按程序上报。参与危机事件后期应对及总结研究分析"。[①]

---

①中华人民共和国教育部令第 43 号:《普通高等学校辅导员队伍建设规定》,2017 年 9 月 29 日。

三、典型案例

【案例1】：地震危机事件的处置案例（工作案例）

2008年5月12日14时28分汶川发生地震，某高校距离震中很远，但也有轻微震感，楼房内的物品有轻微晃动。晃动过后，大家才知道是受到汶川地震的影响。经过排查，发现学校未受到任何损失，学生也未有明确的异常行为。但到了晚上11点左右，先后接到6个班班长电话，她们说："老师，地震来了，我们都在操场上，我们很害怕，不敢回宿舍，其他班也一样，大家都在操场上了"。

【案例处置】

第一阶段：接到电话后，我迅速赶到操场，安抚学生的恐慌情绪，同时向院部党总支书记电话反映这一情况。在安抚好学生情绪之后，初步调查学生聚集操场的原因，并向领导报告事件发生的前因后果。

第二阶段：配合学校危机事件处置领导小组，开展以下工作：

（1）告知学生，学校已联系当地地震局，地震局明确回复，我们这里不会发生地震。"地震来了，纯系谣言，大家千万不要信谣，更不要传谣"；并针对特殊学生做深入耐心细致的解释和思想政治工作，消除其对地震的恐惧心理。

（2）就地开展班会，对学生开展地震和防震知识教育，用科学来破除谣言；同时还开展思想政治教育，教育引导学生要珍惜生命。

（3）关注在这次聚集危机事件中受伤的学生，帮助他们解决生活和学习中的困难。

第三阶段：做好善后工作，组织受伤学生到医务室进行包扎，清理伤口等。同时，对此次危机事件进行了深入的反思，形成工作案例。

通过上述工作，全部学生回归到正常的学习生活轨道，化解了危机。

【案例启示】

（1）始终围绕学生，关照学生，服务学生。辅导员在处置危机事件的过程中，应永远把学生的权益、学生的安全放在第一位。

（2）把解决实际问题与解决思想问题，心理问题结合起来。辅导员在危机事件应对中应透过现象看到事物的本质，追根溯源。此危机事件的发生，究其根源在于思想上盲从，心理上恐慌这两大问题。抓住和解决这两大根源，此危机事件也就迎刃而解。

（3）要在危机事件管理中开展思想政治教育。可以此次危机事件为契机，在学生中开展爱与感恩教育、规矩教育、社会责任感教育、生命教育、爱国主义教育，教育引导学生做一个敬畏生命、懂得感恩、懂得规矩、懂得责任和使命的人。

【案例2】：家庭成员意外伤亡危机事件的处置（工作案例）

谭某，女，某院部学生会学习部长，成绩优异。某年6月，谭某父亲在工地意外坠亡。几天后，她在电话里哭着跟我说："老师，我该怎么办？我们一家人都没有办法接受我爸已经死亡的事实，我也可能要退学了。因我爸过世无法继续完成承包的工地建筑，需赔偿对方100多万，我们家已没有经济能力来供我完成学业"。

【案例处置】

第一阶段：迅速介入，初步了解情况并耐心安慰，表达学校的哀悼之情，同时，立即向院部党总支书记汇报情况。

第二阶段：配合危机事件干预临时小组，开展以下工作。

（1）立即与该生母亲取得联系，确认事件的真实性，同时也表达学院的哀悼之情。

（2）为该生补办请假手续，并在该生离校期间每天保持电话联系，确保谭某平安，并适时进行心理辅导，引导其慢慢接受父亲去世这一事实，走出心理雾霾。并告诉她，车到山前必有路，有困难返校后一起来想办法。

（3）考虑到该事件对谭某的持续性影响，同该生班主任、室友、班干部、闺蜜组成帮扶小组，制订针对该生的帮扶计划和保密方案，确保返校后能做到密切关注谭某情绪，随时了解其行踪，确保其人身安全。

（4）该生返校后，第一时间与她谈心谈话，发现她的情绪一直不太稳定。了解到，该生面对父亲去世的事实和沉重的债务，对未来的生活和学习感到迷茫焦虑，一直在该不该完成学业这个问题上纠结。了解情况后，告知该生学校已决定减免其学费、发放临时困难补助，同学们也在自发募捐，希望该生能放下包袱安心学习。

（5）第二学期，在慎重考虑其家庭情况和学习成绩后，为其评定了国家励志奖学金和一等国家助学金，并为其申请勤工助学岗位；并有意识地对该生进行人生理想教育、挫折教育和感恩教育，鼓励该生勇敢面对困难，以积极的心态面对学习和生活。

第三阶段：做好后续跟踪工作，总结反思。在此次事件后，经常主动关注该生的生活和学习，关注其情绪和状态，做好后续的跟踪和帮扶工作，并反思此危机事件处置的得失成败，形成工作案例，以供同行参考和借鉴。

通过以上工作，谭某渐渐走出了失去父亲和沉重债务的心理阴影，积极向上，努力学习。该生先后获得了"衡阳市励志自强之星"和"湖南省优秀毕业生"荣誉称号。毕业后，在她和哥哥的共同努力下，2018年偿还了他父亲欠下的所有债务。

【案例启示】

（1）在危机事件中渗透适当的思想政治教育，使学生终身受益。在处置该危机事件时渗透的励志教育和感恩教育，让学生一直感受在怀，激励其成长成才。之后，她一直把"赠人玫瑰，手留余香"作为自己的座右铭。

（2）学生的安全一直是我们辅导员工作的底线，学生困难的解决是我们辅导员工作的立足点，学生坚定理想信念的树立是我们辅导员工作的核心要义，学生的成长成才是我们辅导员工作的最终目标。

第四节　职业规划与就业创业辅导例说

大学生职业规划与就业创业辅导是指运用职业生涯规划、人力资源管理、职业咨询以及职业素质测评相关理论和知识，帮助大学生排除职业规划、面试、就业等方面的实际问题和心理障碍，科学规划自己的职业人生，树立正确的就业观念，锤炼创新思维，助推学生成长成才。

一、工作重点

（1）开展职业测评，帮助学生科学规划自己的职业生涯。辅导员在新生入校后要进行职业测评，让学生充分认识自我，认识所学专业职业要求，认识自己与所学专业职业要求的匹配性，确定自己的职业理想和职业方向，并据此制定短期、中期和长期的职业生涯规划。

（2）开展就业指导，帮助学生树立正确的就业观念。辅导员应在大学三年级对学生进行就业指导，引导学生正确认识自我，以及所学专业的就业形势、就业要求，全面了解国家的就业政策、就业导向和行业需求。

（3）开展创新创业教育和实践，帮助大学生培育创新思维，提升创业能力。辅导员可以协同职业生涯规划与就业指导、创业基础课教师，开展创新创业教育，组织学生参加各级各类的创新创业竞赛，评选创业之星等；帮助学生评估自身能力和社会资源，引导学生自主创业。

二、政策法律依据

（一）国务院办公厅《关于加强普通高等学校毕业生就业工作的通知》（国办发〔2009〕3号）

该文件明确指出："普通高等学校毕业生（以下简称高校毕业生）是我国宝贵的人力资源"；"各地区、各有关部门要把高校毕业生就业摆在当前就业工作的首位，采取切实有效措施，拓宽就业门路，鼓励高校毕业生到城乡基层、中西部地区和中小企业就业，鼓励自主创业，鼓励骨干企业和科研项目单位吸纳和稳定高校毕业生就业"。[①]

（二）教育部印发的《高等学校辅导员职业能力标准（暂行）》（教思政〔2014〕2号）

该文件明确规定了初级、中级和高级辅导员在职业规划与就业指导职业功能方面各自的工作内容、能力要求以及相关理论和知识要求。

（三）《国务院关于进一步做好新形势下就业创业工作的意见》（国发〔2015〕23号）

该文件明确提出："实施更加积极的就业政策，把创业和就业结合起来，以创业创新带动就业，催生经济社会发展新动力，为促进民生改善、经济结构调整和社会和谐稳定提供新动能"。[②]

[①]国务院办公厅：《关于加强普通高等学校毕业生就业工作的通知》，2009年1月23日。
[②]国务院：《关于进一步做好新形势下就业创业工作的意见》，2015年4月27日。

（四）《国务院办公厅关于深化高等学校创新创业教育改革的实施意见》（国办发〔2015〕36号）

该文件明确提出："到2020年建立健全课堂教学、自主学习、结合实践、指导帮扶、文化引领融为一体的高校创新创业教育体系，人才培养质量显著提升，学生的创新精神、创业意识和创新创业能力明显增强，投身创业实践的学生显著增加"。[①]

（五）《中共中央办公厅、国务院办公厅印发〈关于进一步引导和鼓励高校毕业生到基层工作的意见〉的通知》（中办发〔2016〕79号）

该文件明确提出："进一步创新体制机制，完善政策措施，健全服务体系，加快构建引导和鼓励高校毕业生到基层工作长效机制，确保下得去、留得住、干得好、流得动"。[②]

（六）《普通高等学校辅导员队伍建设规定》教育部令第43号

该文件明确，把职业规划与就业创业指导列入辅导员九大工作职责之一，并提出辅导员要"为学生提供科学的职业生涯规划和就业指导以及相关服务，帮助学生树立正确的就业观念，引导学生到基层、到西部、到祖国最需要的地方建功立业"。[③]

（七）《国务院关于大力推进大众创业万众创新若干政策措施的意见》（国发〔2015〕32号）

该文件明确要求"把创业精神培育和创业素质教育纳入国民教育体系，实现全社会创业教育和培训制度化、体系化。加快完善创业课程设置，加强创业实训体系建设。加强创业创新知识普及教育，使大众创业、万众创新深入人心"。[④]

[①]国务院办公厅：《关于深化高等学校创新创业教育改革的实施意见》，2015年5月4日。

[②]中共中央办公厅、国务院办公厅：《印发〈关于进一步引导和鼓励高校毕业生到基层工作的意见〉的通知》，2017年1月24日。

[③]中华人民共和国教育部令第43号：《普通高等学校辅导员队伍建设规定》，2017年9月29日。

[④]国务院：《关于大力推进大众创业万众创新若干政策措施的意见》，2019年2月28日。

三、典型案例

【案例 1】：在感性与理性中解决就业困惑（辅导案例）

王某，163 级畜牧兽医班学生，怀化人。该生在校期间担任学生会学习部部长，工作认真负责，性格开朗，各方面条件较好。但是，他过于骄傲、眼光过高，缺乏主动性，对于就业期望值过高，一直期待能在一线城市大展拳脚。实习前，家人帮他在县城安排了一个企业实习，毕业后可以直接在那个企业工作。但他本人很不愿意待在小地方，觉得那是一种浪费，委屈自己，却又不愿和家人好好沟通，觉得家人不理解他。因此和家人处于冷战状态，自己处于苦恼纠结中。他向我表达了自己的困惑，并诚恳地希望我能给出一些建议。通过与他及其家人的沟通，得知：

（1）就业期望值过高。王某觉得家人的实习安排，待遇差，希望能在一线城市实习，并通过实习的优秀表现能够留任，这样才符合一个大学生的就业要求，觉得凭借自己的表现，肯定能在大企业工作。

（2）对就业形势认识不清。王某认为自己在校内表现优异，能独当一面成功地组织各类活动；成绩优异，与老师、同学和睦相处，深受他人喜爱。而且面试粤北某一企业且很容易就录入。所以，自信心膨胀，认为自己一定能在大企业里大展拳脚，未认清现在大企业招工普遍需要本科学历，甚至需要研究生学历。

（3）自我认知定位不准确。王某学习成绩和其他方面条件都不错，在就业的初期满怀信心。但未清醒认识到自己的傲气，自信心过于膨胀等因素，以至于对自己的定位过高。

（4）与家人沟通能力欠缺。在家人安排与自己选择中纠结，觉得父母不理解他，但又不能和父母心平气和地交谈，总觉得父母从小到大都不赞成他的想法。久而久之，他不屑与父母谈心，相反喜欢与父母对着干。

【辅导目标】

（1）帮助王某认清就业形势，引导其树立正确的就业价值观，降低就业期望值。

（2）帮助王某认清自我，对自己有个合理地评价，正确定位自己。

（3）帮助王某加强与家人沟通的能力，疏通其与父母之间的沟通障碍，让他能适时地向父母表达其真实想法。

【辅导过程】

第1部分辅导：帮助王某认清就业形势，引导其树立正确的就业观，降低就业期望值。2018年3月12日下午，王某满脸苦恼地走进我办公室，想与我谈谈心，求助解决一件困扰他多日、令其郁闷的事情。对此，我要他先平复下情绪，理清思路，再慢慢说给我听。他说："我觉得自己在校表现优秀，在粤北某企业实习招聘中也轻易通过了面试，所以我觉得自己完全有能力可以在一线城市中的好企业里工作，但我家人却帮我在县城里安排了一个小企业实习，毕业后可以直接在那个企业里工作，完全没有问过我的感受。反正我是很不乐意待在小地方，一辈子待在一个小地方，我觉得我会抓狂，会崩溃的，那简直就是对我的能力的一种浪费，那太让我憋屈了。而且现在我也不想和我家人沟通，因为他们压根就不听我的，从小到大，所有事情，只要是和父母的意见相左，父母总是打着为我好的名义，私自安排，完全不听取我的意见，所以我觉得现在也没必要和我父母沟通"。他问我："在一个大城市工作不好吗？为什么我爸妈总是不相信我？冠冕堂皇地说，在家里他们好照顾我，可是我已经长大了啊，能自己独自面对自己的人生啊，而且我总不能永远活在他们的庇护之下吧？"他越说越激动，最后泣不成声了。我抱了抱他，以平复他的情绪。

我首先肯定其想法："你在大城市闯荡的想法是正常的，也是合理的，在当前毕业生的择业过程中也具有一定的代表性。有冲劲有奔头，是这个社会的青年应该有的朝气，值得鼓舞。但在憧憬未来时，不能单凭这一腔热血，还需要考虑实际情况，结合当前就业形势，必要时可以先降低自己的就业期望值。"接着，我谈到，当今社会不少毕业生过于向往经济发达地区，尤其是沿海地区的中心城市，最低的期望也是回自己家乡所在地的中心城市。他们只注重经济文化发达、工作环境优越的一面，而忽视了人才济济、相对过剩的一面，择业期望值居高不下，甚至还有逐年上升的趋势，从而导致主观愿望与现实需求之间的巨大落差。根据我们对本校毕业生的抽样问卷调查显示，92%的毕业生要选择效益好、工资高的单位，超过85%的毕业生要求单位地处大中城市，愿意到急需人才的边远地区和艰苦行业的毕业生仅占2%。俗话说"知己知彼，百战不殆"。

待他情绪平复后,我让他先不要急于否定父母或他自己的意见,先静下心来,可以通过亲戚朋友,学长学姐,网络以及学校的招生就业处等方式,了解当前的就业形势,然后结合自身的条件,来分析目前自己就业方面的优势与劣势,让他过几天再来找我。

第2部分辅导:让王某认清自我,合理评价自己,正确定位自己。两个星期后,王某再见面时满脸笑容地对我说:"老师,关于你说的就业方面的问题,我知道,目前就业形势严峻,很多毕业生就业不是与自己的专业对口,自己也从学校的招生就业处获取了自己所学专业的就业率情况以及相关就业前景。但是我觉得凭借自身能力及努力,我也觉得我也可以进入粤北某企业,至少自己也可以试一试,不然自己总感觉很遗憾……"

听了其叙述后,我感觉他过分自信,有些傲气。加之平时观察了解,他这人争强好胜心比较强,很容易一受到挫折就把责任推卸到他人身上,而且容易发脾气,锱铢必较。其次,他比较固执,只一心想与他人争高下,忽略了自身的外在条件,比如身高等方面的要求,没有认真比较自身的优劣势,对自己的定位不够准确。我顺势说:"老师能理解你这样的想法,因为当初老师也是这么过来的,所以特别心疼你,希望你能少受些挫折。你回去好好想想,如若你真的很想进入该企业,先到那里去实习,了解情况,为以后做好相应的准备工作。至于你家人那方面,我希望你也能好好想想如何说服你爸妈,让他们同意你的想法,这也是一种沟通能力的体现,你以后工作,这种沟通能力是必须具备的。同时,你尽量换位思考一下,回忆从小到大的事件,你父母是否是对你的关爱都是无声的。尽量能保证你家乡那份工作也不丢,这样即使实习之后,最坏的打算未进入粤北企业工作,也还是有一条后路给自己选择,能在自己家乡先工作着,再提升自己,有合适的机会时再好好把握,这样也可以暂时缓解自身就业的压力。"

通过交流,分析当前应届毕业生就业情况,引导王某注重社会实践,注重提高自己的综合素质,必须加强人文社会科学素质的提升。

第3部分辅导:帮助王某加强与家人的沟通,疏通其与父母之间的沟通障碍,让他能适时地向父母表达其真实想法。王某回去后,我打电话与其父母进行沟通,把王某的情况和他父母说了一遍,让他们多与王某沟通,多听听他的真实想法。不久,王某很开心地对我说,他现在和家人进行了沟通,家人觉得他的想法也有些道理,愿意让他先去外地实习进行尝试,实在不行,毕业后再到家乡工作。他说,他以后会多多和他父母以朋友的身份进行沟通交流,适时地表达他对他父母的爱及感激。

【辅导效果】

通过辅导,王某清醒地认识到了自身的优缺点,开始反思自己,并深入分析目前的就业形势,学会了和父母沟通,改变了自己的就业观念,为自己制定了一份人生规划,树立了人生目标。通过与家长沟通后,父母同意他在外地实习。实习期间,他担任了实习队长,并获得了优秀实习生,本人更谦虚,深受指导老师的喜爱。

【辅导感悟】

(1)加强自身认知,准确定位自己。辅导过程中,先要肯定学生的想法,再帮他分析问题,寻找答案时,需要他自身去思考、去寻找,而不是帮助他做决定,这样便于他更深入深刻地接受。

(2)培养学生正确的就业观。通过此次辅导,了解到毕业生急切地需要学校组织相关的就业形势讲座,分析当前各专业发展前景及就业形势,帮助学生培养其正确的就业价值观,让学生了解自己的优劣势,根据自身的条件适当地调整自己的就业期望值。

(3)引导学生与父母之间的沟通方式。辅导的过程中,让他更多地认识自己,学会适应,学会接受,学会处理身边的人和事,让他了解其父母的良苦用心,学会换位思考,找到一个能与父母进行良好沟通的方式。

【案例2】:学会精彩地推销自己(辅导案例)

江某,163级食品生物技术1班学生,该生在校学习成绩良好,和老师、同学和睦相处,按部就班地上课,按时完成老师布置的作业,不调皮,勤奋好学,内敛文静,参加活动的次数较少,胆子不够大,属于乖小孩懂事的类型。临近毕业,学校组织了一场大型的用人单位与毕业生双向选择招聘会。江某认真地准备了简历,以及面试可能会问的问题。但是,在接连面试了几个工作单位之后,都没能录取上,也投过很多份简历,但都石沉大海,杳无音讯。江某心里空落落的,很难受,情绪十分低落。经了解分析,得知:

(1)求职简历制作能力不强。江某的简历只是从网上下了模板,然后把自己的个人信息填写上去,且所投的简历都用同一个,没有做任何更改,没有针对具体工作单位,结合个人特点进行求职简历的制作,且其简历上求职意向很模糊,模棱两可,求职简历粗制滥造,毫无新意。

(2)面试知识及面试技巧很匮乏。江某一面试就紧张,结巴,说不出话,逻辑思维开始混乱,且手上的小动作很多,回答问题很混乱,不在点上,面试总是脑袋空白。

(3)心态调整能力差。遭遇几次失败后,江某对自己无信心,但看着人家基本上都有了比较有意向的工作单位,心里很着急,情绪低落,不想再参加任何面试,觉得自己很无用,想破罐子破摔。

【辅导目标】

(1)提高江某求职简历制作的能力,督促其结合自己的特点制作二至三份适合自己的又很新颖的求职简历。

(2)帮助江某提升面试技巧。通过观察他人面试时的表现,自己的亲身体会,实战面试经历,总结、提升一些适合自己的面试技巧。

(3)提升江某的心态调整能力,提醒他面试失败是很平常的一件事,关键是自己能从失败的面试中总结经验教训,为下一次成功做准备。

【辅导过程】

第1部分辅导:运用沉默和移情技巧安抚学生情绪,平和心态。

2018年5月2日,学生反映江某在宿舍里不停地哭。我赶到宿舍后了解得知,他今天去参加了学校组织的用人单位与毕业生双向选择大型招聘会,面试了好几家工作单位,但都被刷下来了。加之前段时间他也参加了其他面试,但也没有哪家企业对他抛出橄榄枝。且多日来向各大工作单位投放的求职简历都石沉大海,杳无音讯。而今日再次被工作单位拒绝,致使他情绪崩溃。他坐在床上不停地撕着手上的纸,边撕边哭骂:"我讨厌自己,为什么我会这么没用?"反反复复就这一句话,而床下都是他撕的纸屑。同学们的劝说,他丝毫听不进去。见此情况,我在旁边静静地听他哭诉,用手拍拍他的肩膀,考虑到宿舍人多,待他情绪平稳后带他到辅导室进行辅导。

在辅导室里,他平静了下来,却仍然不停地哭。大约十分钟后,我问他愿意说点什么吗?将他来学校后的整个经历断断续续地诉说着。他来自农村,家境贫寒,是家中长子,本应该担起家庭重任。父母早已年迈,为供他读书,父亲外出做工,因过于疲惫,不慎摔下楼梯,左腿骨断裂,无法正常行走。事故的发生给这个原本就摇摇欲坠的家庭又添了一笔负担,家庭的重任压得他喘不过气来。他说,"这阵子活得很压抑,看着同学们都是挑选单位,而他至今还未面试上一家工作单位,心里着急,情绪低落,他开始怀疑自己存在的意义和价值了"。对此,我运用移情方法与他分享自己和成功人士的求职和创业历程,引导他要运用平和心态试着接受失败,告诉他,一次或几次面试失败是很平常的事,每个人都会有着这样的经历,关键是要调整心态,能从失败的面试中总结经验,为下一次成功做准备。并坚信我是最棒的,下一次我会做得更好。但他情绪激动地说:"不,我做不到的,我已经失败这么多次了"。"我没办法接受失败"。见此情景,我引导他慢慢呼吸,仔细想想老师的话,并说"到目前为止,我还不能接受失败的这一事实,但我会以更好的我来迎接未来的挑战。"他说完这句话后,身体瞬间就放松下来,情绪也平静了。

第2部分辅导:与学生一起探讨面试失败的原因,并指导该生制作求职简历和面试的技巧。两天后,他主动找到我,想了解为何总是被工作单位拒绝的原因。对此,我和他一起来找原因。我引导:"你平时表现不差,既然别的同学能面试上,那为什么你不能被面试上呢?你找过自身的原因吗?想过怎样去改变并提升吗?"他呆呆地看着我,低下了自己的头。通过交流分析,我俩得出:第一,求职简历有问题;第二,面试时他的表现不佳。

我让他拿出求职简历,一起查找需修改的地方,督促他上网多看些有新意的求职简历,然后针对自己的特长及求职意向制定二至三份求职简历。三天后,我们对这些求职简历的细节问题进行再探讨。

关于面试,我先让他回忆其面试时的情形。他告诉我:"看着面试官,很紧张,手心开始冒汗,手脚不知道往哪放,脑袋一片空白,说话结结巴巴,逻辑思维混乱,不能思考,回答不好问题。"对此,我们开始探讨面试时需要注意的事项:譬如穿着需得体,面试时身体不能有比较多的小动作等;做好充分的准备,如面试考官可能会问的问题等;训练面试技巧,如遇到考官问出比较刁钻的问题时该怎么应对,怎么应对面试时紧张以及脑袋空白等方面的问题。让他在以后的每次面试之后对自己的表现进行回忆、反思、总结;也可以观看其他人在面试时的表现及回答问题时的思维技巧等。学会总结这些经验,让自己的下一次面试更接近成功。我们还进行现场模拟面试,根据他的表现,给予一些指导意见。

第3部分辅导：鼓励他重拾自信，找到人生目标。2018年5月22日下午六点左右，江某打电话告诉我，他参加了一个面试，虽然没被录取，但他很开心了。因为自己在这次面试时的表现，比以往好多了。他相信下一次他一定能做得更好。至此，我发现经过辅导他已经度过了失败后过度紧张和焦虑的这个坎，也基本了解了求职简历制作以及面试时需要注意的事项，并鼓励他要再接再厉，越战越勇，重拾自信，一定能找到自己期望中的理想工作。

毕业一个多月后，江某在QQ上告诉我，他很感激我当时那么耐心地帮助他找到问题所在并一起分析，很感激我对他的关怀照顾，他现在找到了一份工作，觉得人生有了新的目标。

【辅导效果】

经过对江某的辅导，该生能够掌握求职简历制作技巧，同时能够掌握面试时需要注意的事项及面试技巧，且他基本能以平常心去面对失败，面对挫折，人也变得乐观、开朗起来了，拾起了不慎遗失的自信心。同时在遇到问题时，他学会了对问题进行剖析，并能够进行自我反思，总结经验；学会了设定目标，并不断去实现自己制定的目标。

【辅导感悟】

（1）不断提升自己的心态调整能力。我们在生活中、学习中、工作中甚至在休闲中都难免遇到一些烦心事，种种不顺心的事像一座大山，影响我们的思路和心情。其实人的一生中不可能一帆风顺，不经历风雨又怎能见彩虹，关键是我们在遇到困难应怎么调整自己的心态，让自己重新树立信心，释怀一切的不愉快，调整心态积极地面对，用乐观豁达的心态去感悟生活、去拼搏奋斗。江某因心态调整能力差，才会陷入负面情绪的包围圈，情绪低落。教会他一些自我调整的技巧如找朋友倾诉、给自己放假等，可以让他在日常生活中管理好自己的情绪，更好地过好自己的人生。

（2）授人以渔。辅导中，要让学生学会自己去分析问题、解决问题。我们只能起指导作用，因为人生道路都是自己走出来的。

（3）组织一些班会或者竞赛，或者开设相应的讲座、课程，模拟面试等形式，帮助学生提升求职简历制作与面试的能力。

第五节 学困生辅导例说

高校学困生,是学业困难学生的简称,一般是指那些因缺乏上进心,学习目标不明确,学习方法陈旧、学习习惯不好,自卑,沉迷网络等,而致使自己厌学,达不到人才培养计划所规定的基本要求,必须经过有针对性的补救或矫治的学生。

学困生辅导,是指教育工作者(尤其是辅导员/班主任)依据大学生个体差异,运用教育学、心理学相关理论和知识,给予学业困难学生适当援助,教育引导他们养成良好的学习习惯和行为,找到适合的学习方法,提升学习能力,从而顺利完成学业。

一、辅导重点内容

(1)培养学生的学习兴趣。孔子曰:"知之者不如好之者,好之者不如乐之者"。著名物理学家爱因斯坦也指出:"兴趣是最好的老师"。可见,学习兴趣是学生主动学习,自主学习的动力源。辅导员要帮助学困生走出学业困境,关键在于要激发和培养学困生的学习兴趣,让他们实现无趣向有趣、志趣的转变。

(2)帮助学生养成良好的学习行为习惯。我国著名作家巴金说:"孩子成功教育从好习惯培养开始"。英国著名哲学家、思想家洛克也指出:"事实上一切教育归根结底都是为了培养人的良好习惯"。因此,辅导员能否教育辅导学困生取得明显成效,根本在于能否引导帮助学生养成良好的学习行为习惯。

(3)指导学生掌握科学的学习方法。学习方法是打开学生学业成功之门的金钥匙。辅导员应依据学困生的个体差异,指导他们掌握适合自己的学习方法和技巧,提升学习效果,走向成功之门。

(4)组织开展学风建设。辅导员可以通过建立一对一帮扶制度,组织学习兴趣小组、职业技能训练、专业学术研讨等各类学习活动,指导学生参加各类课外科技竞赛、随手拍等方式,开展学风建设,营造浓厚学习氛围。

二、政策法律依据

（一）教育部印发的《高等学校辅导员职业能力标准（暂行）》（教思政〔2014〕2号）

该文件明确规定了初级、中级和高级辅导员在学业指导功能方面各自的工作内容、能力要求以及相关理论和知识要求。

（二）《普通高等学校学生管理规定》教育部令第41号（2017年）

该文件明确规定了学生在学业方面的权利和义务以及涉及学生学业方面的退学情形,提出:学生在校期间依法要履行"恪守学术道德,完成规定学业""遵守学生行为规范,尊敬师长,养成良好的思想品德和行为习惯"的义务,学生有下列情形之一,学校可予退学。①"学业成绩未达到学校要求或者在学校规定的学习年限内未完成学业的";②"未经批准连续两周未参加学校规定的教学活动的";③"学校规定的不能完成学业、应予退学的其他情形"①。

（三）《普通高等学校辅导员队伍建设规定》教育部令第43号（2017年）

该文件明确把学风建设列入辅导员九大工作职责之一,强调辅导员要"熟悉了解学生所学专业的基本情况,激发学生学习兴趣,引导学生养成良好的学习习惯,掌握正确的学习方法。指导学生开展课外科技学术实践活动,营造浓厚学习氛围"②。

三、典型案例

【案例1】:在关怀与包容中重拾学习信心（辅导案例）

李某,173级畜牧兽医班学生,永州人。2018年10月23日中午,据学生反映,该生躲在宿舍桌子底下哭泣。同学和他说话,他就恶狠狠地说,"要你

---

①中华人民共和国教育部令第41号:《普通高等学校学生管理规定》,2017年2月4日。
②中华人民共和国教育部令第43号:《普通高等学校辅导员队伍建设规定》,2017年9月29日。

们管啊？"他还有把手机摔到了地上。他不断抽泣说，"我要回家！我要回家！我讨厌这个学校，我不要到这里上课！"见此状况，同学们都吓到了。通过与他家人和同学沟通后，得知：

（1）他曾经患有轻度的狂躁症，受不了一点点委屈；思想极端、行为恐怖。家人都不敢惹他生气。

（2）这几天与班上某位同学闹矛盾，一直耿耿于怀。

（3）无法排解高考失利所带来的心理落差。高考失利后，他在去不了理想学校读书时又被迫接受父母的意见到我校读书。

（4）父母在外打工，从小跟着爷爷奶奶长大，缺少爱和温暖。爷爷奶奶也只知道干农活，缺少对他的关注和教育，心理承受能力差。

（5）心高气傲，自尊心强，争强好胜。

【辅导目标】

鉴于该学生处于心理疾病的康复期，在配合心理医生的治疗下，以危机应对辅导，辅以亲子辅导和学业辅导开展，指导调整其"三观"，改变该生对学校、对同学、对父母以及对自己的看法，让其能顺利地完成学业。

【辅导过程】

此案例中，最重要的是肯定对方的优点，在缺点中寻找闪光点，以激励为主，批评教育为辅，帮助其克服缺点。

第1部分辅导：热情谈心。通过热情谈心，了解他的思想变化情况，多鼓励，少打击；多表扬，少批评；多关心，少冷淡。其目的是调整心理、平和心态，使他能正确地认识和看待自己及周围的人和事。

首先，我找了几个平时和他接触比较多、比较好的同学，进一步了解他在学校和同学中的情况，鼓励同学要积极、热情、诚恳地接近他，帮助他。让他和闹矛盾的同学和好如初，不要总是沉浸在高考失利当中，重拾对学习的热爱和信心。

其次，与本人面对面地谈，了解他的全面情况和心理承受能力。我告诉他，老师对他的期望是很高的，在老师心目中他占有非常重要的地位。在谈心过程中，我一直肯定他的优点，鼓励他充分发挥自己的聪明才智，同时诚恳地指出他的不足，要求他必须上课专心、踏实学习，给予明确的努力方向。

最后，找家长谈，了解其在家表现及家长对他的要求和期望。告知我的帮教措施,有的放矢地通报其在校表现,从而在老师、家长和同学之间形成一个封闭的帮教链。

第2部分辅导:主动帮助。他的心理压力和自我感觉在很大程度上取决于学习成绩的好坏。为此,我利用业余时间与他探讨学习方法,激发他的学习兴趣,增强学习的自信心,从而养成自觉学习的良好习惯。同时,和他一起分析,他在学习上最大的优点是头脑灵活,但最大的缺点是喜欢经常耍小聪明,不踏实,情绪波动较大。于是,我引导他要扬长避短,重拾学习信心。

第3部分辅导:诚恳激励。他的成长进步,我认为不在于批评多少,而关键在于激励多少。针对他学习的优势,在他的聪明劲上做文章,引导鼓励他自觉主动地制订相应的学习计划,明确学习目标,并诚恳地说:"相信自己,只要你肯努力,肯改变自己,你可以攀登上学习的巅峰"。

【辅导效果】

经过辅导,该生基本能克服和改变不良的学习心理和行为,明确自己的学习目标,规划自己的学习计划;能正确对待人和事以及客观地评价自己,积极乐观,能够自主控制和调节不良情绪。

【辅导感悟】

教育过程中,要经常使用激励的语言,给予学生赞美。在我看来,赞美具有一种不可思议的推动力量,对别人的赞美就像荒漠中的甘泉一样让人心灵滋润,受到赞赏的人能激发出一股自信与冲劲而引发出潜力。

【案例2】:在快乐中学习与成长(辅导案例)

刘某,是班上出了名的乖学生,他每天都能按时上课,从不违反校纪校规,每次上课都会很认真地听课并做笔记,从不会在课堂上打瞌睡、讲小话,玩手机等。但是,他存在以下问题:

(1)虽然他有很认真听课,但是考试成绩却总是不理想。

(2)当同学们在娱乐玩耍时,他总是在一旁静静地看着,不会参与进去。

【辅导目标】

(1)了解该同学的学习计划,并找出他考试成绩不理想的原因,给予一定的帮助。

(2)用积极向上,活泼开朗的心态使他不再那么内向,让他多与人接触相处,多参加活动来丰富他的生活。

【辅导过程】

第1部分辅导：调查分析成绩不理想原因，并指导学生寻找适合他的学习方法。刘某的期末考试成绩出来了，成绩一如既往的糟糕，这让他闷闷不乐。我找他聊天得知，他虽然每次上课都表现得很认真，可实际上经常走神。可以说是人在教室心在外。他的笔记是写得挺多可是记完后却从不再查阅，只是让它们静静地躺在书包里，每次考试他都是临时抱佛脚，只会死记硬背。我便给他支招：让他上课别多想，跟着老师的思路走。做好课前预习的准备，当不懂的问题要提前做好记号，当老师讲课时重点听不懂的内容。在考试前几周便要做好复习的准备，多理解，考试紧张时可以进行深呼吸来放松自己。在我的建议下，他的成绩果然有所提高，由班上中下游成绩发展成如今的上游成绩。

第2部分辅导：寻求朋辈帮扶体系，引导他走进群体。刘某最不喜欢的课程是体育课，体育成绩一直是不及格。尽管同学们都嘲笑他，他也不懂得努力去争取及格。每次体育课他只会在一边看着，从来都不会与同学一起跑步，打羽毛球等。学校组织野炊郊游等活动他从来都不参加，也没参加学校的任何组织。对此，我暗暗安排班长、本班同学和宿舍同学，要求他们用耐心与开朗乐观的心态与他相处，多逗他开心，让他慢慢接纳，从而介绍更多的朋友与他认识和玩耍，让他慢慢地不再是一个人，随着时间的推移，他脸上开始出现了笑容，也开始不排斥上体育课了，体育项目也开始及格了，他的身边现在有许多朋友，人也渐渐活泼开朗，自信起来了。学校只要一有活动他都会踊跃报名参加。现如今他已是某协会的成员之一。

【辅导效果】

经过辅导，解决了刘某对学习方面的困扰，能够快乐自主地学习，并取得了优异的成绩。也扩大了他的朋友圈，让内敛害羞的他逐渐外向开朗起来，培养了他一定的组织社交能力。

【辅导感悟】

（1）不断了解学生，只有当自己了解学生需要什么，才能进行有针对性的辅导。

（2）帮助学生更多地认识自己，学会适应，学会接受，学会处理身边的人和事，让他多与人相处，帮助他一步一步实现目标。

第六节 家困生帮扶例说

家困生,是家庭经济困难学生的简称,是指那些家庭收入水平低于当地一般经济社会发展水平,供养其完成学业存在一定困难的学生。

家困生帮扶是指对辅导员运用教育学相关理论知识以及利用国家、学校对"家困生"的资助政策,给那些因家庭经济困难而产生自卑心理、理想信念缺失、道德水平滑坡的学生提供适当帮助,教育引导他们自立自强、诚实守信、知恩感恩、勇于担当的良好品质。

一、帮扶的重点工作

(1)加强资助工作。辅导员应通过家访、调研、谈心谈话等方式,依据国家、学校家困生认定标准,精准认定家困生,建立全面、动态的家困生档案;应根据国家、学校对家困生的资助政策,合理确定资助对象、资助等级,给予家困生一定的物质资助;全面掌握家困生的思想动态、行为特征和心理问题,有的放矢地开展一对一帮扶。

(2)扶困和扶智、扶志相结合,开展资助育人。辅导员对家困生的帮扶不能仅停留在物质上的扶困,而更应该着重扶智和扶志,注重精神激励和道德浸润,在物质资助中渗透励志教育、感恩教育和诚信教育,教育引导他们培育奋斗精神,自强不息、创新创业的进取精神。

二、政策法律依据

家困生辅导是辅导员学生日常事务管理职责之所在。辅导员应依据有关政策法律开展工作,做到有法可依,有法必依。

(一)《普通高等学校辅导员队伍建设规定》教育部令第 43 号(2017年)

该文件明确把学生日常事务管理纳入辅导员工作职责,其中强调要"组织学生开展勤工俭学活动,做好学生困难帮扶"。①

（二）《高校思想政治工作质量提升工程实施纲要》（教党〔2017〕62号）

该文件明确提出应构建资助育人质量提升体系,全面推进资助育人,并强调要"把扶困与扶智,扶困与扶志结合起来,建立国家资助、学校奖助、社会捐助、学生自助'四位一体'的发展型资助体系,构建物质帮助、道德浸润、能力拓展、精神激励有效融合的资助育人长效机制,实现无偿资助与有偿资助、显性资助与隐性资助的有机融合,形成解困—育人—成才—回馈的良性循环,着力培养受助学生自立自强、诚实守信、知恩感恩、勇于担当的良好品质"。②

（三）《国务院关于建立健全普通本科高校、高等职业学校和中等职业学校家庭经济困难学生资助政策体系的意见》（国发〔2007〕13号）

该文件明确提出:要通过"完善国家奖学金制度""完善国家助学金制度""进一步完善和落实国家助学贷款政策""学校要按照国家有关规定从事业收入中足额提取一定比例的经费,用于学费减免、国家助学贷款风险补偿、勤工助学、校内无息借款、校内奖助学金和特殊困难补助等"③途径来进一步建立健全家庭经济困难学生资助政策体系,使家庭经济困难学生能够上得起大学、接受高等和职业教育。

同时,依据此文件有关精神,教育部、财政部制定了《普通本科高校、高等职业学校国家奖学金管理暂行办法》《普通本科高校、高等职业学校励志奖学金管理暂行办法》《普通本科高校、高等职业学校国家助学金管理暂行办法》等文件,厘清了国家奖学金、国家励志奖学金、国家助学金各自的资助对象、资助标准、申请条件、评审原则和标准,确保对家庭经济困难学生的有效帮扶。

---

①中华人民共和国教育部令第 43 号令:《普通高等学校辅导员队伍建设规定》,2017 年 9 月 29 日。
②中共教育部党组:《关于印发〈高校思想政治工作质量提升工程实施纲要〉的通知》,2017 年 12 月 4 日。
③国务院:《关于建立健全普通本科高校、高等职业学校和中等职业学校家庭经济困难学生资助政策体系的意见》,2007 年 5 月 13 日。

（四）《教育部 财政部关于印发〈高等学校勤工助学管理办法（2018年修订）〉的通知》（教财〔2018〕12号）

该文件明确提出："勤工助学是学校学生资助工作的重要组成部分，是提高学生综合素质和资助家庭经济困难学生的有效途径，是实现全程育人、全方位育人的有效平台。勤工助学活动应坚持'立足校园、服务社会'的宗旨，按照学有余力、自愿申请、信息公开、扶困优先、竞争上岗、遵纪守法的原则，由学校在不影响正常教学秩序和学生正常学习的前提下有组织地开展"，并明确学校还要"加强对勤工助学学生的思想教育，培养学生热爱劳动、自强不息、创新创业的奋斗精神，增强学生综合素质，充分发挥勤工助学育人功能"。[①]

（五）教育部等六部门联合印发《关于做好家庭经济困难学生认定工作的指导意见》（教财〔2018〕16号）

该文件明确提出，家庭经济困难学生的认定工作要遵循"坚持实事求是、客观公平、坚持定量评价与定性评价相结合、坚持公开透明与保护隐私相结合、坚持积极引导与自愿申请相结合"原则，要综合考虑"家庭收入、财产、债务等家庭经济因素；是否属于建档立卡贫困家庭学生、最低生活保障家庭学生、特困供养学生、孤残学生、烈士子女、家庭经济困难残疾学生及残疾人子女等特殊群体因素；校园地、生源地经济发展水平、城乡居民最低生活保障标准，学校收费标准等地区经济社会发展水平因素；遭受重大自然灾害、重大突发意外事件等突发状况因素；学生消费的金额、结构是否合理等学生消费因素；家庭负担、劳动力及职业状况等其他影响家庭经济状况的有关因素"[②]，以达到进一步健全学生资助制度，提高学生资助精准度，实现精准帮扶的目标。

---

①教育部、财政部：《关于印发〈高等学校勤工助学管理办法（2018年修订）〉的通知》，2018年8月20日。

②教育部等六部门：《关于做好家庭经济困难学生认定工作的指导意见》，2018年10月30日。

三、典型案例

【案例1】：你若励志，何惧困难（工作案例）

杜某，男，163级食品生物技术专业学生。有一天，该生非常悲伤地对我说："老师，我爸爸得了重病，现在医院治疗，母亲瘫痪在床，姐姐被迫中止打工回家照顾爸妈，哥哥一人打工的收入无法支撑家庭基本开支、爸爸的医疗费和我的学业费用。我也没有办法也不忍心让我哥哥一人扛起家庭的重担。所以，我决定退学去打工，虽然有遗憾，但问心无愧。"

【案例处置】

这是一个因家庭经济贫困而引发的退学危机案例，也是一个典型的家庭经济困难学生帮扶案例。

（1）开展国家资助政策宣讲。听了杜某的诉说后，我立即再一次向他宣讲国家奖助贷资助体系，并鼓励他利用自己学习成绩优异，创新思维活跃的优势，参评国家奖学金和国家励志奖学金，参加各种科技创新比赛和专业技能比赛获取奖金。让他充分地相信，他完全可以运用好国家奖助贷政策和自己的实力，通过贷款、勤工俭学报酬、国家助学金、国家奖学金、国家励志奖学金、比赛奖金等方式，获取完成学业所需的全部费用，不会给家庭增加经济负担。

（2）构建家庭、学校、辅导员、班级和宿舍五级帮扶体系。①与家人沟通，了解其家庭困难具体程度，告诉他们：该生可以通过国家奖助贷政策以及自己的努力解决完成学业所需的费用，不会增加家庭经济负担。同时对其家庭成员开展劝导：目光要放长远，现在让其辍学去打工只能解决家庭一时的困难。但如果克服困难让其读书，凭借他的聪明才智可以让家庭永远摆脱贫困，走向富裕。要帮助该生继续完成学业。②根据他的困难情况，以及成绩优异、守纪等在校表现，为他向学校申请了特殊困难补助；评定一等奖国家助学金、国家奖学金、励志奖学金；③积极为该生寻找勤工助学岗位，帮助其克服经济困难。④发动班级捐款，帮助他先解决燃眉之急。⑤要求宿舍成员随时关注其心理动态。

（3）开展励志、感恩和诚信教育，给予心理辅导。在国家助学贷款办理过程中，深入开展诚信教育和金融常识教育；在助学金和奖学金发放环节，深入开展感恩教育,培养他爱党、爱国、爱社会主义意识;在勤工助学环节,着力培养他自强自立的进取精神,励志他"幸福是奋斗出来的"。同时,还经常与他谈心谈话,开展心理辅导,鼓励他要积极乐观地面对和克服人生成长成才过程中所遇到的一切艰难险阻,只有经得起风雨,才能见彩虹。

通过上述辅导工作,该生坚持克服困难、继续学习,在校期间先后评了国家奖学金、国家励志奖学金、国家助学金、湖南省优秀党员、湖南省优秀毕业生、湖南省多项科技创新和技能比赛奖项。毕业后两年,他不仅还清了所有贷款,还帮助家庭摆脱了贫困。

【案例启示】

(1)谋求合力,构建多方帮扶体系。辅导员在工作中应充分发动各方力量,共同帮助家困生解决问题。

(2)把解决实际问题与解决思想问题结合起来。辅导员应在帮助学生解决实际问题的过程中融入思想政治教育,教育引导学生树立崇高的理想信念,塑造正确的"三观",培育学生奋斗、励志精神,从根本上帮助学生成长成才,提高育人质量。

【案例2】:穿越自卑的荆棘(辅导案例)

张某,男,183畜牧兽医专业学生,父母都是农民,家境贫寒。入学以来,他一直很自卑。因为中学时他成绩拔尖,深受老师和同学们的器重。但是,为了他上大学,家里负债累累,自己也借了不少钱以掩饰自己的贫穷和普通。原以为到了学校会有很多机会,可以通过打工来养活自己,实际上却事与愿违。他设法通过参加社团、看书、报考职业资格证等方式,提升自身素质,但总是半途而废。于是,他感到自己脱离不了贫穷,走不出社会底层,自己不会有好的前途,甚至连女朋友都找不到,心里十分失落。据此分析,我判断张某属于适应障碍伴随性自卑。

(1)大学之前,他成绩拔尖,一直受到关注和重视,使其得到了充分的心理满足,从而忽视了家庭本身的贫困和普通。入学后,他不如过去那样受关注,失去了原来心理满足的基础。导致他认识到了家庭贫困与周围其他人之间的差距。他又不能正确看待贫穷与成功的关系,以偏概全地看待自己未来,意志力下降,形成了自卑心理。

(2)他过分看重这种落差,妄图以借钱的方式掩饰自身贫困,这是虚荣心的表现。

（3）张某错估了大学生活,结果发现,不如预期那样可以通过打工来补贴生活费。"希望的肥皂泡破裂",造成了适应障碍,出现挫折感。由此可见,张某的内心十分脆弱。

【辅导目标】

（1）引导该生正确认识自我。

（2）引导该生培养自信心,逐步消除自卑心理。

【辅导过程】

通过了解,发现张某自卑的表现主要源自:一是家庭的贫困;二是对大学生成功认识的偏颇。对此,我主要从以下几个方面进行辅导。

第1部分辅导:引导该生正确认识贫困,克服自卑心理。不管家庭经济条件如何,终归是自己的家,这是不可改变的事实。现在家庭经济条件有困难,那也没有什么关系啊。通过自身努力,总会闯出自己的一片天空。列举一些出身贫寒的名人故事,激励该生树立积极的人生观,积极的生活态度,并引导他贫困不是罪,贫困不是衡量一个人是否优秀的指标,家庭贫困不应成为它自卑的根源,而应成为他成长成才的动力源。

第2部分辅导:引导该生正确认识成功,积极拥抱大学生活。每个同学能够进入大学,说明大家在中学时期都很优秀。既自然周围的同学都是优秀的,就肯定会有部分同学失去曾经备受关注的目光、失去优秀生的光环。应引导他在大学里,在各个方面锻炼自己,如参加各种社团活动、实践活动等,以求得真学问,练就真本领,形成新的比较优势;要能变困境为动力,不应更多地注重物质上的相互攀比,而应注重自己的精神富足和成长发展,把贫困变成自己负重前行的精神财富。

第3部分辅导:给予该生一定的物质帮扶,引导他学会感恩。鉴于该生的家庭贫困情况,在大一、大二时,根据国家和学校的资助政策,帮他申请了一等助学金,并主动联系资助中心,帮助他寻求勤工俭学岗位,以最大程度给予他物质帮扶,为他能安心学习提供经济保障。并在物质帮扶过程中引导他要记住"滴水之恩当涌泉相报"的道理,学会感恩,感恩国家、感恩母校、感恩父母和师长、感恩同学,感恩身边每一个人。

【辅导效果】

通过辅导,张某性格变得活泼开朗,过去不爱说话,现在和同学相处的十分融洽,渐渐地走出了自卑阴影,也交到了很多知心的朋友,成绩逐渐上升,心理素质逐渐提高,人也精神了许多,不管是生活上,还是学习上都变得更快乐。

【辅导感悟】

贫困生入学后,不仅面临经济上的困窘,还要学会怎样融入学校这个小社会中。鼓励他们积极参加集体活动,融入集体,培养集体主义感,加强与同学之间的友谊,相互鼓励、共同进步。

此类问题,反映了贫困大学生在社会交往中普遍存在的心理问题。如果不善加引导,任其发展,不仅会对个人、学校、家庭造成巨大危害,也会对社会造成严重危害。希望通过对家困生的辅导,能够唤醒那些曾有自卑心理的人,帮助他们重新建立自信。

附 录：漫论/笔谈

第一部分：思想政治教育漫论

一、高职院校思政教育"3+3"工作范式探讨

思想政治教育工作事关"培养什么样的人、如何培养人以及为谁培养人"的根本问题，是一个立德树人、铸魂育人的系统工程。如何结合院系实际情况，"坚持把立德树人作为中心环节，把思想政治工作贯穿教育教学全过程，实现全程育人、全方位育人"[①]，培养德智体美全面发展的社会主义建设者和接班人，是新时代高校思想政治教育工作者所面临的现实课题。为我们探索的"3+3"（突出3个引领，坚持3个导向，着力3个强抓）思想政治教育工作范式，提供了一个可资参考借鉴的样本。

（一）**突出党建引领，坚持问题导向，强抓作风，凝聚师生干事创业的强大合力**

习近平总书记强调"加强党对教育工作的全面领导，是办好教育的根本保证"，"要把抓好学校党建工作作为办学治校的基本功"[②]。这无疑是高校

---

①习近平：《在全国高校思想政治工作会议上的讲话》，《人民日报》，2016年12月9日。
②习近平：《坚持中国特色的社会主义教育发展道路　培养德智体美劳全面发展的社会主义建设者和接班人》，《人民日报》，2018年9月11日。

基层党组织以党建为引领,推动院部中心工作及其他工作发展的行动指南。这也就要求基层党组织(党总支、支部)必须履行政治责任,既要加强全面领导建设,充分发挥"政治核心作用";又要加强自身组织建设和能力建设,"充分发挥党支部战斗堡垒作用";在充分发挥"党的政治优势和组织优势"的基础上做好师生思想政治教育工作,凝神聚气,推动工作发展。基于此,我们自觉摒弃过去那种为党建而党建、只务实、不务虚、重业务、轻党建等错误思想与做法,突出党建引领,坚持党总支(支委)的领导,自觉维护党组织在院部工作中"政治核心作用"的地位,充分发挥党支部的战斗堡垒作用,充分发挥党员干部的先锋模范作用;坚持问题导向,最大限度地调动起师生的积极性、主动性和创造性;通过抓党建带动院系工作向前快速发展。

(1)牢牢坚持群众路线这一根本领导方法和工作方法,强抓调查研究之"务实"作风。依托大调研、大走访、书记、院长面对面谈、问卷调查、谈心谈话等方式,广泛征集师生有关院部改革、发展、建设中所存在的问题、意见与建议,以广开言路"疏"的方式解决思想僵化、创新疲软、举措不力等问题。

(2)坚持示范、教育推动个人成长,强抓奋斗拼搏之"进取"作风。通过推介系列功勋教师、教学名师、教学新秀、创业之星、榜样人物等个人成长先进事迹;不定期以现场观摩—学习反思—交流心得方式开展革命传统教育、警示教育等形式,激发师生的奋斗意识、进取奉献、自力更生、艰苦创业等精神,解决师生职业发展中精神懈怠、拈轻怕重等问题。

(3)切实拿起批评与自我批评这个武器,强抓正风肃纪之鞭策作风。采取对照条规自我检视,发现问题逐一整改的方式,认真查摆,列出问题清单,各自认领。本着有则改之、无则加勉和惩前毖后、治病救人的原则,我们通过既教育批评又关怀问暖,既严肃纪律又民主活泼,既调研问诊又各自整改等方式,解决师生作风不良等系列问题。

通过突出党建引领,坚持问题导向,强抓作风,增强了师生的"四个意识"和集体荣誉感、责任感、使命感,激发了他们奋斗的精气神,从而凝聚一股干事创业的强大合力。

(二)突出思想引领,坚持务实导向,强抓学风,激发师生求知问道的强大内驱力

青年大学生是中国特色社会主义事业的接班人和建设者,是推进社会主义现代化建设和实现中华民族伟大复兴的生力军。这赋予了新形势下高校思想政治教育工作的重要使命就是贯彻落实立德树人根本任务,坚持把"思想价值引领贯穿教育教学全过程和各环节",运用党的创新理论、大学生行为规范、校级校规、法律法规等先进思想理论与制度规章武装当代青年大学生的头脑,帮助他们洗涤思想污垢,抵御错误思潮,克服意识薄弱、政治信仰迷茫、价值观趋于功利化和现实化等问题,引导他们牢树"五个意识"、坚定"四个自信",坚决做到"两个维护";厚植爱国主义情怀,把爱国情、强国志、报国行自觉融入坚持和发展中国特色社会主义事业、建设社会主义现代化强国、实现中华民族伟大复兴的奋斗之中,贡献青春智慧与力量。

为此,我们以强抓学风为突破口,坚持务实导向,自觉摒弃为学习而学习、为理论而理论等伪学风,坚持实事求是的马克思主义学风,开展思想引领工作。

(1)强抓政治理论学习,采取集中学习与个人自学相结合,抄学原文与闭卷考试相结合,交流心得与查摆问题相结合等多种"学—考—思—谈"的方式,推动党员干部读原著、学原文、悟原理,全面系统地学习习近平新时代中国特色社会主义思想,以党的创新理论武装头脑,从思想根源上解决"精神缺钙"、奋斗姿态疲软、"本领恐慌"等问题,实现了"要我学"到"我要学"的转变。

(2)针对学生所存在的学习态度颓废、学习目的盲目、学习动力消退、痴迷手机等学风问题,我们实施"221"工程。

①打造好"党(团)分校"和"理论学习小组"2个平台:第一,抓好党(团)分校平台,以参加集中培训授课、"青马培训班""青年大学习"和自学为载体,涵养入党积极分子和团员干部的党史、国史、党规党纪等理论知识;以写心得、谈体会、考试为"试金石",检测其学习效果;以社会实践、习惯养成为观察窗,长期考验其党性修养。第二,抓好理论学习小组平台,以学生分会干部、入党积极分子为骨干,分成若干个8～10人的理论学习小组,按照"支部领导,辅导员指导督查,学生干部组织开展,入党积极分子参与"的运作方式和"理论学习+讨论交流"的学习方式,定期开展马克思主义理论学习,促力参训人员党性修养和能力的提升。

②推行"宣誓践诺"和"表彰推介、通报警示"2种机制。即指分不同

学生群体类型，采取集体承诺宣誓与个人承诺签字相结合的方式，分批召开诸如年级学生的诚信考试践诺会、奖助学金获得者及企业（个人）爱心受助学生的感恩践诺会、学业预警学生的受帮整改践诺会等。坚持奖优罚懒，采取树先进典型和严惩不良恶行相结合的方式，表彰推介优秀先进典型学生，批评教育、通报惩治不良行为学生，以此倡导诚信、感恩、敬业、好学、进取等价值取向，营造良好的学习生态。

③实行1项课内学风建设责任制。明确专任教师是课内学风建设的直接责任人，实行课堂内谁授课、谁负责的学风建设责任制，从严管好课堂纪律和学生学习状况。同时，以课堂思政为抓手，强调课堂不仅是专任教师传授专业知识的"责任田"，更是他们结合所授专业知识点和岗位技能特点，深挖思想价值要素，适时开展思想引领教育的"育人地"。

（三）突出价值引领，坚持育人导向，强抓常规，养成青年大学生良好的幸福人格

高校作为传授知识的重要场所，也是培养和塑造价值观的熔炉，大学生将在这里初步建立起稳定的价值观系统，完成向社会人的转变。[①]这就要求高校思想政治教育工作者必须坚持育人导向，突出价值引导，在坚定理想信念、厚植爱国主义情怀、加强品德修养、增长知识见识、培养奋斗精神、增强综合素质[②]六个方面下功夫，推动知识传授、能力培养与理想信念、价值理念、道德观念教育的有机结合。

俗话说："基础不牢，地动山摇"。我们认为，要实现上述目标，关键在于功在平时的常规养成教育。为此，我们以强抓学生常规管理为抓手，遵循大学生思想行为特点及其思想政治状况和高校思想政治教育发展规律，致力于将中华传统优秀美德、红色文化精神、工匠精神、社会主义荣辱观、公民基本道德规范、社会主义核心价值观等教育与学生行为习惯养成教育结合起来，帮助学生形成全面发展的幸福人格。

（1）抓好入学教育的"三观"引领，着力解决大学生思想精神的"总开

---

①南亚娟、苏玉波：《新时代大学生思想理论教育和价值引领的路径探索》，《理论导刊》，2018年第9期。
②习近平：《在全国教育大会上的讲话》，《人民日报》，2018年9月11日。

关"问题。这主要围绕什么是大学、你向往什么样的大学生活、你追求什么、为什么人、为谁学习等话题，邀请历届优秀校友、优秀创业毕业生、企业成功人士等先进典型榜样人物畅谈他们有血有肉的成功人生，学习创新创业、创优争先等先进事迹或经验；开展师生、朋辈交流讨论会等活动形式，破除他们价值迷失、价值迷茫等问题，帮助学生树立正确的大学观、学习观、人生价值观，以找准人生坐标，坚定理想信念，明晰追求向往，做好职业生涯规划。

（2）抓好养成教育的良习引领，着力解决大学生日常不良行为习惯问题。譬如针对大学生纪律观念淡薄而迟到、旷课等不良习性，我们除了以钉钉子精神，锲而不舍地开展个别批评教育外，还开展守住底线（政治底线、学业底线、纪律底线、道德底线、安全底线）教育，引导学生正确处理自由与纪律的关系，敬畏国法校纪和规章制度，明白什么可为，什么不可为。又如针对少数学生干部懒惰、表率效应弱化的现象，我们有意识地开展正人先正己、率先士卒、言传不如身教、打铁还需自身硬等传统"从政"思想教育，结合他们的实际表现，引导他们深入思考以身作则、做表率的重要性与必要性。再如每逢节假日，我们均以温馨提醒的方式，提醒学生要遵守交通法规、礼让谦逊、主动让座，不霸座等，引导学生在实际生活中感受真、善、美。

（3）抓好铸魂教育的文化引领，着力解决学生思想滑坡、精神"缺钙"问题。针对目前大学生身上所表现出的思想懒惰、享乐主义、功利主义等思想陋习以及缺乏艰苦奋斗精神、眼高手低、佛系心态等弊病，我们借助主题班会、晚自习、红色基因文化苑等载体，实施"每周必看"活动，紧紧围绕铸魂育人的目标任务，分工匠精神、红色精神、新思想新理念、中华传统优秀文化、家风家教五个模块内容，利用网络资源，选取相关文章作品、影视、纪录片、动漫等，在固定的时间地点以视频播放、朗诵、谈体会等方式进行潜移默化的"文化引领"教育，内化于心、外化于行。

（4）抓好质量诊断的目标引领，着力解决学生成长成才规划的纠偏问题。根据学生入学教育时所制定的《三年成长成才规划书》，每年检视自己当年在学习、社会实践、创新创业、技能竞赛等诸多方面所取得的成绩，对表对标，找差距、查根源，明确目标，实事求是地整改，以规划目标引领自己成熟成长。

思想政治工作从根本上说是做人的工作，是一项事关中国特色社会主义事业后继有人的重要工作，是高校各项工作的生命线。做好高校思想政治工作需遵循思想政治工作规律、教书育人规律、学生成长规律,因事而化、因时而进、因势而新。大学生思想政治教育工作永无成法,思想政治教育工作的探索改革永远在路上。

二、新时代视阈下高校辅导员开展红色文化育人的路径创新

近年来,习近平同志相继提出了"更加注重以文化人以文育人""铸魂育人"①等加强高校思想政治教育的新思想新理念,这必然成为新时代下高校辅导员开展思想政治教育工作的行动指南。而红色文化资源作为我们党在革命、建设和改革中形成的宝贵精神财富,是高校辅导员实践"以文育人"新理念的文化源泉和精神养料。因此,高校辅导员探索如何充分挖掘、运用红色文化资源优势,开展红色文化育人树人,塑造时代新人,则成为新时代下高校思想政治教育工作的题中之义。

(一)开展红色文化育人的归因透析

培养什么人、怎样培养人、为谁培养人,是新时代下高校辅导员全面贯彻党的教育方针,落实立德树人这一根本任务,所必须回答的首要的根本性问题;也是他们从事一切思想政治教育工作的出发点和落脚点。因此,高校辅导员尝试探索红色文化育人工作机制,既是时代所呼,也是现实所需,更是职责所在。

(1)开展红色文化育人,传承红色基因,是新时代高校辅导员铸魂育人的必然要求。德国哲学家卡尔·西奥多·雅斯贝尔斯说,"教育是灵魂的教育,而非理智的知识和认识的堆积"。②高校辅导员作为一名思想政治教育工作者,势必承载着传承人类文明,塑造灵魂的时代重任。俗话说:"巧妇难为无米之炊"。那么,高校辅导员用什么来铸魂育人?这思想武器源于五千多年文明发展中孕育的中华优秀传统文化和党和人民伟大斗争中孕育的革命文化和社会主义先进文化①。它积淀着中华民族最深层的精神追求,代表着中华民族独特的精神标识,是我们的魂和根。

---

① 《承担起培根铸魂的神圣职责——习近平总书记讲话鼓舞激励广大文化文艺工作者和哲学社会主义哲学工作者》,新华社 2019 年 3 月 5 日电。
② 雅斯贝尔斯:《什么是教育》,北京:生活·读书·新知三联书店,1991 年。

作为中国共产党人的精神内核,中华民族的精神纽带和伟大信念的红色革命文化,蕴含着——把人民放在最高位置的执政理念;革命理想高于天的坚定信念;爱党爱国,矢志不渝的忠诚;勇于拼搏、自强不息的追求;无私奉献、无怨无悔的忘我精神;为民服务、独立自主、探索创新的思想品质;秋毫不犯、纪律严明的高度自觉;坚守廉洁自律底线、牢记使命担当的公仆情怀等丰富内涵。这无疑是高校辅导员铸魂育人的精神食粮和活水源泉。因此,自觉挖掘和发挥全国各地红色资源优势,运用红色文化去教育人、启迪人、激励人;用红色精神、红色品质、红色传统作风等为当代青年大学生铸魂聚气,坚定理想信念,认同"四个自信",树立正确的"三观",是新时代赋予高校辅导员铸魂育人的必然要求。

(2)开展红色文化育人,养成红色品质,是高校辅导员推进思想价值引领的现实需要。2017年2月,中共中央、国务院明文规定:"要强化思想理论教育和价值引领","推动中华优秀传统文化融入教育教学,加强革命文化和社会主义先进文化教育"②。这为我们做好新时代高校思想政治工作确立了基本遵循和努力方向。在我们看来,开展红色文化教育活动,让青年大学生在先进的红色文化浸润、感染、熏陶下,养成一种明大德、守公德、严私德的崇高红色品质。

然而,现如今占据大学校园的主体是,沐浴着社会信息化发展成长的95后和00后大学生。他们虽然具有思维更加活跃开放,个性更加独立张扬等特质,但是也存在网络依赖和迷恋更加突出,自我教育管理和服务能力相对缺乏,自制、自控能力弱等缺点,容易被拜金主义、个人主义、享乐主义、利己主义等西方价值观以及佛系文化、草根文化、消费文化和娱乐文化等外界诱惑所俘获,造成思想扭曲和价值误导。这对新时代高校思想政治教育工作提出了新挑战和新课题。因此,高校辅导员立足于当代大学生的新特质,坚持立德树人、以文化人,用中华优秀传统文化、红色革命文化和社会主义先进文化来提高当代青年大学生的思想觉悟、道德水准、文明素养,践行社会主

---

①习近平:《在庆祝中国共产党成立95周年大会上的讲话》,《新华社》2016年7月旧电。
②中共中央、国务院:《关于加强和改进新形势下高校思想政治工作的意见》,2017年2月27日。

义核心价值观，教育引导他们扣好"人生第一粒扣子"， 帮助他们养成高尚的红色品质，坚定理想信念，做新时代的奋进者、担当者、奉献者。这不仅是"三观"教育的内在要求，而且是践行"以文化人、以文育人"的应然举措，更是高校辅导员推进思想价值引领的现实需要。

（3）开展红色文化育人，培育时代新人，是新时代下高校辅导员教书育人的职责所在。党的十九大以来，培养担当民族复兴大任的时代新人已成为新时代下高校思想政治教育工作的根本育人目标。所谓时代新人，就是一个富有灵魂的人，一个有理想、有本领、有担当的人，一个德智体美劳全面发展的社会主义建设者和接班人。为实现这一育人目标，教育部 43 号令《普通高等学校辅导员队伍建设规定》明文规定，"辅导员要引导学生正确认识世界和中国发展大势、正确认识中国特色和国际比较、正确认识时代责任和历史使命、正确认识远大抱负和脚踏实地，成为又红又专、德才兼备、全面发展的中国特色社会主义合格建设者和可靠接班人"。[1]习近平同志也强调：要在"坚定理想信念、厚植爱国主义情怀、涵养品行、增长本领、培养奋斗精神和增强综合职业素养"[2]上下功夫，用新时代中国特色社会主义思想铸魂育人，教育引导大学生树立共产主义远大理想和中国特色社会主义共同理想，增强"四个自信"，把爱国情、强国志、报国行自觉融入坚持和发展中国特色社会主义事业、建设社会主义现代化强国、实现中华民族伟大复兴的奋斗之中。

很显然，作为承载着"传播知识、传播思想、传播真理，塑造灵魂、塑造生命、塑造新人"[3]时代重任的高校辅导员，自觉挖掘和运用红色文化资源进行"以文育人"， 弘扬红色文化传统，传承红色基因，让大学生在浸润吸收红色文化的精髓和要义中养成品性、升华思想、涵养知识、提升能力，使其成为一个能担当民族复兴大任的时代新人，德智体美劳全面发展的中国特色社会主义建设者和接班人，是党和国家赋予新时代高校辅导员教书育人的重要职责。

---

①中华人民共和国教育部令第 43 号：《普通高等学校辅导员队伍建设规定》，2017 年 9 月 29 日。
②习近平：《在全国教育大会上的讲话》，《人民日报》，2018 年 9 月 11 日。
③同上②。

（二）高校辅导员开展红色文化育人的困境剖析

红色文化资源作为高校开展思想教育、理想信念教育、爱国主义教育、社会主义核心价值观教育以及国防教育等的优质资源，在高校思想政治教育中具有独特的优势，是高校辅导员进行"以文化人""以文育人""铸魂育人"的"富矿"。然而事实上，高校辅导员在挖掘和运用红色文化资源育人树人过程中却面临着诸多挑战，其主要表现在：

（1）多数大学生对红色文化知识储备不足和红色人文素养偏低，是制约高校"红色文化育人发展的客体因素。高校辅导员开展红色文化育人能否取得实效，其影响因子之一就是作为教育客体的新时代大学生在对红色文化充分认知的基础之上所养成的人文素养及其支配作用下所外化出来的创造性、主动性和积极性。然而目前，尽管当代大学生在思想认识上高度认可红色文化教育对塑造大学生"三观"和养成良好的思想道德品质具有极其重要的意义，也认同用红色精神、红色传统、红色品质等正能量因素去抵制庸俗文化侵蚀的现实必要性，以及坚持"知行合一"实践操行的重要性，但事实上，由于部分大学生平时并没有花足够多的时间去博览革命先辈人物传记、革命经典故事等红色文化书籍，或者实地参观学习革命遗址、革命纪念博物馆、革命烈士故居等，而是更多地借助网络平台，以碎片化学习方式，获取对红色文化的了解与知悉，使其认知水平仅停留在知然而不知其所以然的半吊子状态。据我们调查发现，从思想认识上看，学生对红色文化育人的重要性和意义持积极肯定的态度。在受调查对象中，85.87%的同学认为红色文化很重要；约76%的同学认为红色文化育人对学生的影响是较大的；80.55%的同学认为参加红色文化普及活动意义重大。但从学生对红色文化的知悉程度上看，却令人担忧。在受调查对象中，非常了解的仅占5.32%；基本不了解的高达25.87%。正是在这样的认知状况下，他们很难养成深厚的红色文化素养，锤炼出高尚的红色品质，相反却极易被拜金主义、享乐主义、利己主义等西方价值观、不良网络文化以及市场庸俗文化等消极事物所俘获，对高校辅导员开展的红色文化育人活动不是积极回应与支持，而是持消极抵触心态，甚至是排斥。

（2）一部分辅导员缺乏红色知识底蕴、工作方法滞后和主动性不够，是制约高校红色文化育人发展的主体因素。按理说，开展红色文化育人，塑造

"时代新人"，是高校辅导员进行"思想价值引领"的重要体现和功夫真章。然而，目前部分高校辅导员在实践红色文化育人时却举步维艰，究其原因是：①缺乏必需的智识支持。俗语说，"想向别人传道，先要自己懂经"。由于一些高校辅导员的知识背景不是思想政治教育专业或者历史学专业，对中国共产党党史、中国革命史、社会主义建设史以及马克思主义中国化理论成果等知之不详，或一知半解，不具有被这些专业知识所涵养的红色文化素养，致使他们开展红色文化育人树人活动时常常会相形见绌、难以为继。②缺乏思想价值引领的内在主动性。在辅导员九大工作职责中，思想理论教育和价值引领是其首责。但是，目前有些高校辅导员常因忙于事务性工作而无暇顾及"思想价值引领"工作；或因职业认同和归属感弱化而无心理会这一首责。于是，他们对开展红色文化育人之类活动只是被动式地应付了事，而不是自觉主动地从引领学生成长成才出发，去探究红色文化教育与学生日常管理教育相融合的有效机制与实现途径。③缺乏开展红色文化育人的有效方法。要有效提升红色文化育人的质量和切实增强其实效，需"因事而化、因时而进、因势而新"和"遵循思想政治工作规律，遵循教书育人规律，遵循学生成长规律"的科学化工作。可是，部分高校辅导员受各种主客原因的影响而不善于进行工作总结，沉溺于经验主义、教条主义，而不注重工作方式方法的研究与创新，严重弱化了其思想价值引领的能力，以至于无法将科学的思政工作方法运用于红色文化育人实践中去，自然而然就失去了引领红色文化育人的动力与潜能。

（3）校园中一度流行的佛系文化、丧文化对大学生的消极影响，是制约高校红色文化育人发展的外在因素。自觉自主地接受红色文化的熏陶与感染，并内化于心、外化于行，既是高校开展红色文化育人的出发点，又是它获得实效性的前提条件。可是，现如今大学校园中一度流行的佛系文化、丧文化现象，却成为高校辅导员推进思想价值引领，开展红色文化育人的思想屏障。因为以"无欲无求、不争不抢"为主要"佛系心理"表征的"佛系"青年大学生，常对外界发生的一切事物，均表现出"迟缓应对、甚至是拒绝接受"的意愿；对学校开展的一切活动，他们都是持一种"无所谓""事不关己，高高挂起"的消极、颓废心态。这对高校辅导员开展红色文化育人，并希冀学生"入脑、入心、入行"，无疑是一道难以逾越的思想教育深壑。

（三）高校辅导员创新红色文化育人机制的实现路径

针对上述高校辅导员开展红色文化育人所遇到的困境问题，我们通过多年的理论与实践探索，充分利用现代网络媒体技术和校内思想政治教育传统资源，创造性地构建了"一平台一社团三课堂"红色文化育人机制，取得了一定成效。

（1）建立"红色基因文化苑"微信平台，广泛挖掘红色文化资源，拓展辅导员/学生对红色文化的认知，实现红色文化网络育人。当前，随着新媒体的迅猛发展，红色教育要在高校"守好一段渠，种好责任田"①，高校辅导员就必须学会运用新媒体新技术使工作活起来。对此，我们架构了以传承红色基因，弘扬和培育大学生社会主义核心价值观为归旨，集红色文化普及、红色实践与思想交流于一体的"红色基因文化苑"微信平台，结合大学生的思想特点和行为特质，通过深度挖掘全国各地的红色文化资源，尤其是地方红色资源，以大学生所喜闻乐见的微言微语的传播方式，对大学生开展红色文化网络思想政治教育，既丰富广大师生的红色文化知识，又提升他们的红色文化素养，在红色网络文化的浸润、熏陶和感染下，最终达到红色育人的目的。

（2）组建红色文化社团，聚集志同道合的学生，共同从事红色文化研学与实践活动，深化他们的红色情感，实现自我成长成才。为了有效支撑"红色基因文化苑"平台建设，拓宽延展红色文化育人的维度与效度，以尽量销蚀佛系文化、丧文化等消极庸俗文化现象对青年大学生的思想腐化作用，我们组建了以传承和弘扬红色精神、红色家风以及红色优良传统等红色革命文化为宗旨的红色文化社团，通过开展研究和宣传红色革命文化，开展"四个正确认识"教育，开展对革命伟人、英雄、烈士等先进事例的学思践悟，通过参观革命遗址、革命纪念馆、伟人故居等方式，提升社员们对红色文化的认可，自觉接受红色文化的熏陶，内化于心，外化于干事创业的不竭动力，实现自我教育、自我提升、自我发展、自我完善。

（3）用好主题班会课，构建以学生为主体，教师为主导的课堂育人机制，使其在学思中传承红色基因。习近平同志强调，加强高校思想政治教育工作，

---

① 习近平：《在全国高校思想政治工作会议上的讲话》，《人民日报》2016 年 12 月 9 日。

要"用好课堂教学这个主渠道"[①]。在我们看来，高校辅导员开展红色文化育人的主渠道、主阵地就是主题班会课。要用好这个"第一课堂"，需做以下功夫：首先要推进主题班会课红色文化育人教学常态化。这可以借助伟大革命运动周年纪念日、革命烈士纪念日、国家公祭日、伟人诞辰纪念日等，以此入题，深入挖掘其中所蕴藏的红色物质文化或精神文化等资源，构建各种各样的主题班会课内容，定期或不定期地按照节日点进行有序常态化开展。其次，要构建以学生为主体，教师为主的课堂育人机制。即按照贴近实际、贴近生活、贴近学生的原则，采取讲述、朗诵、演讲、情景剧等教学方式，启发引导学生运用历史和现实的思维，学思红色掌故，感悟红色伟力，自觉将红色精神转化为现实行动源泉。最后，要确保与思想政治理论课同向同行，充分发挥课堂思政与思政课堂协同育人效应。

（4）夯实校园文化，开展形式多样、健康向上、格调高雅的红色文化活动，打造校园红色文化品牌，实现以文育人。打造健康向上、格调高雅的校园文化，是实现以文化人、以文育人的又一主渠道，是课堂思政的延伸。为此，高校辅导员要提升红色文化育人实效，需注重红色校园文化建设，开展形式多样的校园红色文化活动，打造红色文化育人品牌，构建文化育人体系。在实践中，我们通过组织学生开展每天晨读红色经典作品或红色经典诵读比赛；定期开展讲红色故事、讲伟人故事、讲英雄故事等活动；开展论红色精神、论红色思想等活动，表达观点和看法，畅谈心得感悟，探索、形成了红色经典诵读、红色故事会、红色论坛等红色文化品牌，有效地推动了大学生接受红色教育，体认红色精神，坚定了理想信念，树立了正确的世界观、人生观和价值观。

（5）做好社会实践，注重构建红色文化实践育人机制，让学生在社会实践活动中亲自体验"红色精神"伟力。马克思主义认为，"生产劳动同智育和体育相结合，它不仅是提高社会生产的一种方法，而且是造就全面发展的人的唯一方法。"[②]这表明，要实现红色文化育人树人的目标，红色文化教育必须与生产劳动、社会实践相结合。对此，我们积极开展校内外红色文化育

①习近平：《在全国高校思想政治工作会议上的讲话》，《人民日报》2016年12月9日。
②《马克思恩格斯全集（第23卷）》，北京：人民出版社，1972年。

人实践活动,譬如组织学生开展学雷锋义务活动;邀请老红军来校讲述革命故事;组织学生观看《建国伟业》《辉煌中国》等红色电影电视;鉴赏经典红色作品;组织学生重走长征路等红色之旅;参观韶山、井冈山、伟人故居等红色遗址……;不仅要让大学生感知、理解和认同红色文化思想精髓和核心要义,而且要让他们亲临其境,体验、感知、领悟革命和建设的激情岁月以及伟人的丰功伟绩和优良传统,升华他们的思想境界,从而悟化于行,发挥塑造新人的独特功效。

三、高校辅导员五步育人引导大学生"拔节孕穗期"健康成长

长期以来,党和国家非常重视、关注青年尤其是青年大学生的成长成才问题。"青年兴则国家兴,青年强则国家强。青年一代有理想、有本领、有担当,国家就有前途,民族就有希望"。①然而,青少年阶段是人生的"拔节孕穗期"②,需要我们精心引导和栽培,做青年大学生的"引路人"③。高校辅导员作为新时代大学生思想政治教育的中坚力量,应坚守"为党育人,为国育才"的初心使命,"努力成为学生成长成才的人生导师"④,自觉担当起新时代青年大学生"拔节孕穗期"的精心栽培和培育之重任,"该培土时就要培土,该浇水时就要浇水,该施肥时就要施肥,该打药时就要打药,该整枝时就要整枝"⑤,让新时代大学生树得更稳,立得更直,行得更远,飞得更高,走得更实,成为担当民族复兴大任的时代新人。

(一)"培土":抓理想信念教育,培根固本,让学生树的更稳

习近平总书记强调,"理想信念是根,是本,只有根深才能叶茂,只有本固才能枝荣";"理想指引人生方向,信念决定事业成败,广大青年一定要坚定理想信念,没有理想信念,就会导致精神上却'钙'"⑥。然而,当前随着经

---

① 《中国共产党第十九次全国代表大会文件汇编》,北京:党建读物出版社,2017年11月。
② 习近平:《在学校思想政治理论课教师座谈会上的讲话》,《人民日报》,2019年3月19日。
③ 习近平:《在纪念五四运动100周年大会上的讲话》,《人民日报》,2019年4月30日。
④ 中华人民共和国教育部令第43号:《普通高等学校辅导员队伍建设规定》,2017年9月21日。
⑤ 习近平:《在纪念五四运动100周年大会上的讲话》,《人民日报》,2019年4月30日。
⑥ 习近平:《在同各界优秀青年代表座谈时的讲话》,《中国青年报》,2013年5月5日。

济全球化、社会信息化、思想多元化深入发展，大学校园已成为新老左派、民主社会主义、民族主义、民粹主义、新儒家、自由主义思潮等各种意识形态的争锋之地，大学生也成为各种意识形态博弈的主要对象。这对高校坚持马克思主义指导地位，坚守中国特色社会主义思想主阵地提出了严峻挑战。因此，高校辅导员应不忘初心、牢记使命，主动抢占意识形态高地，牢牢把握意识形态的主动权和话语权，不断给新时代青年大学生这棵树"培培土"，加强理想信念教育，筑牢信仰之基，补足精神之"钙"，让他们树得更稳——坚定对马克思主义的信仰，对中国特色社会主义的信念；坚定永远听党话，跟党走的决心；不断增强"四个意识"，坚定"四个自信"，坚决做到"两个维护"，始终忠诚于党，忠诚于马克思主义，做到政治上立场坚定，不含糊；组织上坚决服从，不抗拒；行动上自觉追随，不退缩。

这种"培土"筑基，铸魂育人的思想价值引领工作，高校辅导员需从以下三个方面下功夫：一是针对新时代大学生理想信念现状及其思想行为特点，通过创新理论宣讲、"与学生话信仰"论坛、网络思政、微言微语等载体平台与形式手段，有的放矢地开展习近平新时代中国特色社会主义思想教育，用党的创新理论成果武装学生，培好理想信念之"土壤"，把好青年学生思想行动的这一"总开关"。二是通过党课、主题班会、红色文化社团、红色之旅诸类的社会实践活动形式，开展中国革命史、中国共产党发展史、新中国发展史教育，以这段历史长河中所沉淀下来的思想精髓、革命传统和优良作风培好青年学生理想信念之"土壤养分"。三是通过走进毛泽东故居、周恩来故居、夏明翰故居、刘胡兰故居等红色教育基地，感悟伟人先烈的精神境界；走入夏昭炎、宿秀江等身边先进典型的生活地，体认其先进事迹等共情教育的方式，培固青年学生理想信念之"根部土壤"。

（二）"浇水"：抓核心价值观教育，塑造灵魂，让学生立得更直

习近平总书记强调"青年的价值取向决定了未来整个社会的价值取向"[①]，而青年又处在价值观形成和确立的关键期，应"扣好人生第一粒扣

[①] 习近平：《青年要自觉践行社会主义核心价值观——在北京大学师生座谈会上的讲话》，中青在线，http://news.cyol.com/content/2014-10/11/content_10765449.htm，2014 年 5 月 4 日。

子"①,抓好这一时期的价值观养成。

为此,高校辅导员应正本溯源,自觉主动地给正处于"拔节孕穗期"的青年大学生"浇浇水":按照对接国家发展、对接时代趋势、对接学生需求的原则,努力探索将核心价值观教育融入社会实践、志愿服务、校园文化、课堂教学中去,融入学生的日常生活和管理中去,融入新媒体技术中去的途径与方法,引导学生分清是非对错,崇尚向上向善,让真善美的种子撒播在每个学生心中,扣好自己人生第一粒扣子,把稳自己人生航向的"定盘星"。以社会主义核心价值观、社会主义荣辱观净化自己的心灵,内化于心、外化于行,提高自己的思想觉悟、道德水准、文明素养,让自己在成长成才的道路上少走弯路,立得更直。正如习近平总书记强调的那样,"核心价值观承载着一个民族、一个国家的精神追求,是最持久、最深层的力量。广大青年要从现在做起,从自己做起,勤学、修德、明辨、笃实,使社会主义核心价值观成为自己的基本遵循,并身体力行大力将其推广到全社会去,努力在实现中国梦的伟大实践中创造自己的精彩人生。"②

(三)"整枝":抓道德品行教育,立德树人,让学生行的更远

《大学》云:"大学之道,在明明德,在亲民,在止于至善"。③习近平总书记更是强调,"一个民族、一个人能不能把握自己,很大程度上取决于道德价值"④。这足以说明品德修养对青年大学生的成长成才具有极端的重要性。事实上,在当前社会,拜金主义、享乐主义、个人主义等庸俗的社会思想都在一段时间内冲击着中华民族五千多年所创造出的高尚道德准则、礼仪规范和优秀的传统美德以及社会主义道德,腐蚀着当代大学生健康的"三观"修炼,使得一些意志不坚的学生在品行修炼上出现了"杂枝交错繁乱"的扭曲现象,以至于精神颓废、道德滑坡的怪象在他们身上屡见不鲜。

对此,习近平总书记从"为谁培养人,培养什么样的人、如何培养人"的

②管兆熊:《引导青少年和好人人生第一粒扣子》,《光明日报》,2008年10月10日。
②习近平:《青年要自觉践行社会主义核心价值观——在北京大学师生座谈会上的讲话》,中青在线,http://news.cyol.com/content/2014-10/11/content_10765449.htm,2014年5月4日。
③郑玄.《礼记》,北京:中华书局,2015年9月。
④冯鹏志:《习近平总书记文化思想的实践指向》,《学习时报》,2018年6月15日。

战略高度，提出了"育人的根本在于立德"，"高校立身之本在于立德树人"。[①]
这就要求高校辅导员必须以强烈的政治责任感和历史使命感，肩负起对青年
大学生思想道德建设的整枝之责：遵循因人因时因地而异的整枝原则，善用
润物细无声和爱的教育策略与同辈式的交流方式，将"德者，本也""善不可
失，恶不可长""积德行善必有后福""从善如登，从恶如崩"等正确的道德
认知与"见善则迁，有过则改""勿以恶小而为之，勿以善小而不为"等良好
的道德习惯养成以及"终日言善，不如行一善"、吃苦吃亏等道德实践践行有
机结合起来，将大德、公德与私德有机统一，帮助他们修剪其品行上所存在的
那些不合中华优秀传统美德的"小恶""杂枝"和不良习性，教育、引导他们
自觉弘扬社会公德、职业道德、家庭美德、个人品德；从做好小事，管好小节
开始，崇尚修德养身；在人生康庄大道上明大德、守公德、严私德，不迷失自
我，不同流合污，行的更远。

（四）"施肥"：抓学风建设教育，强技提能，让学生飞得更高

在古今中外的历史长河中，圣贤先哲们都强调了学习知识对一个人成
长成才的重要性。他们认为"知识即美德""非学无以广才，非志无以成
学""学如弓弩，才如箭镞"等。现如今，我们正处于科技日新月异、大数据
信息化智能化突飞猛进的知识大爆炸时代，学习的革命浪潮扑面而来，青年
大学生只有树立终身学习理念，不断在学习中求得真学问，练就真本领，才能
立于时代潮头，搏击长空，飞得更高。然而，据我们调查，目前高校一定数量的
大学生不同程度地存在着"迷恋上网游戏""学习纪律意识差，迟到旷课"、
浮躁厌学、上课"人到心不到""考试突击甚至作弊"等学风问题。这就要
求高校辅导员必须立足于实际，坚持问题导向，围绕"为什么学，学什么，怎
样学"这一根本主题，有计划有目的有步骤地抓学风建设教育，不断给学生
"补料""施肥"。

（1）深入学生宿舍、教室，与学生打成一片，真正了解掌握学生厌学的根
源。据此，结合其自身责任、家庭希望、职业生涯规划等要素进行有针对性的

---

①习近平：《把思想政治工作贯穿教育教学全过程》，新华网，http://www.xinhuanet.com//
politics/2016-12/08/c_1120082577.htm，2016 年 12 月 8 日。

辅导教育和思想引领，以激发其学习兴趣，强化其学习意识，帮助其从内心上意识到"梦想从学习开始、事业靠本领成就"，将"让勤奋学习成为青春远航的动力，让增长本领成为青春搏击的能量"[①]内化为学习行动自觉。

（2）针对大学学习特点，利用主题班会课等，辅导他们如何在课前、课中、课后学专业、学理论、学技能；教导他们怎样向书本学、向实践学、向网络学、向身边的人学等；引导他们要学思用贯通、知信行统一；强化他们的学习习惯养成，帮助他们真正把学习作为首要任务，养成为"一种责任，一种精神追求、一种生活方式"[②]。

（3）鼓励、支持、引导他们积极参加社会实践、校园文化活动、学生组织、社团、专业技能和创新创业大赛等，使他们在竞赛中促学，在活动中促练，在组织中促管，不断锤炼自己的专业技能等"硬本领"和人际沟通能力、组织管理能力、解决问题能力以及创新创业能力等"软本领"。

（4）严抓考风考纪，可以积极探索考前学风承诺誓师制度，要求每位考生必须签订《诚信考试承诺书》且许诺践诺；考中"两严查"巡考制度，严查舞弊学生且从速从严处理；严查监考不严老师且按教学事故论处；考后留级退学制度，对期末考试成绩不及格科目达到一定门数的学生按留级或者退学处理。

通过不断创新"施肥"举措，引导他们真正过上大学学习生活，不断勤奋学习，增强自己的核心优势，强技提能，最终成为理论知识扎实、专业技能过硬、综合素质出众的全面发展的新时代青年大学生。

（五）"打药"：抓防微杜渐教育，去疴除瘴，让学生走得更实

青年大学生是青年群体的主体，是建设社会主义现代化和实现中华民族伟大复兴的主力军，是时代发展与社会进步的中流砥柱。只有他们茁壮成长成才，国家才有前途，民族才有力量。但是，处于"拔节孕穗期"的青年大学生在各自成长成才的发展进程中会遇到各种各样的风险与挑战，譬如"本领

---

①中共教育部党组：《深入学习贯彻习近平总书记关于青年学生成长成才主要思想，大力培养中国特色社会主义建设者和接班人》，《光明日报》，2017年9月8日。

②中共教育部党组：《深入学习贯彻习近平总书记关于青年学生成长成才主要思想，大力培养中国特色社会主义建设者和接班人》，《光明日报》，2017年9月8日。

恐慌"的焦虑；非马克思主义意识形态的侵蚀；世界观、价值观和人生观"总开关"的守正把持，等等。这就要求高校辅导员应时刻牢记"为党育人，为国育才"①的初心与使命，常抓防微杜渐教育，经常性地对大学生的思想动态、行为习惯、道德品行等方面进行"望""闻""问""切"，依据不同的"病症"，给他们进行"打药"治疗，帮助其去除自我思想的沉疴，消弭心理障碍的困境，破除不思进取的痼疾，根治不思学习的顽疾，让他们在人生的道路上走得更实。

当然，这种学生思想教育与管理的"打药"治疗方式，格外需要注意方式方法，切记一味地说教、灌输，而是要秉承"以爱暖人，以情化人，以心辅人，用严导人"的教育理念，对接新媒体、互联网技术而出现的教育新业态，契合新时代大学生的行为特征和个性特点，在充分了解学情的基础上，因人施策，精准施策，对症下药，"以透彻的学理分析回应学生，以彻底的思想理论说服学生，用真理的强大力量引导学生"②，不断提升"打药"治疗的针对性、亲和力和实效性。例如，针对学习目标明确，但学习方法欠缺，成绩不太理想的学生，辅导员应侧重给予他们更有效和更适合他们学习方法的"药剂"，帮助他们提升学习能力，重拾学习的信心和决心；针对刚进大学校园、懵懂茫然的新生，辅导员应注重给予他们开一剂大学生职业生涯规划辅导的"药方"，帮助他们认清自我，更好地规划自己的职业发展近期和长期目标，并为之而努力奋斗等。

总之，高校思想政治教育工作是一份"精细活"，也是一场"接力跑"，既需高校辅导员"以老带新"，不断传承业务技能和"工匠精神"，更需高校辅导员坚守初心与使命，以"功成不必在我"的境界和"功成必定有我"的担当，以攻坚克难、锐意进取的奋斗姿态，用心守护新时代大学生的"拔节孕穗期"，并对其进行"培土""浇水""整枝""施肥""打药"的精心引导和栽培，就一定会迎来大学生"灌浆成熟期"的五谷丰登，迎来他们健康成长

---

①习近平：《坚持中国特色的社会主义教育发展道路　培养德智体美劳全面发展的社会主义建设者和接班人》，《人民日报》，2018 年 9 月 11 日。

②习近平：《用新时代中国特色社会主义思想铸魂育人贯彻党的教育方针落实立德树人根本任务》，人民网，http://politics.people.com.cn/n1/2019/0319/c1024-30982117.html，2019 年 3 月 19。

成才、成人成功的"丰硕成果"。

四、高职思政课渗透职业人格教育的教学考量

思政课作为高校"落实立德树人根本任务的关键课程"①,习近平总书记强调,"要推动思想政治理论课改革创新,不断增强思政课的思想性、理论性和亲和力、针对性"②,满足学生成长发展需求和期待。因此,高职院校思想政治理论课应因时而进、因势而新,不仅要进行系统的理论阐释,提升大学生的思想政治素质,还应进行课堂教学改革创新,可以结合本学科在大学生职业人格教育方面所具有的特殊优势,采取渗透式教学,对大学生开展职业理想、职业精神和职业道德等人格要素教育,引导学生形成健全的职业人格,增强自身适应社会的能力,实现人生价值③。

(一)高职思政课渗透职业人格教育的现实必然

首先,这是顺应国家职业教育改革,培养担当民族复兴大任"时代新人"的现实需求。2019年2月,国务院颁发《国家职业教育改革实施方案》,明确提出"培育和传承好工匠精神";要"使各类课程与思想政治理论课同向同行,努力实现职业技能和职业精神培养高度融合"。④很显然,这赋予高职院校思政课的使命担当——不仅要贯彻落实"立德树人"根本任务,努力培育担当民族复兴大任的"时代新人";还要贯彻落实"服务建设现代化经济体系和实现更高质量更充分就业需要,对接科技发展趋势和市场需求"⑤的要求,结合本学科专业知识特征,充分利用自己的学科优势,在课堂教学中适时渗透对学生进行健康的职业心理教育,坚定的职业意识教育和良好的职业道德教育,使受教育者在理论学习中因势利导地接受职业人格熏陶,养成具有较强的心理承受能力,积极稳健的处世态度,良好的职业道德水平,强烈的职业竞争创造意识等"完善人格"的高素质技术技能型人才。

---

①习近平:《在学校思想政治理论课教师座谈会上的讲话》,http://www.gov.cn/xinwen/2019-03/18/content_5374831.htm,2019年3月1日。
②同上①。
③转引钟华儿:《浅谈职业人格教育在中职历史教学中的有机渗透》,《贵州师范学院学报》,2013年29卷第1期。
④《国务院关于印发国家职业教育改革实施方案的通知》,2019年2月13日。
⑤同上④。

其次，这是新时代推动思想政治理论课改革创新，提高思政课教学实效的必然要求。目前，尽管高职思政课堂教学创新不断，成果颇多，但不可否认的是，其理论生活化教学改革创新尚需进一步开发与挖潜。因此，习近平总书记在不同场合多次强调，"要用好课堂教学这个主渠道，思想政治理论课要坚持在改进中加强，提升思想政治教育亲和力和针对性，满足学生成长发展需求和期待"①②因此，按照"因事而化、因时而进、因势而新"的原则，适应"美丽中国""健康中国""大众创业、万众创新"行动计划、《中国制造2025》等国家发展战略和社会发展需求，在高职思政课堂开展职业人格教育渗透式教学研究与实践，培养高职学生具有社会责任感和义务感、关心社会、热心公务、诚实守信、团结协作、公平公正、认真勤奋敬业、坚毅自信、开拓创新、艰苦创业以及较强社会适应能力和人际交往能力等综合素养的健全职业人格，提高他们"服务产业"的能力，便成为高校思政课教学改革探索的发展方向与客观需求。

（二）思政课渗透职业人格教育的教学优势

思政课作为高校人文教学的核心课程和落实"立德树人"根本任务的关键课程，在大学生职业人格教育方面有着其他学科无可比拟的特殊优势。

（1）提纲挈领的思想指导优势。以马克思主义中国化理论成果——毛泽东思想、邓小平理论、"三个代表"重要思想、科学发展观、习近平新时代中国特色社会主义思想为中心内容的思想政治理论课，其所包含的理论要义、思想准则和行为规范，是一切课程教学的根本遵循；也是其他课程教学贯彻落实"立德树人"根本任务，确保其坚持正确政治方向的思想保障与理论基石。当然，对大学生开展职业人格教育，引导其正确认识社会和自我，树立科学的世界观和正确的人生观和价值观，制定出科学合理的职业生涯规划，也理应需要其理论支持和思想指导。因此，在高校思想政治理论课中渗透职业人格教育，以马克思主义世界观、人生观和价值观及中国梦思想指导大学生

①习近平：《把思想政治工作贯穿教育教学全过程》，http://www.xinhuanet.com//politics/2016-12/08/c_1120082577.htm，2016年12月8日。

②习近平：《在学校思想政治理论课教师座谈会上的讲话》，http://www.gov.cn/xinwen/2019-03/18/content_5374831.htm，2019年3月1日。

树立科学的职业理想和职业生涯规划；以社会主义核心价值观为指导培育大学生具有爱岗敬业、诚实守信、办事公道、服务群众、奉献社会等职业道德素养；以法律规范教育导引大学生培育规则意识和法治观念等，具有其他课程教学所无可比拟的思想指导优势。

（2）得天独厚的德育资源优势。思想政治理论课作为铸魂育人的关键课程，在其开展的"以理想信念教育为核心的正确世界观、人生观、价值观教育，以爱国主义教育为重点的民族精神教育，以基本道德规范为基础的公民道德教育，以大学生全面发展为目标的基本素质教育"[1]等思想政治教育主要任务中所蕴藏的马克思主义的"三观"思想及其基本立场、观点和方法、理想信念、中国梦的共同理想、科学发展、中华民族优良传统和中国革命传统、法治思想、社会主义核心价值观、创新、诚信、守法、全面发展等诸多丰富的德育教学资源，无疑是其他课程教学所无法企及的。这为我们开展职业人格教育，培养大学生具有"正确的职业观、良好的职业心理和职业道德、积极的创新意识、较强的社会能力"等[2]健全职业人格，提供了绵绵不断的"活水源泉"。诚如习近平总书记强调的那样，思政课在"用新时代中国特色社会主义思想铸魂育人"，引导学生增强"四个自信"，"厚植爱国主义情怀，把爱国情、强国志、报国行自觉融入坚持和发展中国特色社会主义事业、建设社会主义现代化强国、实现中华民族伟大复兴的奋斗之中"[3]，具有不可替代的作用。

（三）高校思政课教学与大学生职业人格教育之间的融通性

大学生职业人格教育就是培育大学生具有良好的职业认知、职业道德、职业心理、职业精神、职业情操等素养，以完全其健康的职业人格的过程。它涵盖了"三观"教育、自主意识培养、心理健康、创新能力、道德与法规教育等诸多内容。而这些又无不是高校思政课堂教学的基本要义。

---

①教育部思想政治工作司组编：《加强和改进大学生思想政治教育重要文献选编（1978-2008）》，北京：中国人民大学出版社，2008年11月。
②孙凌云：《高职学生职业人格培养》，《职业教育》，2014年第35期。.
③习近平：《在学校思想政治理论课教师座谈会上的讲话》，http://www.gov.cn/xinwen/2019-03/18/content_5374831.htm，2019年3月1日。

（1）铸魂育人，是高校思政课教学与职业人格教育的共同的根本要求。"魂者，器物之统摄也"。一切教育的目的都在于固本培元、铸魂育人。诚如雅斯贝尔斯所说，"教育是灵魂的教育，而非理智的知识和认识的堆积"①。所以，高校思政课与职业人格教育都承担着铸魂育人的根本要求。思想政治理论课作为落实这一根本要求的关键课程，应致力于用发展着的马克思主义武装大学，"用新时代中国特色社会主义思想铸魂育人，引导学生增强中国特色社会主义道路自信、理论自信、制度自信、文化自信，厚植爱国主义情怀，把爱国情、强国志、报国行自觉融入坚持和发展中国特色社会主义事业、建设社会主义现代化强国、实现中华民族伟大复兴的奋斗之中"②；引导大学生"正确认识世界和中国发展大势，正确认识中国特色和国际比较，正确认识时代责任和历史使命，正确认识远大抱负和脚踏实地"③，树立高尚的理想情操和养成良好的道德品质，树立体现中华民族优秀传统和时代精神的价值标准和行为规范等。而职业人格教育则应紧扣国家实施创新驱动战略，实现由"中国制造"到"中国创造""中国智造"根本性转变的"中国制造2025"短期目标；实现中华民族伟大复兴的"中国梦"长期目标，致力于培养大学生既能胜任某一岗位的职业技能，又要学会如何与他人、与自然、与社会乃至与自身和谐共处的软技能的德艺双馨、人格健全、全面发展的现代"职业人"④而不是仅懂技能的片面发展的"工具人"。也就是说，职业人格教育不仅要对大学生开展职业认知、职业技能教育和职业核心能力⑤培养，更要开展职业道德教育，传授其做人的道理，帮助其树立科学的职业理想和职业生涯规划，自觉遵守职业道德、社会公德，较好地处理个人发展与社会需要，个人利益、国家利益和社会利益，眼前利益和长远利益之间的关系等问题。

---

①雅斯贝尔斯：《什么是教育》，北京：生活·读书·新知三联书店，1991年。

②习近平：《在学校思想政治理论课教师座谈会上的讲话》，http://www.gov.cn/xinwen/2019-03/18/content_5374831.htm，2019年3月1日。

③习近平：《把思想政治工作贯穿教育教学全过程》，http://www.xinhuanet.com//politics/2016-12/08/c_1120082577.htm，2016年12月8日。

④谭小雄：《生态德育语境下大学生职业技能开发的考量》，《教育与职业》，2015年第10期。

⑤童山东主编：《职业教育中职业核心能力培养的理论与实践》，北京：中国铁道出版社，2012年11月版。

因此,"将教育发展方向同我国发展的现实目标和未来方向紧密联系在一起,为人民服务,为中国共产党治国理政服务,为巩固和发展中国特色社会主义制度服务,为改革开放和社会主义现代化建设服务"①,以马克思主义世界观、人生观和价值观以及中国梦思想指导大学生树立科学的职业理想和职业生涯规划;以社会主义核心价值观为指导培育大学生具有爱岗敬业、诚实守信、办事公道、服务群众、奉献社会等职业道德素养;以法律规范教育导引大学生培养规则意识和法治观念等,努力培养担当民族复兴大任的时代新人,培养德智体美劳全面发展的社会主义建设者和接班人,成为新时代下高校思政课教学的根本要求,也是职业人格教育的内在根基(详见下图)。

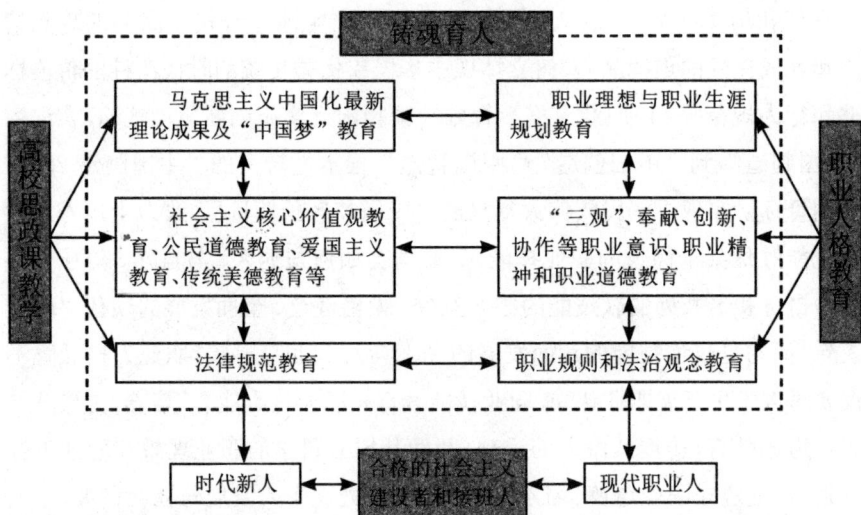

图 1 高校思政课与职业人格教育在教育根本属性上的融通性表达

(2)健全人格,是高校思政课教学与职业人格教育的共有的价值取向。"人格"也称个性,源于希腊语 Persona。它作为个体灵魂的骨架,是指个体所独有的相对稳定而持久的包含性格、心理、气质、价值观、能力、情绪、体

①童山东主编:《职业教育中职业核心能力培养的理论与实践》,北京:中国铁道出版社,2012 年 11 月版。

格等诸要素在内的综合体。健全人格则指人格的生理、心理、道德、社会等诸要素的完美统一、平衡与协调，使人的才能得以充分发挥。这是当代大学生作为未来建设者和接班人所必需的基本素质，在某种程度上直接影响着他们的成长成才。因此，培养大学生健全的人格应是高等教育首要的和基本的目标。对此，近代教育家蔡元培先生指出："学校教育的本质和核心是人格教育，否则，就是教育的堕落，继之以人的堕落。"①由此表明，促进人的个性特征的全面发展，将人引向健康成长、全面发展，最终达到"完全人格"，理应成为任何教育活动的价值取向。

职业人格教育就是基于培养学生健全的职业人格这一价值取向，对学生开展自主意识、自觉反思、积极应对、抗挫能力等健康的职业心理教育，开展业无尊卑、贵在奉献；竞争、创新、创业、创造；团结互助的集体主义协作精神等坚定的职业意识教育，开展人人为我，我为人人、诚实守信、坚毅自信等高尚的职业道德教育，开展爱岗敬业、艰苦创业、吃苦耐劳、精益求精等崇高的职业精神教育以及学会生存、学会竞争、学生合作、学会关心、学会创造等良好的职业行为教育……引导大学生树立科学的世界观和正确的人生观、价值观，正确地认识社会和自我，自觉地将社会需要和个人理想有机统一起来，进行科学合理的职业生涯规划设计，从而达到完善人、尊重个性发展，塑造健全人格的目的，而非将人变成专业生产线下的同质产品②。

同样，培养大学生健全的人格也是高校思想政治教育的重要内容，其基本的教育范式就是通过理想信念教育、自我教育、校园文化建设、社会实践等途径，以塑造大学生具有良好的思想道德品质、开拓创新的精神品质和自我反省的超越性品质等健全人格，使他们真正成为全面发展的人。而高校思想政治理论课作为高校思想政治教育工作的"主渠道"，尽管具有鲜明的思想性、政治性和伦理性等学科特征，但它的教育教学过程从根本上说也是"做人的工作"，主要是通过"把社会主义核心价值观体现到教书育人全过

①蔡元培：《教育本质在人格》，http://theory.people.com.cn/n/2015/0203/c40531-26499231.html，2015年2月3日。
②王益富：《职业人格教育：高等教育的价值转型》，《河北师范大学学报（教育科学版）》，2010年第12卷第2期。

程""加强国家意识、法治意识、社会责任意识教育,加强民族团结进步教育、国家安全教育、科学精神教育,以诚信建设为重点,加强社会公德、职业道德、家庭美德、个人品德教育"①,引导大学生既要学会做事,又要学会做人;既要打开视野、丰富知识,又要增长创新精神和创新能力;既要发展智力因素,又要发展动机、意志和性格等人格因素;既要增添学识才干,又要增进身心健康,最终"不断提高学生思想水平、政治觉悟、道德品质、文化素养,让学生成为德才兼备、全面发展的人才"②。

综上所述,高校思政课教学与职业人格教育从塑造健全人格的教育价值取向来看具有高度的融通性,甚至在这种意义上说,职业人格教育势必成为高校思想政治教育的基本内容(详见下图)。

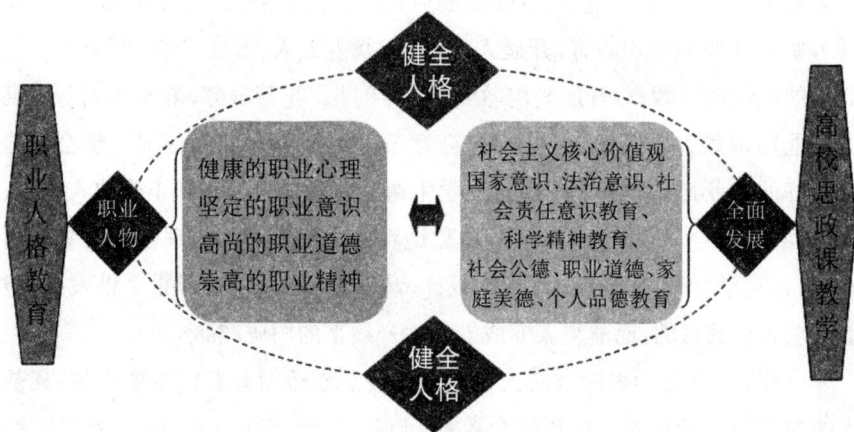

图 2　高校思政课与职业人格教育在教育价值取向上的融通性表达

(3)教书育人,是高校思政课教学与职业人格教育的共同根基与要点。为了铸魂育人,培育健全人格的现代"职业人",或者说德智体美劳全面发展的人,高校思政课教学与职业人格教育在教书育人和知识要点上具有诸多的

---

①中共中央、国务院:《关于加强和改进新形势下高校思想政治工作的意见》,2017 年 2 月 27 日。

②习近平:《把思想政治工作贯穿教育教学全过程》,http://www.xinhuanet.com//politics/2016-12/08/c_1120082577.htm,2016 年 12 月 8 日。

融通性,主要体现在:

首先,从"培养什么样的人,怎样培养人,为谁培养人"的教书育人角度看,高校思政课教学主要侧重于思想价值引领,开展"三观"教育,以培育社会主义可靠的接班人和建设者。而职业人格教育则主要是从职业发展需要的角度开展教书育人活动,旨在培养适应社会主义现代化建设所需的合格职业人。于是,运用唯物史观和唯物辩证法思想以及马克思主义中国化最新理论成果武装大学生,帮助他们明辨是非,克服社会上存在的精致利己主义、实用主义、拜金主义、功利主义、享乐主义等错误思想的影响,树立科学的世界观和正确的人生观和价值观;帮助他们追求真善美,摒弃挑肥拣瘦、拈轻怕重、讲条件重享受、怕吃苦吃亏、缺乏奉献精神等职业素养上的"假丑恶"问题,维护社会公平正义等,则成为两者的共同根基。

其次,从教学内容看,职业人格教育除了"三观"教育外,还包括了自主意识和协作意识培养、健康心理和抗挫折力、人际交往、敬业奉献精神和艰苦创业、创新意识与创新精神、社会责任感和义务感、道德与法规教育等诸多育人内容。而这些职业人格要素无不可以在高校思政课中找到相同或相近的教学知识点。

《毛泽东思想和中国特色社会主义理论体系概论》课程中的"解放思想、实事求是"的思想路线,无疑对指导大学生立足于世界发展大势和时代发展潮流,立足于中华民族伟大复兴中国梦的伟大事业,立足于自身发展现状,实事求是开展"个情"分析,制定科学的职业理想和职业生涯规划,并积极投身于社会主义现代化建设实践中去放飞梦想、建功立业,具有根本性的教育意义。又如,结合社会主义核心价值观教学内容,可以围绕职业自主意识和协作意识、职业敬业、创业精神以及社会责任(义务)感等要素,开展职业认知、职业精神和职业道德等职业人格教育。再如,"有理、有利、有节""团结(联合)一切可以团结(联合)的力量";"创新、协调、绿色、开放、共享"五大发展理念,"诚信互助、平等友爱、融洽相处、公平正义、利益协调"和谐社会思想;"共商共建共享";"互利共赢,平等协作";"求同存异、尊重多样性";"人类命运共同体"等诸多思想与观点,无疑都可以成为指导大学生正确处理职业生涯中各种人际关系问题的理论原则与方法策略。同时,"思想道德修养与法律基础"课程中的理想信念教育、爱国主义教育、中华民族优良道德传统、社会主义道德、公民基本道德规范以及法律规范教育更是与职业人格教育具有密切的内在联系,两者之间完全可以相互渗透、相互融入进行教学设计,有的放矢地开展教书育人活动。

(四)高职思政课渗透职业人格教育的教法实践

教学实践中,运用故事叙述、案例植入、讨论探究等教法,开展职业人格渗透式教育,是我们创新高校思政课实效性教学改革的一次有益尝试。笔者现将其总结如下,抛砖引玉,以资研商。

(1)故事叙述法。现实中,尽管有些高职学生人文素质偏低,对思政课不感兴趣,学习动力不足。但是,只要教师在课堂上根据所讲授的内容适时穿插或拓展一些相关的典故,却极易激发他们的听课兴趣。因此,切合思想政治教学内容要点,以重要历史政治人物、名人、国家领导人等的成长成才励志事迹或成名史穿插其中,引导、启发学生思考,让其感知、体认故事中所蕴含的道理与意义,以培养他们的职业人格素养,则是提升思政课实效性的重要途径。譬如,在讲述毛泽东思想、邓小平理论和中国梦思想时,我们可以适当地穿插些诸如毛泽东的奋斗历程、习近平的知青岁月等国家领导人成长成才的励志故事,以此润物细无声地启发、唤醒他们对自我职业人生的思考,以及激发他们体认到坚强意志、拼搏、耐挫力、奋斗等职业精神要素对成就自己事业的重要性及其行为养成的实践方向。

(2)理论联系实际法。这是我们一贯倡导和必须掌握的教学法,其实质就是理论生活化。实践教学中,思政课教师要尽力克服为理论而理论的说教式或灌输式授课,而应按照贴近生活、贴近学生、贴近实际的原则,将严肃的思政理论知识要点转化为能够解决学生学习生活和职业规划、职业指导中所遇到的实际问题的方法论。譬如讲述毛泽东关于"认清中国的国情,乃是认清一切革命问题的基本的根据"这一理论观点时,我们可以按照"国有国情,党有党情,人有个情"[①]的思维范式,启发学生思考延伸出"认清个情,乃是认清一切个人问题的基本依据"的认识。据此,引导学生采取"SWOT"分析法,对个人发展情况进行优势、劣势、机会、威胁全方位剖析,并要求学生

---

① 毛泽东:《毛泽东选集第二卷》,《人民出版社》,1991 年 6 月。

以此做好自己的职业生涯规划设计，继而指导学生要遵循解放思想、实事求是、与时俱进的思想路线，及时调整、完善好自己的职业生涯规划。

（3）案例植入法。这也是我们激发高职学生学习思政课兴趣，提高课堂实效性的最常见的方法之一。然而，在思政课堂运用此教法进行职业人格渗透教育教学时，其关键在于要处理好案例的萃取问题。即根据所授思政理论知识点与职业人格教育的关联度情况进行案例取舍，并引导学生学思践悟，感悟案例寓意，针对自我生涯，确定好职业目标，练就好职业技能，磨砺好职业精神，为将来的自我提升、自我发展奠定坚实的思想、能力基础与精神支撑。譬如讲述中国梦与个人梦时，可以选取诸如"中国导弹之父"钱学森、"杂交水稻之父"袁隆平、"时代楷模"黄大年、"一眼万年"南仁东等伟大科学家们为中华民族伟大复兴的中国梦拼搏奋斗，做出卓著功勋的事迹案例；或者可以选取学生自己身边获取国家奖学金、国家励志奖学金、专业技能竞赛获得国家级、省级奖项者等优秀学生的典型事迹案例，以此启发学生认识到个人梦→学校梦→中国梦之间内含发展的逻辑关系，让他们真正领悟到"中国梦是国家的、民族的，也是每一个中国人的"[①]真谛，并为之思梦、谋梦、追梦。

（4）讨论探究法。这是以学生为主体，教师引导学生主动思考、探究问题的课堂教学方法。在思政课堂渗透职业人格教育时，可以切合所授知识点，以问题探究的形式，有的放矢地引导学生对职业生涯、职业规范、职业道德等方面的思考与体认，不断提升学生的职业修养，逐渐内化为其稳定的职业人格品质。譬如，在讲述"思想道德修养与法律基础"课程中，由于其内容相较于"毛泽东思想和中国特色社会主义理论体系概论"更贴近学生实际生活，浅显易懂，易于被学生接受。因此，我们可以更多地运用讨论探究法，以3～5人为小组，以诸如青春之我的人生价值何在？什么是青年人的精神之"钙"？时代新人如何爱国等问题进行课前分组探究，课中小讨论，形成共识、揭示主题。

综上所述，高职思政课渗透职业人格教育，我们需做到：一是要把握好两

---

①国务院新闻办公室会同中央文献研究室、中国外文局：《习近平谈治国理政》，北京：外文出版社，2014年10月。

者之间在培育健全职业人格目标上的知识融通性问题；二是要把握好基于学生职业人格培养上进行各种教法的故事、案例、问题等素材选择与教学设计的问题；三是要解决好思政课"知识理论化"与职业人格教育"生活化"之间的匹配转化问题。

五、高职辅导员提升工作质量的两点思考

（一）做好工作中关键着力点的质量控制

辅导员工作多而杂。要提升辅导员工作质量，重点在于实现辅导员工作中关键着力点的质量控制。这些关键着力点的确定，取决于辅导员角色的职责和任务以及新形势下的学生思想政治状况与特点。笔者认为，应从以下几个着力点着手。

（1）注重学生干部的选拔、培养和指导。学生干部的"四自能力"（自我管理、自我监督、自我教育和自我服务），对辅导员工作效率、效能具有极其重要的影响力。而现如今的高职生，正如习近平总书记所说那样："他们朝气蓬勃、好学上进、视野宽广、开放自信，是可爱、可信、可为的一代。"[①]为此，我们应注重学生干部的培养、指导，让他们在自我管理、自我监督、自我教育和自我服务中增长才干，展现自我，成为学生领袖，成为辅导员的得力助手。

（2）注重发挥主题班会的主渠道、主阵地作用。班会是辅导员思想政治教育和日常事务管理的主渠道和主阵地，其形式方式、内容选择、质量效果，是辅导员工作的研究重点。当代高职生开放、叛逆、创造、自信，传统班会式样已不被学生欢迎和接受，辅导员应另辟蹊径寻找学生易于接受的开展方式，如故事述说、讨论式等。同时，班会的内容应围绕助益高职生成人成长成才，因事而化、因时而进、因势而新地选择班会主题，提高思想政治教育的针对性和时效性。譬如，利用长征胜利70周年纪念日开展理想信念教育、社会主义核心价值观教育；利用香港回归20周年纪念日开展爱国教育；利用学生违纪或发生群体事件适时开展纪律规矩、诚信和友善教育；利用社

---

①人民日报评论员：《肩负起国家和民族的希望》，《人民日报》，2018年5月3日。

会实践活动开展社会责任感教育；利用蓝鲸游戏、校园贷风波等事件开展安全教育等。

（3）注重制度建设与执行。无规矩不成方圆。辅导员应着力制定可操作性强、切合学生实际特点的班级管理制度，让学生有据可依，有范可守，养成良好行为习惯；应重点建立助理制度，选拔一批高年级优秀的学生干部来辅助自己管理班级，提高管理效率；应建立信息员制度，随时掌控班级情况和及时发现学生问题；应建立一对一帮扶制度，对于班级每一个学困生、贫困生、心困生都有专人负责，专人帮扶。同时，辅导员还应致力于把这些制度落实落细，使其成为辅导员工作的一把利剑。

（4）注重寓思想政治教育于各种活动。辅导员在精心设计和组织开展各种校园文化活动时应考虑把德育寓于其中，使学生在活动参与中得到情感熏陶、思想升华。譬如要充分利用各种重要的节庆日和纪念日，开展主题教育活动，唱响爱国主义、集体主义、社会主义主旋律，弘扬社会主义核心价值观。在开展各种特色实践活动中，将思想道德教育、中华优秀文化教育、革命传统教育等融入其中，引导教育学生养成良好的文明习惯和道德情操、秉承红色基因、树立文化自信等。

（5）注重调查研究，防患于未然。辅导员应坚持群众路线工作方法，多下宿舍、教室等场所，多与同学沟通交流，才能更好更快地了解学生的思想动态和基本情况，及时发现问题，更好地预防问题的发生；甚至会在问题发生的第一时间既快又准地找到根源，找到实质，从而更好地处理问题。譬如，多与心困生聊天，可以帮助其克服心理阴影，感受老师的关爱，从而走向"阳光"；多与家困生聊天，给他们讲述励志故事，鼓励他们自强，用坚强、毅力和汗水铸就自己的美好未来；多和学困生聊天，可以帮助其找到自己的学习缺陷，从而重拾自信，在学习上勇攀高峰等。当然，在与学生沟通交流时，避免使用批评式、命令式的语言和语气，尽量营造一个平等、宽松、自由的谈话谈心氛围。

（二）多路径提升自身的综合素质能力

唯物辩证法认为，事物的内部矛盾（即内因）是事物自身运动的源泉和动力，是事物发展的根本原因。外因通过内因起作用。因此，辅导员要提升工作质量，关键在于做强自己，全面提升自身的综合素质。我们可以考虑从以下几个方面下功夫。

（1）以学为基点。学习是提升综合素能的基础。只有深入学习和研究各级有关学生工作的政策文件，才能使我们的学生工作有依有据；只有不断学习心理学、马克思主义理论、哲学、政治学、教育学、管理学、伦理学、法学、思想政治教育专业理论、社会学等相关知识和学科，才能提升自身知识素养，涵养职业能力，才能不断提高自身学生工作的胜任力；只有不断学习思想政治教育、党团和班级建设、日常事务管理、心理健康教育等辅导员工作技巧和方法，才能不断提高自身学生工作管理的执行力。因此，辅导员应坚持终身学习的理念，制定学习规划，设定好每月学习内容和学习效果；积极参加学习会、案例讨论会、经验交流会等，取长补短，借鉴提高。

（2）以赛为动力。开展辅导员职业技能大赛是提升辅导员综合素能的动力。充分利用高校辅导员素质能力大赛这一平台，积极参赛备赛，努力夯实自己的基础理论，全面提升理论宣讲、案例分析、网文写作、谈心谈话等方面的技能。同时，利用参赛机会，找到自身在理论和技能方面的不足，达到以赛促学、以赛促建、以赛提能的目的。

（3）以考为核心。辅导员综合素能的高低最终取决于对辅导员的考评。高职院校学工部应每学期对辅导员的工作绩效、工作能力、工作态度、工作表现、工作素质等方面进行综合考察，并把考核结果作为辅导员职务晋升和职称评聘的主要依据，作为享受待遇级别的重要参考。辅导员自身也可以通过考核，更加清晰地明确自身的优势和劣势，从而在以后的工作中不断学习，把劣势变为优势，把优势变成自己的特色，从而推动辅导员向专业化、职业化方向发展。

（4）以思为手段。辅导员综合素质的提高离不开辅导员对自己工作的反思和研究。辅导员只有不断反思自己的工作，才能更好地积累和共享经验，也才能吸取工作中的教训。为此，辅导员应坚持"工作一行爱一行，工作一行研究一行"的原则，把工作和研究相结合，把实践工作提炼上升为经验和理论，从而提高做学生工作的质量和水平。

第二部分：工作学习体认笔谈

一、工作随笔：学生教育管理该怎么办

（一）抓住主要矛盾，实施"重点工作法"，从根本上提升学生管理工作的质量与水平

马克思主义认为，矛盾是普遍存在的。矛盾也是有主次之分的，而主要矛盾又可分为矛盾的主要方面和次要方面。事物的发展性质与方向是由主要矛盾及其矛盾的主要方面所决定的。同时，任何事物的发展都是一个由量变到质变逐渐发展的过程。这就要求我们在工作中必须坚持"全面论"和"重点论"相结合的方法。

学生日常管理工作纷繁杂乱、千头万绪。然而，在这看似"乱"的外表下也存在着某种内在的规律性。它在某一时期的某一阶段则是以不同的问题或现象呈现出来。仔细考量，这就是目前我们在学生管理中每天如同一个消防队员，居于"哪里有火，就扑向哪里"的拼命奔波式的工作状态，抓住了这一问题或现象，另一个问题或现象又出现的深层次原因。也就是说，由于我们在学生日常管理过程中，只注重了全面性，忽视了重点论。即在主观思想上存在"方方面面都想做好"的理想主义；在工作方式方法上实行的是"全面开花、面面俱到"，于是，便出现了这种工作效率低下的状况。

事实上，结合95后、00后高职学生的特点以及各学院的学情现状，造成我们学生管理工作被动的主要矛盾就是——学生习惯养成的"惰性行为"与我们日益提升的管理需求之间的矛盾。

要解决这一根本性的矛盾，需运用马克思主义基本原理与我们各院部的学情实际相结合，在主观上，我们要做长期打攻坚战的思想准备，不要急于求成，寄希望于"毕其功于一役"，就可以从根本上扭转本院部的学风、班风、考风、作风等；在工作方法上，要坚持全面性与重点论相结合的办法，即在确保学生管理整体稳定的大前提下，在某个时间段内应确定一个主攻方向和工

作内容,想方设法、全力以赴、齐心协力、以"抓铁有痕"的韧劲,持之以恒地将其做好、做扎实。通过长期的由点到线,由线到面的工作开展,推动整个学生管理工作的根本性好转,最终形成良性循环的学生管理工作局面,从根本上提升本院部学生管理工作的水平与质量。

（二）界定与恪守领导和部属的权责边界：一个领导管理的艺术话题

领导与部属的权责边界问题是一个关乎行政效能的重要问题,也是行政管理中敏感而较难处理的艺术话题。有的领导诸事过问、亲力亲为而被视为是"勤政"的体现；相反,有的领导权责分明、抓大放小而被误认为是"偷懒"的表现。然而,管理实践中,无论是权力还是事责,只要"越界"就会产生矛盾纠纷,分散组织力量与资源,降低办事效能。

从微观操作层面看,作为领导,如果一味超越自己的权责边界而随意深入属下员工的职权范围内代理或干预其处理事情,其后果：一是使属下员工不知所措、易产生"怀疑"心理——是不是领导不信任自己,不相信自己?是不是领导认为自己没有处置相关事务的能力,等等,从而极容易产生领导与部属之间的信任危机。二是容易滋生属下员工的懒惰、脱责心理。既然领导插手干预了,我又何必多此一举、掺和其中呢。于是,他就会马上从本应成为处理其职权范围内事务的主角而变成配角,任由领导冲锋陷阵,甚至会撒手不管,躲在一边偷着乐呵。长此以往,久而久之,就会出现"领导累死、部属赖死"的局面。三是容易造成事务处理"僵直"状态,毫无回旋余地。按照事务处置的正常程序是：先由属下员工力所能及地在其职权范围内尽力处理好,在处理不了的情况下,再一级一级汇报,从而形成每一级的事务处理"防火墙"和"缓冲带",最终形成一个良性的回旋循环路径。相反,倘若领导不顾部属职权边界,凡事第一时间插手干预本应由部属承担的职责和处理的事务,就会使事务处置丧失一个"缓冲地带",若能够妥善处理则好。如果事情复杂难以处理而领导马上介入又不能提出科学合理、切实可行的办法与举措时,就会容易造成事务处置陷入"僵直"状态,无法妥善处理,甚至会恶化事情发展的态势,加深事务处理的难度。

从宏观长远层面看,领导随意越界插手干预部属职权范围内的事务,不利于属下员工的成长成熟,容易形成青黄不接、后继无人的人才断层现象。对此,曹操与诸葛亮的领导管理艺术值得我们对比,鉴古知今。事实上,任何人只有在做事、处置疑难问题的过程中方能凸显出其"性"与"才"。而若领导凡事亲力亲为，一则精力有限，不允许其长此这样；二则容易滋生"慵懒"现象，使部属不能成为独当一面的"干才"，却沦为遇事不知所措的"庸才"。这都不利于组织的可持续健康发展。

因此，现实中，领导管理首要遵循的就是领导要自觉克制自己的权力欲望，自觉厘清界定好领导与部属的权责边界，并恪守之。坚持"谁的权，谁支配；谁的责，谁承担；谁的事，谁负责"原则，绝不做越俎代庖之事；绝不做越权干政之事；绝不做指手画脚之事；绝不做发号施令之事。

（三）人永远不能躺睡在历史的功劳簿上

每个人在自己人生生涯的某个历史时期均会因自我努力、奋力拼搏、自强不息而做出有功于个人、子女、家庭的大成绩或者有功于国家、社会、人民的巨大成就。这固然值得称赞、可喜可贺。但是，人永远不能执着于躺睡在历史的功劳簿上。相反，我们要懂得舍得，历史终归是历史，历史绝对不能代替现实，历史功劳绝对不能成为现实的敲门砖！因为躺睡在历史功劳簿上的人最容易走向极端，而招致失败的人生、后悔的人生。

首先，居功自傲，可谓极端之一也。他们总是沉溺于自己过去所立的功劳之中，于人面前，总是高高在上，自认为："没有我们打天下，哪有你们的幸福！"于是乎，别人的话听不进去，别人的作为看不惯；更甚者，目空一切，认为"功可以抵过"，以至于自己小错不断，思想腐化、堕落变质，久而久之，酿成大祸。

其次，不思进取，可谓极端之二也。甘愿沉溺于历史功劳簿上的人，最容易滋生"是该休养、享享清福的时候了！"在此思想观念的支配下，他们便开始萎靡不振、玩物丧志，整天浑浑噩噩，无所事事，靠着已有的功劳过日子。

事实上，这两种极端思想及其表现出来的行为，是最令人憎恶的，也是最让人不能容忍的。居功自傲，也是领导最忌讳的。中国历史上的韩信、鳌拜、年羹尧等就是如此。在这方面，我们要学习曾国藩，有功而不居，要有"功成不必在我，功成必定有我"的境界，"归零"思维，既不居功自傲，夹着尾巴做人，不卑不亢；又不玩物丧志，与时俱进，积极作为。

（四）学风建设的意义及我们的态度与行动

学风问题，历来就是一个关乎政党、国家、单位及个人生存与发展的根本性问题。我们要从思想上高度重视,从行动上要顺势而为,积极学习。

1. 正确认识学风建设的重要意义

我们强抓学风建设归根结底是质量立校、高质量发展的根本要求,其目标就是"塑造精品、淘汰次品"。所以说,加强学风建设对我们湖南环境生物职业技术学院的健康持续发展和做大做强都具有非常重要的意义。

(1)从学院发展来看,这是学院赢得竞争优势的客观需要。目前,湖南省有高职院校70余所,正处于"春秋战国"的兼并重组的混沌时期,竞争相当激烈。谁有实力,谁就有竞争力,谁就赢得发展的主动,就能够生存下去,否则,就会被淘汰出局。从省级骨干、示范院校建设到国家级示范院校建设再到"卓越院校""优质院校""双一流"建设,精品学校越来越少,实力越来越强,竞争力越来越激烈。而这些精品学校的竞争核心之一就是人才培养质量的竞争。因此,目前很多院校都在着力于从"数量规模型"向"质量效益型"的内涵建设发展,而调结构、提质量成各高职院校内涵建设的重要抓手,从根本上说就是要求我们改变人才培养模式,要培养优秀精品学生,以达到以人名校,赢得发展的主动权和优势。

(2)从院部发展来看,这是我院创建"卓越院校""一流特色专业群建设"的需要。2018年是学院改革发展的丰收之年,其成果之一就是获批为"卓越院校"建设单位以及院部的"生态养殖专业群"获批为"一流特色专业群"建设项目。对于我们来说,这是事关学院长远发展和我们院部做大做强的大事情。但是,无论是"卓越院校"建设还是"生态养殖一流特色专业群"建设,其建设目标之一就是提高教学质量,培养大批面向生产、建设、管理、服务一线需要的,懂技术、会经营、善管理,实践能力强和拥有职业道德的高素质的技术技能人才。而这又与学风建设息息相关。

(3)从个人发展来看,这是我们大学生自身建设的需要。什么是大学?圣贤说,"大学之道,在明明德,在亲民,在止于至善。"①也就是说,大学的宗旨在于弘扬光明正大的品德,学习和应用于生活,使人达到最完善的境界。简而言之,就是"学会做事、学会做人"。因此,大学不是"安乐窝"(无所事

---

① 郑玄.《礼记》,北京:中华书局,2015年9月。

事,天天睡觉的地方),也不是"避风港"(让自己沉迷于手机、网游,活在虚拟空间里的地方),更不是"温柔乡"(整天谈恋爱、卿卿我我、风花雪月的地方)。大学是我们学知识、学技能、学做事、练本领的"炼熔炉"。

大学尽管是我们的"心灵故乡",但是从现实意义上说,我们绝大部分人只是大学里的"过客"。因此,你是选择在这里"到此一游",还是充分利用大学的资源、信息、能量、知识、技术等要素,在这里勤奋好学、艰苦奋斗、发展自我、提升自我、完善自我,这应该是不言而喻的事情了。

2. 我们应有的态度与行动

加强学风建设,提高育人质量,已成为高职教育改革提质的大势所趋。形势逼人,我们是置身其中,顺势而为? 还是置身事外,逆势而行? 这是我们的必然抉择。

(1)我们的态度

态度决定人生高度。一个人做任何事情,你播种了什么样的人生态度,你将收获什么样的生命高度和深度。对此,有位哲学家将人生态度做了三种比喻,很精辟。

①积极奋斗的人生态度。它"跑得比光速还快,瞬间能穿越银河系,到达遥远的地方……"。他说,当一个人不断力争上游,对明天永远充满希望和信心时,他的心灵就不受时空限制,他就好比一支射出去的箭,总有一天会超越光速,驾驭万物之上。

②懒惰的人生态度。它"跑得比乌龟慢,当春花怒放时,它还停留在冬天;当头发雪白时,它仍然是个小孩子的模样"。抱着这种人生态度的人永远落在别人的屁股后面,捡拾他人丢弃的东西,这种人注定被遗忘。

③醉生梦死的人生态度。"不前进也不后退,没出生也不死亡,始终漂浮在一个定点。"他说,当一个人放弃努力、苟且偷生时,他的命运是冰封的,没有任何机会来敲门,不快乐也无所谓痛苦。这是一个注定悲哀的人,像水母的空壳漂浮于海中,不存在于现实世界,也不在梦境里……

幸福人生是奋斗出来的。我们不能改变过去,但可以改变现在;我们不能改变别人,但可以改变自己;我们不能改变环境,但可以改变态度。我们将来要找到一份好工作,谋到一个好职位,过上一个有体面、有尊严的幸福生活,我们就必须要弄清自己到底需要什么样的大学生活这一根本问题。这需要我们端正好自己的态度,按照自己的需要努力去追求、去奋斗!

(2)我们的行动

心动不如行动。有好的态度没有实质性的行动,也是白搭。因此,我们每个人要积极投身于学风建设实践中去,以自己的行动,来证明一切。

①勤奋好学,提高素能。俗话说,"机遇总是眷顾有准备的人","天道酬勤"。无论你过去多么优秀,或者多么不堪,那是过去时,我们不能总是活在历史的"故纸堆"里,我们要向前看。过去"优秀"的你,却不能证明现在的你是"优秀"的,也不能一劳永逸地成就现在的你。你现在面临的一切都是新鲜的,新人、新事、新环境、新气象等。这就要求我们必须有"归零"思维,坚持"知识清零"原则,重新上阵,艰苦奋斗,努力拼搏,重构自己的知识结构,重塑自己的素质与能力。我们坚信"爱拼就会赢"。相反,过去"不堪"的你,也不要自卑,自暴自弃,萎靡不振、自我消沉。殊不知,痛苦不堪的经历,也是一笔财富。俗话说:"吃一堑,长一智"。关键看你有没有担当、勇气与胆识,能否重整旗鼓,重拾信心,自立自强。勤能补拙,笨鸟先飞,我们每个人都应勤奋好学,全面地提升自己的素质与能力,为将来的幸福生活夯实基础;而不是总以各种的借口与托词为自己的懒惰、无能做解释。

②回归教室,做好复习。"严进严出"已成为高校学风建设的最强音;"清退不合格学生",已为每位同学划了一条"学业红线"。这是我们学习上的"高压线",碰不得。因此,我们要树立"底线思维",从现在开始,戒掉网瘾,远离手机;抵制懒惰,脱离床铺;积极行动,充分利用在大学的读书时机与青春年华,回归教室、走向图书馆,与书本为伍,专心致志地学习;勤于思考,积极参加社会实践、技能竞赛和创新创业大赛等活动。

③严守纪律,积极为学。毛泽东同志曾说:"加强纪律性,革命无不胜"。①确实,纪律是我们取得胜利的根本保障。良好的学风不是凭空得来的,也不是天上掉下来的,而是在严明纪律作风的保障下将个人学习习惯固化为自觉行为养成的。因此,我们要严守学习纪律,养成好的学习习惯,坚决杜绝考试舞弊、作业或毕业设计抄袭,无故迟到、早退、旷课,玩手机、讲小话、吃东西、

---

①中央党史研究室宣教局:《加强纪律性　革命无不胜》,《人民日报》,2017年8月29日。

睡觉等现象；上课尊重教师劳动成果，自觉关闭自己随身携带的通信工具，不随意进出教室，集中精力、认真听讲、积极思考、做笔记；踊跃发言，主动配合相关教学活动。

俗话说，"学海无涯苦作舟，学无止境勤为径"。学风建设永远在路上！

（五）关于树典型、强学风的两点思考与设想

近来，如何树典型，充分利用好院部正能量资源，开好毕业生经验交流会，加强学风建设的问题一直萦绕在我心中。通过反思、总结，思考如下：

首先，这几个月从抓课堂纪律、学习节参与度到"三型"文明宿舍建设等学生管理实践看，有部分学生表现出了学习态度的颓废性、学习目的的盲目性、学习动力的消退性等现象。这充分说明，学风建设确实是本院部学生管理工作中的难题之一、任重而道远。但是，近段时间以来部分学生积极参加各类教学竞赛、团学活动，表现优异，取得了较好成绩。这恰好为我们加强学风建设提供了重要的正能量资源，也创造了一个"推介展示典型，激发学生学习兴趣，营造较好学习氛围"的重要机遇"窗口"，我们必须要善加利用这些资源和机遇。对此，我们可以将他们的获奖情况统计汇总，以此为典型窗口，制作几期学榜样、做标兵，我为学院争荣誉的微信专题宣传报道，通过微信平台、班级 QQ 群、张榜喜报、会议表彰等形式大力推介，以在全院掀起一股向榜样学习、争做标兵的浓厚学习氛围。

其次，已召开的"2018 年毕业生经验交流会"，其形式为座谈交流会，参加对象仅限于座谈人员，效果不够理想。"他山之石，可以攻玉"。结合其他院部的做法，我们可以学习借鉴，以后的年度毕业生经验交流会可以做如下改进：一是形式由"座谈会"改革为"经验交流推介会"；二是参与对象由"小面积的座谈人员"改革为"面向全体肄业学生"；三是交流形式由"提意见和建议、交流毕业感悟"改革为"真正的毕业经验推介"，这包括学习创新经验、创业经验、创优创先事迹介绍等内容；四是交流人员按照求精、适度原则，从当年本院部获得省、院级优秀毕业生中遴选 5～6 名优秀毕业生作为典型代表进行大会交流推介。这样一来，就形成了有血有肉的优秀毕业生先进事迹或经验的交流推介，其强大的正能量将对在校肄业学生产生强烈的典型示范效应，势必对本院部的学风建设产生积极影响。

二、学思践悟：做什么样的"时代师者"

（一）不忘初心、宗旨与职责，做新时代高职教育发展的建设者、推动者与引导者

作为一名高职教育工作者，如何立足于自己的岗位工作实际，学习贯彻落实党的十九大精神，真正做到内化于心、外化于行，是我们今后一段时期所必须学思践悟的重大课题。

（1）不忘初心、牢记使命，做新时代高职教育发展的建设者。党的十九大报告明确指出，"不忘初心，方得始终。中国共产党人的初心和使命，就是为中国人民谋幸福，为中华民族谋复兴。这个初心和使命是激励中国共产党人不断前进的根本动力。"①事实上，这也是激励我们每位高职教育工作者的根本动力。那么，我们的初心和使命又是什么呢？在我看来，教育工作者的初心和使命就是为人民办满意的教育，为中华民族复兴育人才。这是因为，自古以来我国人民对教育就具有与生俱来的内在渴望和不竭追求的原始动力。获取满意的教育并成就人生，是我们每个人追求幸福生活的重要组成部分。这是因为，全面建成小康社会，进而全面建设富强民主文明和谐美丽的社会主义现代化强国，实现中华民族伟大复兴的中国梦，归根结底取决于人才的量与质。百年大计，教育为本。建设创新型国家离不开教育对人才的培养，而由中国制造升级为中国智造，离不开高职教育的高质发展。因此，我们要不忘初心、牢记使命，毫不动摇地坚持围绕"办什么样的教育，怎样办好这样的教育"这一办学根本，以人民日益增长的教育需要为出发点和落脚点，不断促进内部治理结构和治理能力现代化，不断增强人们对我们办学的认同感、获得感和满意感。毫不动摇地坚持围绕"培养什么样的人，怎么培养人"这一育人根本，紧跟时代潮流，放眼世界，以"双一流"建设为目标，全面深化我们湖南环境生物职业技术学院的教育教学综合改革，不断增强教书育人、管理育人、服务育人的实际本领，不断增强运用现代化教育理念与技术的能力，不断增强育人质量，为把学院建成省内一流、国内有名的高职院校而献智献

---

① 孙来斌：《不忘初心　方得始终》，《人民日报》，2017 年 11 月 2 日。

策、贡献力量。

（2）不忘宗旨、责任在肩，做新时代高职教育发展的推动者。党的十九大报告明确提出，"优先发展教育事业，加快教育现代化，办好人民满意的教育，建设教育强国"的目标，要"全面贯彻党的教育方针，落实立德树人根本任务，发展素质教育，培养德智体美全面发展的社会主义建设者和接班人"；"要完善职业教育和培训体系，深化产教融合、校企合作。加快一流大学和一流学科建设，实现高等教育内涵式发展"。^①这是我们党站在新的历史方位，从新时代全面建设社会主义强国，实现中华民族伟大复兴的大战略目标出发，对今后一段时期我国教育发展的目标与质量、育人目标等方面提出的新战略、新要求。面对教育发展的新历史方位，作为职业教育工作者，我们使命重大、责任在肩。我们要秉持"为社会主义现代化建设服务、为人民服务"的根本宗旨，全面贯彻党的教育方针，以促进学生全面发展作为我们教书育人的出发点和落脚点，坚持"树木树人"校训，遵循教育规律、教学规律和人才成长规律，注重学思结合、知行统一、因材施教，为中国特色社会主义事业培养德智体美全面发展的建设者和接班人。要全面适应国家和社会发展需要，全面适应创新、协调、绿色、开放、共享发展的需求，以"双一流"建设为目标，以优化内部治理结构，强化治理能力现代化建设为抓手，全面深化学院产教研融合，积极探索校企合作混合制办学模式，大力推动学院内涵式发展，在服务当地经济社会发展，以及建设"绿色湖南"乃至"美丽中国"中体现出我院特色办学的地位、作用和价值。

（3）不忘职责、教书育人，做新时代高职思想政治教育的引导者。党的十九大报告强调："要加强师德师风建设，培养高素质教师队伍"；"要加强理论武装，推动新时代中国特色社会主义思想深入人心"；"要培育和践行社会主义核心价值观，把社会主义核心价值观融入社会发展各方面，转化为人们的情感认同和行为习惯"；"要广泛开展理想信念教育，深化中国特色社会主义和中国梦宣传教育，弘扬民族精神和时代精神，加强爱国主义、集体主义、社会主义教育，引导人们树立正确的历史观、民族观、国家观、文化

①习近平：《决胜全面建成小康社会　脱去新时代中国特色社会主义伟大胜利——胜在中国共产党第十九次全国代表大会上的报告》，http://gov.cn。

观"①等。这从品德、育人两方面对每一位教育工作者提出了新要求。作为一名"三尺讲台"的高校教师,首先应做到"德为人先"。新时代高校教师的最高"品德"要求,就是加强自身素养建设,牢固树立"政治意识、大局意识、核心意识、看齐意识",全面贯彻执行党的教育方针和政策,以身作则,在政治上思想上行动上与党中央保持高度一致。其次应履行好"教书育人"职责。新时代高校教师"教书育人"的基本职责,就是以习近平新时代中国特色社会主义思想武装大学生头脑,加强社会主义核心价值观教育和理想信念教育,自觉将其同中华优秀传统文化教育、公民思想道德教育和社会诚信教育、民族团结教育、生态文明教育、法治教育、国防教育等紧密结合起来,全过程、全方位培育大学生的法治意识、环境意识、国防意识等,坚定大学生的"四个自信",增强他们的民族认同感、社会责任感和民族复兴的使命感。

(二)做一个有高度、有温度、有深度的教育者

高校学生思想政治工作如何做?如何提升高校学生思想政治工作水平与质量,是每一个高校思想政治教育工作者应该深思的问题,也是我们义不容辞的责任与担当。

(1)铸魂育人,做有高度的思想引领者。高校辅导员作为一线的思想政治教育工作者,其基本职责就是贯彻落实立德树人根本任务,铸魂育人,"辅"学生成长,"导"学生成才,"员(圆)"学生梦想。这就要求我们围绕育什么人、怎样育人、为谁育人这个根本问题,坚持思想引领和价值引领,引导学生做共产主义远大理想和中国特色社会主义共同理想的坚定者,做马克思主义的忠诚信仰者,做社会主义核心价值观的坚定信仰者、积极传播者和模范践行者,培养一代又一代拥护中国共产党领导和我国社会主义制度,立志为中国特色社会主义奋斗终身的有用人才。对此,辅导员在日常工作中不应局限于"三保(保姆、保洁、保安)"的职业角色,而应做学生思想的领航者,成长成才的护航者和心灵的守护者,把思想引领融入学生繁杂琐碎的日常管理中去,渗透到为学生点点滴滴的服务中去,实现思想引领与学生管理服务的有机结合;实现解决学生的实际问题与解决学生的思想问题的高度

---

①习近平:《决胜全面建成小康社会 脱去新时代中国特色社会主义伟大胜利——胜在中国共产党第十九次全国代表大会上的报告》,http://gov.cn。

统一，引领学生做"真"的追求者、"善"的传播者、"美"的创造者和"爱"的践行者。

（2）用真心、细心、爱心关爱、关心、感化学生，做有温度的呵护者。现如今的高职学生，思维更为开放活跃，个性较为张扬独立、有较高的自主意识和创新品质，但他们伴随互联网一起成长，易受网络零碎化、泛娱乐化等影响，易受佛系文化、丧文化、精致利己主义等不良思想和价值观的侵蚀，以致部分同学没有远大目标，心理素质和抗挫折能力较脆弱，成为佛系青年、瓷器娃娃、手机控和梦游族。为此，辅导员不应单纯说教，严格管理，也不应总是发号施令，而应契合大学生思想和行为特质，融合新媒体技术，运用线上与线下、教育与批评、言传与身教相结合等灵活多样的教育方式和手段，给学生动之以情，晓之以理；应沉下身子，放下架子，经常深入到学生中去，到课堂、宿舍、运动场中去，真心关爱学生的学习与生活，细心用心去发现和解决学生之所"需"，学生之所"想"，学生之所"感"，用自己的真心、细心、爱心和责任心给学生带去温暖、带去阳光，带去温馨，从而赢得学生的"芳心"。

（3）善于反思，敢于创新，乐于研究，做有深度的专家学者。多年的辅导员职业生涯，我有困惑，有倦怠，有辛酸，但更多的是满满的成就感、幸福感和满足感。辅导员是一个最具挑战性，最锻炼人的职业。我们应从繁忙杂乱的日常工作中剥丝抽茧，善于反思，敢于创新，乐于研究，做一个有深度的专家型辅导员。事实上，辅导员要有收获、要有成就，需将辅导员工作看作一份职业，不是仅仅停留在工作的表层，忙而不获，而是要立足自己的工作岗位，把学生管理、服务和思想政治教育工作当作重大课题来研究，常反思自己的工作方式方法，创新工作模式和路径，形成最佳的管理、服务和育人方案，将工作实践提炼升华为可复制可推广可示范的研究成果和工作品牌，使自己成为思想政治教育工作某个方面的专家、学者。

（三）秉承"西柏坡精神"，做时代的奋进者

西柏坡，一个位于河北省石家庄市平山县中部，太行山东麓、滹沱河北岸的柏坡岭下的贫瘠山村，因中国命运定于此村、新中国从这里走来、解放全中

---

① 习近平：《决胜全面建成小康社会　脱去新时代中国特色社会主义伟大胜利——胜在中国共产党第十九次全国代表大会上的报告》，http://gov.cn。

国的最后一个农村指挥所等各种定义而成为全国著名的五大革命圣地之一；更因中国共产党在西柏坡时期革命实践过程中所形成的且已注入中华民族的血脉之中的"西柏坡精神"而镌刻于心、闻名于世。

"西柏坡精神"作为中国共产党人的精神内核，是我们党的宝贵精神财富，积淀着中华民族最深层的精神追求，代表着中华民族独特的精神标识。它包含了实事求是，立国兴邦的创造精神；两个"敢于"（敢于斗争，敢于胜利）的革命精神；两个"善于"（善于破坏旧世界，善于建设新世界）的科学精神；两个"坚持"（坚持依靠群众，坚持团结统一）的民主精神；两个"务必"（务必保持谦虚谨慎的作风，务必保持艰苦奋斗的作风）的自律精神；严守纪律、军民一致的团结精神等丰富而深厚的精神内涵。

正是在"西柏坡精神"的强大感召和激励鞭策下，中国共产党以其在历史转折时刻所表现出来的胆识与自信、清醒与睿智，戒骄戒躁、全面从严治党，完成了从革命党到执政党的华丽蜕变；以其从容与坚定的步伐从这里出发，励精图治、艰苦创业，交出了一份令全党全国各族人民满意的"历史答卷"；以其敢于斗争、敢于胜利的独特魅力与奋进姿态，与天斗、与地斗，实现了从站起来，富起来到强起来的历史性跨越。

时至今日，作为担当民族复兴大任的新时代青年教师，在全面建设社会主义现代化强国，实现中华民族伟大复兴中国梦的伟大征程中，应如何传承"西柏坡精神"呢？

作为新时代的高校思想政治教育工作者，我们应自觉自主地学习体认"西柏坡精神"，真正做到弄懂悟透，入脑、入心；坚持知行合一，自觉传承红色基因，汲取红色精神，锤炼红色品质，做弘扬红色文化的传播者、实践者、推动者。

作为实现中华民族伟大复兴的先锋力量，我们要秉承和弘扬谦虚谨慎、不骄不躁、艰苦奋斗的精神，在工作上讲奋斗，始终保持高昂的斗争姿态，敢于同人生道路中的一切"娄山关"——艰难困苦做斗争；在生活上讲艰苦，不搞攀比消费，不搞玩物丧志，不搞拜物主义。增强赶考意识，强化忧患意识，始终以如履薄冰的危机感，自觉将个人"青春梦想"融入中国梦伟大事业和现实奋斗目标之中，做走在时代前列的奋进者、开拓者、奉献者。

伟大的时代呼唤伟大的精神，伟大的精神推动伟大的事业。青春是用来奋斗的,奋斗是青春最亮丽的底色。作为新时代青年,我们要大力弘扬"西柏坡精神",砥砺奋斗,在劈波斩浪中开拓前进,在披荆斩棘中开辟天地,在攻坚克难中创造业绩,用青春和汗水为实现中华民族伟大复兴的中国梦而添砖加瓦、贡献力量!

三、体认感悟：他山之石有何收获裨益

（一）学习习近平总书记关于教育"九个坚持"论述有感

作为一名高校辅导员,肩负着为中国特色社会主义事业培养建设者和接班人的重要历史使命。使命在身、责任在肩,任重而道远。我们要紧扣"立德树人"这一根本任务,站在"培养什么样的人,怎样培养人,为谁培养人"的政治高度,按照习近平总书记在全国教育大会上所提出的"六个下功夫"要求,不断锤炼自己的育人本领。这就要求我们做到：既要向具有不畏困难、勤于探索、勇攀高峰献身精神的"钟扬"般的同志学习,注重自身品德修养和人格塑造,以自己良好的言行举止影响学生；树立良好的师德师风,做大学生健康成长的人生导师；又要明确政治辅导员的身份定位,走出办公室,多深入学生当中去,与学生打成一片,及时了解学生的思想动态与诉求,积极回应学生的诉求,及时纾解学生在学习、生活中所遇到的矛盾与烦恼,正确引导学生的合理诉求,对学生进行价值引领和思想引领,开展理想信念教育,帮助学生培育和践行社会主义核心价值观,树立正确的世界观、人生观和价值观。一句话,我们要以思想理论教育和价值引领作为辅导员工作的第一要务；要以"立德树人"成效作为衡量我们学工人员工作成败的根本标准。在学生管理实践中,勇于担当,大胆创新各种教育形式,抢占学生思想高地,不辱使命地为实现中华民族伟大复兴的"中国梦"育好人、育对人。

（二）参加"2018年辅导员思想政治建设能力提升培训班"的学习体会

【体会1】：从事学生管理工作务必坚持法律底线

作为一名辅导员,所从事的学生管理工作关乎着学生的切身利益,关乎着学院利益、个人利益。在依法治国、依法治校的时代背景下,这需要我们必须具备较好的法治素养,知法守法用法。尤其是要熟知、研究与学生管理工作息息相关的法律法规、政策文件,并在学生管理实践中依法依规、按政策,果断及时有效地处置好学生管理中所出现的问题、矛盾纠纷和突发事

件。如果我们不懂法、不用法而只是按经验主义办事,这只能会给自己的工作带来被动,给学院、自身造成不利后果。因此,首先要知法,凡是与学生管理工作有关的法律法规、政策文件,我们都必须熟知。其次要研法。要真正吃透弄懂这些法律法规、政策文件的真正内涵与要义,哪些行为我们可以做,哪些行为不可以做;以及如何做才能规避法律风险等。最后要用法。依法依规维护学生、学院及个人的权益。总之,做学生管理工作必须坚持法律思维、底线思维,做到依法依规办事。守住这一底线,是做好学生管理工作的第一要务。

【体会2】:辅导员要成就自我务必全面提升综合素养

要成为一名优秀的辅导员,需要各方面的素质与技能作为支撑条件。不仅要具备较好的思想政治理论素养,而且要懂得开展思想政治教育工作的技巧与方法,还要熟练地掌握与工作息息相关的法律法规、政策文件等。不仅要精细化地做好学生日常管理工作,更重要的是要基于自己的工作实际开展科研,以研究促工作,以工作实践厚植研究内涵。因此,我们要坚持理论先导原则,不断地学习思想政治教育理论,马克思主义哲学,党的最新理论成果等,以理论指导实践工作,奠定工作研究基础;坚持问题导向,不断地发掘学生管理工作中的问题,以此为切入点,开展相关研究,以研究成果来改进工作、推动工作上台阶。坚持理论联系实际原则,不断地总结反思,将成功经验与教训自觉地上升为理论,形成研究成果,更好地指导今后的工作。总之,辅导员不是随随便便、轻轻松松就可以胜任的、做好的,需要我们从理论素养、工作技能、政策法规等诸多方面付出长期的艰苦的努力、锤炼与涵养,才能成就自我。

【体会3】:牢牢把握大学生网络思想政治教育工作

当前,以互联网、移动通信技术为代表的新媒体在高校的广泛普及,使网络已成为大学生生活不可或缺的一部分,使大学生生活学习趋向开放化、多维化。但新媒体同时也是一把"双刃剑",各种色情、暴力、谣言、垃圾有害信息也通过新媒体传播。更何况,现如今高校已成为西方意识形态渗透的重点领域,他们通过新媒体运用各种方式,诋毁中国特色社会主义制度,制造各种噪声和杂音,严重挑战高校社会主义意识形态建设的权威性,以此来影响、侵蚀青年大学生的世界观、价值观和人生观。

"青年兴则国兴、青年强则国强。"青年大学生的意识形态状况，关乎党的执政地位、国家安全和民族复兴。辅导员必须站在"培养什么样的人，怎样培养人和为谁培养人"的政治高度，从内心上深刻认识到开展网络思想政治工作的重要性和紧迫性。诚如习近平总书记强调的那样，"办好中国特色社会主义大学，要坚持立德树人，把培育和践行社会主义核心价值观融入教书育人全过程；强化思想引领，牢牢把握高校意识形态工作领导权。"

因此，辅导员要加强网络阵地的社会主义意识形态建设，不断创新网络思想政治工作形式、载体和渠道，在构建"互联网＋思政"新业态下，认真建设好"易班"这一集学生思想政治教育、教育教学、学习生活等于一体化的综合社区平台；构筑绿色网络生态空间，抢占网络思政阵地，增强舆情信息监测深度和广度；提高校园媒体的舆论引导力，掌握网络舆论的话语权，从而筑牢意识形态的领导权；引导好、教育好青年大学生，以培养担当民族复兴大任的时代新人。

【体会4】：正确看待和合理处置大学生突发事件

首先，要正确看待高校学生突发事件的发生问题。学生发生突发事件，其诱因是多样性的，有的是辅导员所不可控的。按照马克思主义关于矛盾普遍性原理，即"矛盾无处不在，无时不在"的客观存在哲学观点。对于高校学生突发事件的发生，辅导员应该要有一颗平常心，要有"能接受"的心理准备，不要恐惧，切忌谈"学生突发事件"而色变。

其次，高校学生突发事件的发生是必然性与偶然性的统一。如果辅导员功在平时，积极认真地开展学生思想政治教育工作，能够及早发现苗头，并积极预防，果断有效处置，某些学生突发事件就会因我们的积极干预而不得发生；或者因为我们平时努力而细致地工作就会大大地降低发生学生突发事件的概率。相反，如果我们平时工作不细致、不认真、慵懒甚至是玩忽职守，发生学生突发事件的概率就会增加。当然，某一突发事件发生的时间、地点、诱发原因等，这些却是偶然性的。

最后，发生高校学生突发事件尽管是一件不幸、烦恼、头痛的事情，但真正可怕的是对其处置不当而引发的不可控的次生事态的发生及其恶劣影响。因此，辅导员遇到突发事件时，最重要的是要冷静果断、亲临现场、控制事态、请示汇报、积极应对、处置得当、做好善后，竭尽全力将突发事件处理好、降低损害、减少影响、平安着陆。

【体会5】：对政策灵活性与原则性的学理探究

所谓政策，在我看来，就是政府或组织（单位）因某时之问题而制定出的解决问题的指导性意见（对策）。这就决定了它的时效性，因时因地的差异性及其灵活性。不同的事物在不同的发展阶段或是同一事物在不同的发展时期均会呈现出不同的特征与性质。因这一特点，决定了事物的多样性与复杂性。为了解决这些事物在不同发展阶段所出现的矛盾，需要政府或组织（单位）因时因地制定出不同指导性意见或解决对策方案，化解这些矛盾，以推动事物向前发展，以达到组织（单位）的预期目标，满足人民的需要。世异则事移，时势变化不断，政策也应因之而变。因此，政策具有极大的灵活性。然而，政策一旦颁布实施，在特定的发展阶段需要大家认真切实地执行，以防走样，以至于失去其解决问题的效能。从这一角度而言，政策又具有极大的原则性，即不轻易更改性。因此，执行政策时，也应坚持原则性和灵活性的统一。

（三）参加"北京大学 – 学院干部素质提升培训班"的学习感悟

【感悟1】：厚重的北大校园文化品牌，对我们思考如何构建具有生态特质的"湘环"校园文化，是一个好的现实借鉴样本。

一踏进北大校园，给我第一印象是："这儿似乎不是我所想象的具有浓郁现代化气息的大学校园，而是一所带有厚重历史文化感和强烈时代气息相结合的生态绿色式的高等学府。一栋栋错落有致且与众不同的古典建筑和高大耸立的参天古树，给我印象最深。随着不断深入地接触与学习，我对北大校园文化的厚重历史及其时代特征也就有了相应地进一步了解：这儿有"上承太学正统，下立大学祖庭"的历史和现实的承载与演革；这儿有"爱国、进步、民主、科学"的北大精神；这儿有"思想自由、兼容并包"的学术氛围；这儿有"未名湖畔好读书，博雅塔下悟精神"的文化熏陶；这儿有古朴建筑与现代绿化相得益彰的校园生态文化……。所有这些内在与外在、有形和无形、精神与物质的校园文化形态，确实值得我们学习、思考、借鉴。作为已有几十年办学底蕴的"湘环"学院，该如何深度挖掘办学历史底蕴，凝练出彰显我院办学特色，构建出体现生态特质且标准化、功能布局和谐有致的校园文化品牌，是一项旨在形成师生共同价值观、以赢得办学竞争优势的战略思考。

【感悟2】：新颖的领导力与执行力解读，是我们思考如何提升自身素养，做务实的青年干部的"充电"源。

如何提升青年干部的素质能力，破解执行力困局，实现组织高效，是任何一个组织、单位所必须思考与解决的现实命题。本次院党委首创建校以来干部素质提升培训模式，精选一批年轻干部在北京大学开班培训学习，也应是破解这一命题的初衷。通过学习，让我更加清醒地认识到自身软实力的欠缺与不足；强化软实力建设，对自身发展的紧迫性与重要性。对此，我必须学以致用，学思结合，运用归零思维，从现在开始，从零开始，不断地锤炼提升自己的 12 种软实力能力及其运用技巧。同时，作为一名中层干部，我将坚持问题导向，带领自己的团队，立足于学生管理工作的实践，优化完善已有制度，创新制度与流程，不断思考与提高组织执行力问题，促进办事质量与效率更上一层楼。

【感悟 3】：紧迫的"互联网＋"时代的变革趋势，为我们思考如何运用互联网思维开展教育教学改革，营造了绝好的环境氛围。

目前，"互联网＋"时代的跨界竞争、跨界融合等理念及其运用所产生的现实案例，已在各行各业产生了马太效应。高职教育发展亦将不会独善其身。无论是学院长远发展，还是个人生存发展，将会在这场无声无息的竞争中优胜劣汰。俗话说："变则通，通则久"。因此，我们必须顺应"互联网＋教育"的发展大势，自觉自醒地求变，进行自我革命。从学院层面看，需加大教育信息化经费投入，加速构建智慧校园，开展"互联网＋"教育教学改革。从个人层面讲，在这样的时代趋势下，我们必须具备互联网思维，紧跟时代步伐，抓紧知识结构更新和能力提升，以应时代所需。

（四）观《榜样》有感：见贤思齐，外化于行

近日，观看中央电视台推出的《榜样》，被这群优秀中国共产党员的先进事迹所感动。他们是一群"富有理想、敢于创新；一身正气、心系群众；敢于担当、无私奉献；坚守信念，践行誓言"[①]的时代楷模。他们为实现中华民族伟大复兴的"中国梦"在各自平凡的工作岗位上做出了非凡的事迹，筑起了引人自豪、催人奋进的不朽丰碑。他们是我们这个民族的"脊梁"，是我们学

---

① 李强：《〈榜样〉是"无悔青春"的有力展示》，http://youth.cn。

习的时代榜样。俗话说："见贤思齐"。汲取榜样的精神品质与力量，内化于心，外化于行，这是我们每个人，尤其是每一个共产党员所应秉承的党性修养和使命担当。

（1）学习榜样，坚定理想信念，做马克思主义的信仰者。87岁高龄的陈先达先生，被誉为"行走的马列字典"。他说："作为一名共产党员，我姓'马'，也信'马'"；"一个共产党员如果没有坚定的马克思主义信念，没有共产主义信念，他不可能是一个真正的共产党员"[①]。陈先生不仅是这样说的，也是这样做的。他用60余年的时间，毕其一生研究和运用马克思主义。无论何时何地，他都坚守马克思主义这一阵地，以此为己任，每当国家社会出现思想混乱，怀疑或否定马克思主义时，他都决然站出来，著书立说、解疑释惑、澄清寰宇，为中国思想界亮起了一盏明灯，以洪荒之力为国家发展命运注入信念伟力、指明前进方向。无疑，他为我们马克思主义理论工作者竖起了一块"丰碑"。作为一名共产党员，作为一名高校马克思主义工作者，我们理应向陈老先生看齐，学习他"用一生的教学和研究，践行自己信念"的崇高品质和坚定决心。在实际工作中，我们要自觉学习和运用马克思主义理论，做一个真正信仰和践行马克思主义和共产主义信念的忠实信徒。

（2）学习榜样，心系人民群众，做党的宗旨的践行者。75岁的吴金印老同志朴实地告诫我们："全心全意为人民服务，这是一辈子的事"。[②]他自主放弃到市区工作的大好机会，毅然选择留在太行山区狮豹头乡的深山老沟里工作后，58年如一日，与当地群众一起凿洞造田、与山石搏击、与天抗争。为了抗击汛期，他不顾女儿生病而坚守一线站位，致使女儿延误治疗而成为聋哑人。他以这种"为大家、弃小家""心中为民、大公无私"的自觉行动践行了党的宗旨。年仅48岁因出差途中遭遇车祸而殉职的南平市委常委、副市长和武夷新区党工委书记廖俊波同志，也是20余年来，牢记党的嘱托，不忘初心，带领当地干部群众，扑下身子、苦干实干，不辞劳累、忘我工作，以实际行动诠释了对党忠诚、心系群众、忘我工作、无私奉献的优秀共产党员品

---

①中共中央组织部，中央电视台：《2017年〈榜样2〉专题节目》，http://www.1237.cn。
②中共中央组织部，中央电视台：《2017年〈榜样2〉专题节目》，http://www.1237.cn。

质。作为一名学工干部，要向吴金印、廖俊波这样的优秀共产党员看齐，学习他们扎根基层、"俯首甘为孺子牛"的为人民服务的亲民精神；学习他们为民、务实、清廉的工作作风和扑下身子、苦干实干，与群众打成一片的工作方法；学习他们艰苦奋斗、廉洁自律，不为名利所动的克己精神；学习他们废寝忘食、鞠躬尽瘁的工作精神；做一个真正履行全心全意为人民服务的践行者。

（3）学习榜样，坚守平凡岗位，做德艺双馨的工匠者。被称为"航空手艺人"的中国大型商用飞机制造首席钳工胡双钱同志，35 年来默默耕耘在自己平凡的零件加工工作岗位上，亲手加工过数十万个精密零件，却没出现过一个次品。这是何等的"在平凡中演绎非凡"的时代楷模，是"大国工匠"的真实写照。他说："工匠精神就是工匠良心"；"99.9% 与 100% 是天壤之别，是生与死的差别"；"你要安得下心，耐得住寂寞，守得住平凡，专心爱上自己的工作，我相信任何一个努力过的人都能成为大国工匠"。[1]他的这份理解，这种坚守，这种精益求精的工作态度，不仅为我们诠释了"工匠精神"的真实内涵，而且为我们树起了"平凡中见伟大"的时代风范。与此同时，南宁市第四人民医院艾滋病科护士长杜丽群同志又是另一位在平凡岗位上凭着"为生命站岗"这一信念，在随时面临职业暴露而人人闻"艾"色变的职业环境下，她却为了守护生命而像军人一样，挺身而出、勇往直前，12 年来指导与参与护理艾滋病患者 1 万余人次。这是多么难能可贵的品质。作为中国职业教育工作者，我们要向胡双钱、杜丽群同志看齐，学习他们"耐得住寂寞，守得住平凡，专注爱上自己工作"，"把平凡工作做到极致"的工匠精神；学习他们"用大爱筑起生命天空"的敬业精神；学习他们十年如一日坚守岗位的专注精神；言传身教，做一名德艺双馨的工匠者。[2]

---

[1]中共中央组织部，中央电视台：《2017 年〈榜样 2〉专题节目》，http://www.1237.cn。
[2]中共中央组织部，中央电视台：《2017 年〈榜样 2〉专题节目》，http://www.1237.cn。

参考文献

一、著作

[1] 中共中央文献编辑委员会 . 邓小平文选（第 3 卷）[M]. 北京：人民出版社，1993.

[2] 教育部思想政治工作司 . 加强和改进大学生思想政治教育重要文献选编（1978-2008）[M]. 北京：中国人民大学出版社，2008.

[3] 童山东 . 职业教育中职业核心能力培养的理论与实践 [M]. 北京：中国铁道出版社，2012.

[4] 周良书、朱平、俞小和等 . 中国高校辅导员工作史论 [M]. 北京：人民出版社，2016.

[5] 雅斯贝尔斯 . 什么是教育 [M]. 北京：生活·读书·新知三联书店，1991.

[6] 马克思恩格斯全集（第 23 卷）[M]. 北京：人民出版社，1972.

[7] 党的十九大文件汇编 [M]. 北京：党建读物出版社，2017.

[8] 习近平谈治国理政 [M]. 北京：外文出版社，2014.

二、学术论文

[9] 王爽 . 高校辅导员队伍专业化建设的内涵与逻辑 [J]. 山东广播电视大学学报，2019（1）：58-60.

[10] 颜文、高耀远、李慧 . 新时代背景下辅导员的职业定位及角色转换 [J]. 高教学刊，2019（13）：140-142.

[11] 邓喜英. 新时代视阈下高校辅导员开展红色文化育人的路径创新 [J]. 才智，2019（10）：138-139.

[12] 邓丽萍、韩婷、党洁. 高校辅导员职业生涯规划的必要性探析 [J]. 江苏科技信息，2016（20）：45-46.

[13] 施树成. 高等学校辅导员职业能力培育研究 [D]. 吉林农业大学，2016:5-8.

[14] 王倩桃. 浅谈高校辅导员职业生涯规划 [J]. 教育界·下旬，2014（7）：53-53.

[15] 陈晓云. 职业生涯规划的理论基础 [J]. 成人教育，2014（4）：70-72.

[16] 何俊康. 实现高校辅导员队伍"两化"建设的途径和方法研究 [J]. 商情，2013（32）：212-212.

[17] 张志成、吴节军. 浅谈高职院校辅导员的职业生涯规划 [J]. 教育与职业，2011（29）：76-77.

[18] 王益富. 职业人格教育：高等教育的价值转型 [J]. 河北师范大学学报（教育科学版），2010:12（2）：49-52.

[19] 林泰、彭庆红. 清华大学辅导员制度的特色及其发展 [J]. 清华大学学报，2003（3）：85-90.

三、政策文件

[20] 中共中央、国务院. 新时代爱国主义教育实施纲要 [Z].2019 年 11 月 13 日.

[21] 国务院. 关于印发《国家职业教育改革实施方案》的通知 [Z].2019 年 2 月 13 日.

[22] 国务院. 关于大力推进大众创业万众创新若干政策措施的意见 [Z].2019 年 2 月 28 日.

[23] 中共教育部党组. 关于印发《高等学校学生心理健康教育指导纲要》的通知 [Z].2018 年 7 月 4 日.

[24] 教育部、财政部. 关于印发《高等学校勤工助学管理办法（2018 年修订）》的通知 [Z].2018 年 8 月 20 日.

[25] 教育部等六部门. 关于做好家庭经济困难学生认定工作的指导意见 [Z].2018 年 10 月 30 日.

[26] 中共中央、国务院. 关于加强和改进新形势下高校思想政治工作的意见 [Z].2017 年 2 月 27 日.

[27] 中共中央办公厅、国务院办公厅. 印发《关于进一步引导和鼓励高校毕业生到基层工作的意见》的通知 [Z].2017 年 1 月 24 日.

[28] 中华人民共和国教育部令第 41 号. 普通高等学校学生管理规定 [Z].2017 年 2 月 4 日.

[29] 中华人民共和国教育部令第 43 号. 普通高等学校辅导员队伍建设规定 [Z].2017 年 9 月 21 日.

[30] 国家卫生计生委、中宣部、中央综治办、民政部等 22 个部门. 关于加强心理健康服务的指导意见 [Z].2017 年 1 月 25 日.

[31] 中共教育部党组. 关于印发《高校思想政治工作质量提升工程实施纲要》的通知 [Z].2017 年 12 月 4 日.

[32] 国务院. 关于进一步做好新形势下就业创业工作的意见 [Z].2015 年 4 月 27 日.

[33] 国务院办公厅. 关于深化高等学校创新创业教育改革的实施意见 [Z].2015 年 5 月 4 日.

[34] 教育部. 关于印发《高等学校辅导员职业能力标准（暂行）》的通知 [Z].2014 年 3 月 27 日.

[35] 中共教育部党组、共青团中央. 关于在各级各类学校推动培育和践行社会主义核心价值观长效机制建设的意见 [Z].2014 年 10 月 20 日.

[36] 中华人民共和国精神卫生法 [Z].2013 年 5 月 1 日.

[37] 教育部办公厅. 关于印发《普通高等学校学生心理健康教育工作基本建设标准（试行）》的通知 [Z].2011 年 2 月 23 日.

[38] 国务院办公厅. 关于加强普通高等学校毕业生就业工作的通知 [Z].2009 年 1 月 23 日.

[39] 国务院. 关于建立健全普通本科高校、高等职业学校和中等职业学校家庭经济困难学生资助政策体系的意见 [Z].2007 年 5 月 13 日.

四、杂志报刊

[40] 习近平. 在学校思想政治理论课教师座谈会上的讲话 [N]. 人民日报, 2019-03-19（1）.

[41] 习近平. 在纪念五四运动 100 周年大会上的讲话 [N]. 人民日报, 2019-04-30（1）.

[42] 习近平. 在全国教育大会上的讲话 [N]. 人民日报, 2018-09-11（1）.

[43] 习近平. 在同各界优秀青年代表座谈时的讲话 [N]. 中国青年报, 2013-05-05（1）.

五、网络文章

[44] 习近平. 在庆祝中国共产党成立 95 周年大会上的讲话 [EB/OL], 新华网, http://www.xiNhuanet.com//politics/2016-07-01/c_1119150660.htm, 2016-07-01.

[45] 习近平. 把思想政治工作贯穿教育教学全过程 [EB/OL], 新华网, http://www.xinhuanet.com//politics/2016-12-08/c_1120082577.htm, 2016-12-08.

[46] 习近平. 青年要自觉践行社会主义核心价值观 —— 在北京大学师生座谈会上的讲话 [EB/OL], 中青在线, http://news.cyol.com/content/2014-10/11/content_10765449.htm, 2014-05-04.

[47] 习近平. 在北京师范大学师生座谈会上的讲话 [EB/OL], 人民网, http://politics.people.com.cn, 2014-09-10.

[48] 何磊磊. 浅析辅导员职业素质的内涵与外延 [EB/OL], 高校辅导员联盟, http://www.sohu.com/a/312749371_278563, 2019-05-08.

[49] 魏强、周琳. 因事而化、因时而进、因势而新 —— 做好高校学生思想政治工作的新要求 [EB/OL], http://theory.people.com.cn/n1/2017/0320/c168824-29156552.html, 2017-03-20.

[50] 杨宪华. 新形势下我国高校辅导员职业能力类型有哪些 [EB/OL], https://www.sohu.com/a/196830536_278563, 2017-10-08.

［51］蔡元培．教育本质在人格［EB/OL］，http://theory.people.com.cn/n/2015/0203/c40531-26499231.html，2015-02-03.

后 记

在 2020 年这样一个超长的寒假里，我对近年来有关高职院校辅导员素质能力建设的所思所想所感，以及平时有关学生日常管理与思想政治教育和参加各类学习培训的体认感悟，进行了一次彻底梳理，全面总结，形成了本书稿。仔细端详着这即将付梓出版的 20 余万字书稿，我既感释然，又觉欣慰，还有点担忧。

释然的是，一年前，我本应该将其整理编撰出版，却因各种缘由而束之高阁。时至今日，历经近一个月的整理、添写、润色而终成书稿，心中确实有一种如释重负的轻松快感。

欣慰的是，平时所思所虑付诸于笔端的点滴东西，经过长时间地积累，最终形成了这一成果。这既是对自己前期工作的一次全面总结、提升，也是对自己曾经付出的劳苦与心血的最大回馈。这真是"天道酬勤""No pains, no gain"。

担忧的是，高职辅导员素质能力建设是一个涉及面广、与时俱进的研究课题。对于我这样一个初涉该领域的后辈的点滴思考、浅陋之论，生怕被人笑话，以至于忐忑不安、诚惶诚恐。

但是，不管这么样，本书稿终能付梓出版，我要衷心感谢那些在工作、学习、生活中给予我诸多帮助和指导的人。首先，要感谢妻子邓喜英不仅在我撰写书稿期间主动承担了大量的家务，而且为该书稿做了大量的资料收集整理、数据分析等前期准备工作，并提出了许多富有建设性的意见与建议。其次，要感谢校党委委员屈中正副校长多年来在学术研究中予以不断地教诲、鼓励与鞭策，尤其是在课题申报、项目选题等方面给予我大量的惠助；感谢校党委委员、副书记李友华、学生处处长石英、党政办副主任刘旺,原生物工程学院党总支书记吴支要和现党总支书记李宁清等领导以及封梅姣、王挺、唐小武、邓岳东等同事们,给予我工作、学习上的大力支持与帮助。再者,要感谢父母、岳父母克服诸多困难,心甘情愿地帮助我照顾准备高考的女儿和初生的幼子,搞使我能够专心致志地从事自己的工作和研究。

"路漫漫其修远兮,吾将上下而求索"。随着中国特色社会主义进入新时代,2020年我国即将实现全面建成小康社会,进而开启全面建设富强、民主、文明、和谐、美丽社会主义现代化强国新征程,我国高等职业教育必将迎来一个大改革、大调整、大提质的发展黄金期和矛盾化解的机遇期。作为高职院校辅导员,我们要恪守"为党育人、为国育才"的初心与使命,以学生对美好学习生活的向往,作为我们的奋斗目标,以永不懈怠的精神状态和一往无前的奋斗姿态,认真履行好自己的九大工作职责,使自己真正成为"学生成长成才的人生导师和健康生活的知心朋友"。同时,我们要坚持工学研结合,以研带学,以研促工的原则,立足于工作岗位,在思想政治教育工作某一领域开展深入研究,不断推动自己向职业化、专业化发展,成为辅导员工作某领域的专家学者。

本书在撰写过程中,参考了国内同行专家学者的诸多研究成果,特此说明,并向他们表示由衷的感谢。由于自身学识水平有限,书中肯定有欠缺不当之处,恳请学界同仁和广大读者批评指正!

谭小雄

2020 年 2 月